유서를 쓰고
밥을 짓는다

유서를 쓰고
밥을 짓는다

죽음을 앞에 두고 **진실**하지 않을 사람은 없다.
죽음을 뒤에 두고 **살아**보지 못할 삶은 없다.

푸른 잎이 모두 떨어지기 전에
지금의 이름을 짓는다.

ㅇㅅ

프롤로그

이렇게 살 수 없으니
유서를 쓴다
이대로 죽기 싫으니
유서를 쓴다

죽음을 앞에 두고
진실하지 않을 사람은 없다
죽음을 뒤에 두면
살아보지 못할 삶이 없다

가시나무 흰 꽃 돋고
진흙탕 위 연꽃 핀다

유서를 쓰고 밥을 짓는다
새로운 삶에 젖을 물린다
지금의 이름을 짓는다

프롤로그

제 1 장

그저 살 핑계가 필요해서

각자의 계절 / 그곳에 가는 버스는 없다 / 마음만은 가난하지 않기를 / 아직 맛보지 못한 달콤함이 있기에 / 영혼이 깃드는 곳은 어디일까 / 창문 너머 울리는 공중전화 / 잠들어 깨어나지 않길 바란 밤 / 한때 전부였던 이름은 / 세월에 나를 우려내는 중이다 / 우울을 망가뜨리기 위해 / 인생은 민트초코 같은 것 / 힙했던 날들 합해진 날들 / 결핍이 가르쳐준 희망 / 콤플렉스를 마주하는 자세 / 내 사람에 대한 집착마저 내려놓고 / 마이마이 나였던 노래 / 당연하지 않은 것들에게 / 불면에서 벗어난 밤 / 이별 노래와 헤어지던 날 / 인생을 맛보았을 뿐이다 / 살아보지 않아도 좋을 인생은 없다 / 그래도 나로 살아낸 날들이었다

제 2 장

기껏해야 죽기밖에 더하겠어

신의 한 수 / 때론 있는 힘껏 도망쳐야 한다 / 바라는 것이 적으면 바라는 대로 살 수 있다 / 물거품은 파도가 멈추지 않은 까닭이다 / 자전거에 관해 말하고 싶은 것들 / 살고 싶어서 낭만을 합니다 / 온전한 소수로 산다 / 꿈을 꾸는 너에게 / 매 순간이 매치 포인트 / 버킷을 걷어차다 / 기껏해야 죽기밖에 더하겠어 / 실패를 무릅쓸 각오를 한다 / 제멋대로 살아도 괜찮다 / 불행은 삶을 지배하지 못한다 / 굳이 잘하기까지 해야 할까 / 나를 위한 소리가 들리지 않을 때 / 인생의 하이라이트는 지금 / 선택받지 못한 자의 기쁨

제 3 장

미식가를 위한 행복은 없다

제 4 장

유서를 쓰고 밥을 짓는다

제 1 장
그저
살 핑계가 필요해서

각자의 계절

세상 어디에 이름 없는 꽃이 있을까
아직 그의 이름을 듣지 못했을 뿐
세상 어디에 사연 없는 생이 있을까
단지 그의 이야기를 알지 못할 뿐
저마다의 모습으로 꽃은 피었다

너른 들판 어디에
이름 없어 피지 못하는 꽃이 있을까
깊은 골짜기 어디에
봐주는 이 없어서 우는 꽃이 있을까
각자의 계절마다 꽃은 피었다

바스락거리는 낙엽들 중에
푸르지 않았던 잎이 있을까
흩날리는 꽃잎들 중에
찬란하지 않았던 봄이 있을까

이름 없이도 꽃은 피고
이름 모를 꽃도 이처럼 아름다운데
피어나지 않아도 좋을 꽃이 없듯이
살아보지 않아도 괜찮을 생이 없는데

저 풀꽃과 나무들도
너와 나도 저 사람들도
살아있음으로 그저 찬란하기만 한데

그곳에 가는 버스는 없다

엄마 집으로 가는 길. 나도 모르게 101번 버스를 타버렸다. 사십 년 넘게 살던 동네를 떠나 미수동으로 이사한 게 지난주였다. 옛날 집은 어떻게 되었을까. 한번 가보고 싶어졌다. 동네 입구에는 통장집이라 부르던 구멍가게가 있었다. 어린 내가 문어다리나 갱엿을 사 먹고 구슬과 동그란 딱지를 사던 가게 문은 썩어 부서졌다. 창문이 있던 자리는 틀니를 뺀 아버지의 입처럼 꺼멓게 뚫려 흔적만 남았다. 오락실이 있던 자리에는 햇볕에 색이 바랜 도남 아귀찜 간판이 걸려 있다. 가족끼리 가 노래를 부르던 갈채 노래방 문은 굳게 닫혀 있다. 가시나무도 나이를 먹는가. 뼈처럼 말라버린 가시덤불 밑으로 새순이 돋았다. 텃밭 한쪽 유채꽃이 봄바람에 휘날린다. 동네에 두 채 뿐이던 이층 집 중 하나는 헐려 주차장이 되었다. 옛집에는 지금 누가 살고 있을까. 골목이 이렇게 좁았던가. 옛집 입구에서 잠시 서성인다. 조개를 캐던 갯벌이 어디쯤인지, 조선소 건물이 밀고 들어와 짐작하기 어렵다. 철제 빔으로 고정해 둔 조선소 벽 아래에 파가 자란다. 도사견을 기르던 골목 끝 집은 철판을 쌓아두는 적하장이 되었다. 평상에 앉아 나물을 다듬던 할머니들은 세상을 떠났고 정종잔으로 윷을 놀며 막걸리를 마시던 선원들도 어딘가로 떠났다. 담이 이렇게 낮았던가. 덜 익은 열매를 따 먹던 대추나무는 베어져 없어졌고 대신 오 미터는 족히 넘을 종려나무 한 그루만 외로이 섰다. 담 저편에 살던 중학교 주사 아저씨는 아직 살아 있을까. 함께 유치원을 다녔던 여자애는 어디에서 살고 있을까. 동네 아이들이 모여 들어 늘 떠들썩하던 공터에는 조선소 숙소가 들어섰다. 가시덤불이 있던 자리엔 빽빽한 동백나무가 담을 대신한다. 부산에서 내려와 세 식구가 모여 살았던 단칸방, 그곳에서 누이가 태어나 네 식구가 되었다. 도남 안길 49 – 5번지. 명패는 선명한데 대문이 사라져 있다. 누군가 살고 있으면 어떻게 양해를 구할까. 고민해둔 말은 쓸모없어졌다. 대문은 사라졌는데 아버지가 우편함 대신 걸어두었던 플라스틱 바구니는 그대로다. 바구니 안에 담겨있던 알록달록 연애편지들은 어디로 갔을까. 싸리비가 있던 자리엔 깨진 슬레이트와 버려진 전기장판이 있다. 대문 안으로 들어서니 고등학교 때까지 재래식이었던 두 칸짜리 공동화장실, 태풍이 오면 오물이 흘러넘치던 화장실 문짝도 누군가 떼어갔다. 개집이 있던 자리에는 못 쓰게 된 화분만 덩그러니 놓였다. 화장실 오른쪽에는 단칸방에서 옮겨 온 방 두 칸짜리 셋집이 있다. 합판이 썩어 대나무 발처럼 드리웠다. 부엌 겸 욕실이었던 좁은 공간으로 들어선다. 쥐가 머리를 내밀던 수채 구멍, 콜라병을 끼우고 벽돌로 막아도 어떻게든 비집고 들어와 비누를 갉아먹었다. 창문도 떨어져 나가 바람이 새어 들어온다. 어린 시절 뛰어놀던 마당에는 깨진 유리조각이 흩어져 있다. 연탄을 쌓아두던 창고 안 단칸방이 처음 가진 나만의 공간이었다. 불을 땔 수 없어 전기장판 하나로 미닫이문 사이로 불어드는 겨울바람을 견뎠다. 비가 새고 방 안에서도 입김이 나왔지만 그래도 좋았었는데. 군대에 가 있는 동안 천장이 무너져 내렸었다. 놀다 떨어져 머리를 다쳤다던 감나무는 사라졌고 그 자리에 수풀이 우거졌다. 무화과나무가 있던 자리에 동백이 피었다. 주인집 대문도 뜯겨 없어졌다. 조선소 안전화와 뛰쳐나가려다 엎어진 구두 한 켤레만 남았다. 길 건너 편 오래된 아파트로 이사하기 전 마지막으로 살았던 집으로 들어가 본다. 영화관 팸플릿으로 가린 얼룩들이 보인다. 미닫이문 밑쪽에 아버지가 정사각형 나무 블록을 붙여 만든 글자 네 개. ㅅㅅ ㅁㅅ. 그토록 사랑했던 이름도 아버지의 바람과 함께 낡아간다. 옛 집을 돌아 나오니 퇴근 시간이다. 일을 마치고 집으로 돌아가는 사람들 사이에 있는데도 이제 막 하루가 시작된 기분이다. 이제 갓 생이 시작된 것 같다.

새삼스러우면 어떤가.
새삼스럽게 삶을 새로 시작하고 싶어졌다.

이제 더 이상 그 집에 갈 일은 없을 것이다. 누이와 내가 자란 동네는 이제 없다. 동네 아이들과 뛰어놀던 공터는 사라졌다. 비가 오면 물이 차던 골목길에 갈 일은 없다. 내가 자란 집은 폐가가 되어 무성한 풀들이 주인이 되었다. 아버지가 세상을 떠난 아파트 계단을 허겁지겁 뛰어오를 일은 없다. 얼마나 많은 장소가 갈 수 없는 장소가 되었던가. 부산시 영도구 영선동 할머니의 집, 유년의 내가 뛰어다니던 골목은 흰여울 문화마을로 이름을 바꿨고 근사한 카페는 관광객들로 북적인다. 교복을 입고 다녔던 학교는 그대로지만 나는 나이를 먹어버렸다. 학창시절 다니던 오락실과 분식집은 간판을 내렸다. 지옥 같았던 군복무 시절로도, 항상 기름때가 배어있던 조선소 근무시절로도 돌아갈 수 없다. 돌아갈 수 없는 장소들이 나를 이곳으로 데려왔다. 셀 수 없을 만큼의 환승을 거쳐 여기까지 왔다. 전기 끊긴 반 지하 방이, 손목을 그었던 스물 셋의 겨울이, 무수한 인력사무소와 아르바이트 가게들이, 빨간 담요를 들고 전전하던 자취방들이, 그 사람과 이별했던 공원이 나를 이곳으로 밀어냈다. 이제는 가지 못할 장소들이 이곳을 마땅히 와야만 할 곳으로 만들었다. 미수 해안 로를 따라 걷는다. 세월은 잔잔한 파도를 따라 반짝거린다. 이제부터 사랑해야 할 풍경들이 펼쳐진다. 낯선 이곳도 발길 닿은 만큼 익숙해 질 테지.

이제 그곳으로 가는 버스는 없다.
그곳은 이미 내 안에 있기에.

마음만은 가난하지 않기를

요거트 뚜껑을 핥지 않고 버리면 부자라지만 어린 내게는 요구르트 맛을 아는 사람이 부자였다. 초등학교 때 떠먹는 요구르트를 처음 맛보고는 상한 줄 알고 바꿔달라고 했었다. 문방구에서 과일 맛 시리얼에 당첨되었을 때도 어떻게 먹는지 몰라서 생으로 우걱우걱 씹어 먹으며 비싼 주제에 맛도 더럽게 없네. 투덜거리며 집으로 돌아왔었다. 같은 반 친구가 책상 위에 둔 비틀즈가 돌인 줄 알고 화내기도 했었다. 또래 아이들이 학원 다닐 때 연탄재와 쓰레기 가득한 공터에서 놀았다. 단칸방에 살면서도 가난한 줄 몰랐기에 불행하지 않았다. 가정 형편 조사를 한답시고 내게 가난을 가르친 선생이 없었다면 어땠을까. 그 순간 저주에 걸리고 말았다. 가난은 불행이 되었고, 불행은 세상의 좋은 것들을 보지 못하게 만들었다. 부끄러운 건 그게 아니었는데. 고개 숙일 필요는 없었는데. 땅만 보고 걷는 아이가 되어버렸다. 무언가를 알게 되는 건 기쁜 일만은 아니었다. 점점 말이 없는 아이가 되었다. 책 속 세상만이 도망칠 수 있는 장소였다. 도서관은 어린 내가 도망칠 수 있었던 유일한 곳이었다. 서가 앞에서는 모두가 평등했다. 관 속에서 밤을 기다리는 뱀파이어처럼 어둠 속에서 몸이 자라기만을 기다렸다. 어서 커서 돈을 벌어야지. 그 생각만 했었다. 돈을 벌어 무언가를 해줄 수 있다는 건 황홀한 일이었다. 연탄을 날라 처음으로 번 돈으로 엄마 화장품도 사고 아빠 로션도 샀었다. 처음으로 정품 카세트테이프도 샀었다. 그날 남포동에서 돈을 뜯었던 양아치 2인조는 뭘 하며 살고 있으려나. 한국 특수견 훈련소에서 시멘트 공구리를 쳤었다. 첫날 같이 일했던 소위 잘나가는 친구는 다음날에는 코빼기도 안 보였다. 어린놈이 뼈 빠지게 일한 돈을 떼어 먹으려던 인력소장은 살아 있을까. 누이에게 잘한 일이 있다면 어렵게 번 돈으로 코트 한 벌 사줬던 기억뿐이다. 누이는 세기를 건너온 골동품을 지금도 간직하고 있다. 돈 주고 살 사람은 없겠지만 돈을 주고도 살 수 없는 추억이 깃들어 있으니까. 조개 배달도 하고, 벽돌을 지고, 용접을 하고, 사상을 쳤다. 일머리가 없어 욕도 많이 먹었지만 일거리가 없는 것보단 나았다. 제대하고 조선소에서 일하다 용접하다 눈병 나고 화상 입고 추락할 뻔했지만 젊으니까 괜찮다고 여겼다. 어른들 말씀을 들었어야 했다. 함부로 쓰다 골병 든다 했지만 그때는 몰랐다. 젊을 때는 귀가 잘 안 들리는 법이니까. 몸이라도 갈아 넣어 돈을 벌고 싶었다. 유조선 족장 위에서 하루 종일 로프를 끌어당기다 허리가 돌아가도 야매 접골원에서 뼈를 맞추고 다음 날 일을 나갔다. 그래도 보일러 기름 넣고 쌀 한 포대 사면 뿌듯했다. 새콤달콤을 상자 째 사고 오징어도 한 축 샀다. 동네 책방에서 만화책 빌려 보고 최신 비디오 돌려보며 행복했다. 학비가 모자라 술집에서 일했다. 자존심 버리고 뺨 맞아가며 벌었던 대학교 학비를 날렸을 때 아버지는 얼마나 마음이 아팠을까. 그래서 그렇게 아들을 밀어내다 가신 걸까 싶지만 그때는 이해할 수 없었다. 부모님 얼굴을 볼 자신이 없었다. 안산까지 기어 올라가 열심히 일했다. 얻은 거라곤 월급을 떼인 채 춥고 어두운 방에서 얇은 봄 이불을 덮고 했던 몹쓸 생각뿐이었다. 정말로 지쳤었다. 그만 편해지고 싶다던 나를 친구가 살렸다. 삶은 다시 시작되었다. 그때는 죽고 싶은 거라 생각했지만 간절히 살고 싶었던 거였다. 너무 힘들면 자신이 뭘 원하는지도 모르게 되어버리는 거였다. 손목에 빨간 줄은 남았지만 주민등록증에 줄은 안 그어졌으니 다행이다. 붕대를 감고 고향으로 돌아왔다. 세 들어 살던 옛집에 살 의지를 놓아버린 부자가 살았다. 낡은 미닫이문은 서로의 한숨을 감추기에도 부족했었다. 이따금 끅끅거리는 울음소리를 막을 수 없었다. 그때부터였을까. 소리 없이 우는 습관이 생긴 게. 남은 건 절망밖에 없는데도 배는 고팠다. 엄마가 개다리소반에 차려둔 밥을 꾸역꾸역 넘기다 보면 눈물이 터져 나왔다. 문틈 사이로 끼워둔 만원을 쥐고 나가 소주를 마셨다. 살려고 하지 않는 내가 미안해서 울었다. 그래서 인력사무소에 나갔다. 일이 없는 날에는 믹스 커피로 쓰린 속을 붙들고 돌아와야 했다. 캡 모자를 푹 눌러 쓰고 충무교를 건널 무렵이면 세상이 훤해졌다. 바삐 지나가는 자동차들. 회사로, 공장으로, 학교로, 모두가 갈 곳이 있었다. 버스가 지나갈 때 학생들 웃음소리라도 들리면 그대로 바다에 뛰어들고 싶었다. 그날 서러운 울음소리를 들은 사람은 아무도 없었다. 첫사랑이었던 그녀가 몇 년 만에 연락을 해온 게 그 무렵이었다. 함께 가던 전통 찻집에서 만났다. 내게 처음 꽃을 준 사람이었다. 처음으로 내게 꽃이 된 사람이었다. 그녀가 준 프리지아 꽃다발은 그날도 벽에 걸려있었다. '오빠는 하나도 안 변했네.' 그 말이 어찌나 서글프던지. 그 애가 청첩장을 꺼냈을 때 인생의 한 페이지가 끝나버렸다. 이제는 알지만 그때의 나는 모르는 전환점이 그날 그곳에 있었다. 어떻게 나왔는지 인사는 잘 했는지 기억나지 않는다. 그러다 꽤 긴 기간 동안 진행되는 공사 일을 얻었다. 미륵산 케이블카 공사였다. 전기톱으로 나무를 베고 있으면 점심을 가져다주고 한려수도의 비경을 보며 밥을 먹었다. 인생에서 가장 수월하게 돈을 벌었던 때였다. 좋은 일에는 마가 끼는 법일까. 무슨 환경단체의 반대 데모인가로 공사가 중단되었다. 일용직 근로자들은 일자리를 잃었다. 아무리 옳은 일이라도 피해자는 나오는 법이다. 자신만 옳다고 생각하면 보지 못하는 게 있다는 걸 그때 배웠다. 당시에는 성질만 났지만 사는 게 참 우습다. 죽으려고 하던 놈이 어느새 제대로 살지 못할까 두려워하고 있었다. 그때 몰랐던 건 그것만은 아니었다. 인생을 바꿀 사람을 만났으니까. 용화사 벚꽃도 다 진 지 오래였는데 다시 꽃바람이 불었다. 가난했던 시절이었지만 참 좋았다. 그 사람은 힘들게 번 돈 나를 위해 쓰라며 적금통장을 만들어주고 붕어빵 한 봉지, 김밥 한 줄에 고마워했다. 많이 걷고 오래 이야기했다. 약국에서 일하다 그 사람을 따라 진주로 간 게 또 하나의 전환점이었다. 나도 모르게 선택을 계속하고 있었던 거다. 삶은 주인이 눈치채지 못하는 사이에도 선택을 계속하고 있었다. 좁고 축축한 자취방을 전전하고, 하루 열두 시간, 밤샘 아르바이트를 하며 공무원 시험을 준비했다. 간발의 차로 시험에 떨어졌을 때 오히려 다행이다 싶었다. 주위에서는 일 년만 더하면 무조건 된다고 했지만 사실 하고 싶지 않았다. 새로운 일을 구했다. 가게를 맡아 관리하고 운영하는 일이었다. 그때도 그렇게 오래 하게 될 줄 몰랐다. 그의 뒷바라지도 하고 좋은 선물도 해줄 수 있으니 사람 노릇 하는 것 같아 좋았다. 늘어나는 통장을 보며 미래를 꿈꿨다. 그녀의 어머니에게 그런 일이 닥칠지도, 그 일로 인해 그 사람이 그렇게 변할지도, 변화를 받아들이지 못할 자신도 몰랐다. 아픈 것도 죄가 아니고 엄마를 위하는 마음도 죄가 아니니 원망할 사람도 없었다. 햇수로 구 년이었다. 사랑한다면 그들처럼. 그렇게 불리던 우리가 그토록 간단하게 헤어질지 몰랐다. 그래서 헤어지고도 헤어지지 못했다. 붙잡지 않아 놓고서 마음을 놓지도 못했다. 오래 아파할 것은 알았지만 그렇게 길 줄 몰랐다. 친구 아내가 말했듯 너무 오래 걸린 거겠지. 다가온 사람도 있었고 만날 기회도 있었지만 아무도 눈에 들어오지 않았다. 그렇게 몇 년을 흘려보냈지만 평생 고장 난 상태일 줄 알았는데 고쳐지긴 했으니 다행이다. 나아지지 않아도 나아갈 수 있는 거였다. 파도가 멈추는 법을 알지 못하듯 어떻게든 생은 앞으로 나아가는 거였다.

그게 나라는 사람의 이야기였다. 돌이켜보면 가난마저도 이야기를 풍요롭게 만드는 재료였다. 여기까지 온 걸로도 대단한 일이다. 더 나빠질 수도 있었지만 그렇지 않았으니 그걸로 됐다. 이제는 안다. 내일을 두려워할 필요는 없다. 운명이 이끄는 곳은 두 군데뿐이니까. 생각했던 곳이거나, 상상도 못했던 장소이거나. 그러니까 멋지거나 근사하거나 둘 중 하나라는 걸.

아직 맛보지 못한 달콤함이 있기에

오래전 누이에게 초콜릿을 한 봉지 받았다. 아침에 일어나 한 알씩 먹었다. 초콜릿이 생명을 유지시키는 알약이라도 되는 것처럼 삼켰다. 단 걸 좋아하지도 않았는데, 마트에서 파는 평범한 초콜릿이었는데도. 초콜릿을 다 먹을 때까지 만이라도 살아보자고 생각했었다. 슬픔이 넋 나간 몸을 차지하고 있던 때였다. 영혼은 있어야 할 자리에서 밀려나와 울부짖는 나를 지켜보고 있었다. 마치 나라는 존재가 분리된 것 같았다. 슬픔이 나를 대신해 존재했었다. 여긴 네가 감당할 수 없는 곳이야. 잠시 물러나 있어. 누군가 속삭이는 순간, 나의 몸은 슬픔을 담는 그릇이 되어 있었다. 생에는 초콜릿 한 조각을 살 핑계로 삼아야 할 때도 있는 법이다. 몇 달 뒤 누이는 첫 아이를 낳았다. 심야버스를 타고 올라가 누이의 손을 꼭 잡아 주었다. 유리창 너머 조카의 얼굴을 보며 울음을 터뜨렸다. 그래도 살겠다고, 너에게 부끄러운 사람은 되지 않겠다고 다짐했다. 살아갈 이유를 모두 잃어도 살아야 하는 건 아직 만나지 못한 이유들이 있기 때문이다. 아직 맛보지 못한 달콤함이 남아있는 까닭이다. 여전히 사는 건 쉽지 않지만 사랑이 그랬듯이 삶도 여행에 불과하니까. 어느새 아홉 살이 된 조카에게 초콜릿을 받았다. 말린 오렌지와 딸기, 아몬드와 쿠키를 얹은 화이트 초콜릿. 이만하면 살아갈 이유로 충분하지 않은가. 사랑했던 사람이 떠나도 아직 사랑해보지 않은 순간이 남아 있으니까. 자신이 속한 세상이라 믿었던 장소가 다시 갈 수 없는 곳이 되었다가, 끝내 사라지지 않을 풍경이 된다. 나로 살아낸 순간이 삶이 되듯이 사라진 것들이 모여 삶을 증명한다. 때로 침묵만이 쉴 수 있는 장소이며 고독은 평화로운 상태라는 걸 안다. 고독에서 돌아올 때 선물을 갖고 돌아오지 않는 이는 없다는 걸 안다. 절망에 의자를 내어준 적이 있는 사람은 안다. 잃어본 적이 없는 사람이 건강의 소중함을 모르듯, 일상이 망가진 적이 없는 사람은 감사를 모른다. 운 좋게 건강을 되찾은 사람이 몸을 소중히 여기듯 간신히 일상으로 돌아온 사람은 감사를 놓는 법이 없다.

삶이 여행임을 깨달았다고 힘든 일이 일어나지 않는 건 아니다. 하지만 슬픔이 여행을 멈출 이유는 되지 못함을 안다. 가보지 못할 길이 없듯 여행이 아닌 순간도 없다. 담대하게 나아가자. 가끔 달콤함을 맛보기 위해 멈추기로 하자. 지금 보는 것들은 바래지지 않는 풍경사진이 될 테고, 지금 부는 바람은 봄을 부르는 노래가 될 테지. 사라진 것과 만나지 못한 것들이 지금 여기서 춤추고 있다. 예상치 못한 일들은 상상도 못한 장소로 데려다 준다. 어디에 있건 무엇을 하건 이야기가 될 테니까. 쓰디쓴 열매에 우유와 설탕, 향료를 섞어 초콜릿을 만들듯, 때로 인생이 쓰더라도 그래야만 깊은 맛을 만들 수 있는 거라고 생각하자. 삶에 닿았던 것들의 촉감과 사람들의 체취가 어우러져 깊은 풍미를 만들어 내는 거니까. 구구절절한 사연도 구질구질했던 순간도 세월이 지나면 삶을 설명하는 문장이 된다. 지금까지 걸어온 길에 쓰이지 않아도 될 문장은 한 줄도 없었다. 지금을 다음 단계를 위한 준비과정으로 여기지 않겠다. 다음 장면으로 넘어갈 이유로 만들 힘이 내게 있다. 사연 없는 죽음이 있던가. 서사가 아닌 삶도 없다. 어디로 가야 길인지 몰라도 좋다. 어디로 가도 길이 될 테니까. 사는 건 뜻대로 되지 않았지만 상상했던 것보다 아름다웠다. 얽힌 사연과 끊긴 인연으로 생을 지었다. 복받치는 서러움과 주지 못한 마음으로 생을 데웠다. 이루지 못한 꿈과 아직 맛보지 못한 달콤함이 있기에 생은 계속되어야 한다.

> 지금부터 맞이할 모든 순간은
> 지금껏 한 번도 경험해 보지 못한 맛일 것이다.
> 지금의 달콤함을 음미해야만 한다.

이 비가 내려야 돋는 초록이 있겠지. 이 바람이 불어야 피는 꽃이 있겠지. 마음은 눈물을 머금어야 단단해지고 영혼은 흔들리며 자라는 거겠지. 나를 지금으로 데려오기 위해 그토록 무수한 이야기가 있어야만 했겠지. 좋은 일만 생기지 않았지만 좋은 사람은 항상 내 곁에 있었다. 늘 근사하지는 않았으나 모든 순간에 감사할 일이 있었다. 사람마다 사연이 있듯이 계절마다 기쁨이 있었다. 어떤 색으로 피어도 꽃은 아름답다. 각자의 삶은 저마다의 빛깔로 반짝인다. 지금 아는 걸 그때 알았더라면 더 나은 사람이 되었을지도 모르지만 지금처럼 소중히 여기지 않았겠지. 집 앞 편의점에서 사 온 물건이 아닌 온 세상을 헤매 겨우 찾은 달콤함이니까.

세상은 여전히 소란하고 사는 건 뜻대로 되지 않지만 뛰어노는 조카들을 보고 있으려니 그래도 살아볼 만하다는 생각이 든다. 저녁 무렵 해양 공원에는 붉은 노을이 내리고 자그마한 그림자 둘이 석양과 어우러져 춤추고 있다. 일곱 살 조카가 준 선물 포장을 뜯어보니 까만 색종이로 접은 미니카와 젤리가 들어있다. 초록 색종이에는 '삼촌 사랑해요.' 연필로 삐뚤빼뚤 쓰여 있다. 곰 모양 젤리를 입안에 넣는다.

그래 행복은 생각보다 가까이 있다.
행복은 가까이에 있는 것들을
생각하는 마음이다.

지금이 아니면 맛볼 수 없는 달콤함이 여기에 있다. 아직 맛보지 못한 달콤함이 밤을 건너 내게 오고 있을 것이다.

영혼이 깃드는 곳은 어디일까

토요일 아침, 엄마는 새벽부터 분주하고 조카들도 일어나 새처럼 지저귄다. 창원을 지나 함안. 진주를 거쳐 순천 광주를 지나 국토를 횡단한다. 휴게소에 들러 싸온 귤과 매점에서 산 꼬치구이를 파란 하늘 아래 나눠 먹으니 마치 소풍 같다. 엄마는 나훈아의 노래를 흥얼거리다 눈물을 찍어낸다. 산소에 도착해 생전에 좋아하시던 과일과 수육, 닭강정을 늘어놓고 맥주와 막걸리를 따른다. 조카들이 자기 가방에서 젤리와 약과를 꺼내 올린다. 작년 이맘 때, 아버지의 육신이 불태워져 한 줌 뼈가 되고, 뼛가루로 빻아지고, 붓에 쓸려 유골항아리에 담겼다. 그의 뜻대로 바다에 뿌리려 했으나 고모들의 애원에 흔들렸고 크나큰 상실을 겪은 엄마의 마음을 헤아려 납골당에 모셨다. 마음이 내킨다면 언제든 꺼내어 뿌릴 수 있으니까. 유골항아리는 몇 시간을 달려 할아버지와 할머니. 큰아버지. 그리고 얼굴만 어렴풋한 친척 어른들을 모신 곳에 안치되었다.

절을 하고 술을 뿌리고 과일을 깎는 것은 살아있는 자들을 위한 일이다. 아버지의 영혼이 이곳에 있다고 생각하지 않는다. 영정사진에 깃들어 있다고 믿지 않는다. 몇 시간을 달려 이곳을 찾은 우리들에게 깃들어 있다. 그에게 절을 하며 뜨거운 숨을 쉬는 이들의 가슴 속에 깃들어 있다. 그가 사랑하고 미워하고 고마워하고 상처주고 상처 받은 모든 이에게 깃들어 있다. 그가 생명을 준 이들의 세포 하나하나에 깃들어 있다. 언젠가 그를 기억하는 이가 아무도 없게 될 때 그의 영혼은 비로소 두 번째 안식을 취할 것이다. 내가 세상을 떠날 때 그의 영혼 조각 하나도 저 편으로 건너갈 테지. 일 년 전 오늘, 아버지의 마지막 날이었다. 제사를 모실 생각은 없지만 사람들이 왜 격식을 차리는지 이해가 된다. 상실감에 매몰되지 않기 위해서다. 아픔에 휩쓸리지 않기 위해서였다. 음식을 준비하며 몸을 바쁘게 만들고, 같은 아픔을 공유한 사람끼리 모여 밥을 먹고 술을 마시는 마음을 알겠다.

고통조차 자신에게 충실한 순간임을 알겠다. 상실한 것은 사라지지 않는다. 잃어버린 것만이 사라지지 않는다. 잃어버린 것들은 세월에 빛을 잃지 않는다. 상실의 순간은 인생을 극적으로 전환한다. 아버지가 세상을 떠난 날의 풍경은 사라지지 않을 것이다. 전화기 속에서 울리던 엄마의 젖은 목소리, 심폐 소생술을 시도하고 있던 구급대원들의 절박한 몸짓, 구급차 안에서 내 팔을 붙든 엄마의 손, 아버지의 몸이 관 속으로 들어가던 순간, 아버지의 시신이 불타는 동안 멍하니 보던 거미줄의 모양. 몇 년간 끊었던 담배를 사러 들어간 편의점, 유골을 들고 탄 차 안으로 비치던 햇살, 상실된 것들은 상실된 것들끼리 손을 잡고 저 편에 서 있다. 분명 그럴 일 없을 텐데 마치 마음 안에 슬픔을 따로 보관하는 장소가 있는 듯하다. 지금껏 살아오며 상실한 것들이 차례대로 밀려들다 한꺼번에 엉켜 떠오른다. 눈물은 흐르지만 슬프지는 않다. 기묘한 감정 속에서 사라지지 않을 것들을 본다.

상실한 것들이, 보잘 것 없다 여긴 삶에도 소중한 것들이 있었음을 증명한다. 상실한 것들은 사라질 것들을 사랑하라고 애원한다. 모든 만남에 끝이 있으니 사랑하는 사람을 안아주는 데 망설이지 말라고, 짧은 여정이 끝나기 전에 남은 시간을 자신을 위해 쓰라고, 마음을 나눠준 사람들에게, 시간을 내어준 장소에 영혼이 깃드는 거라고.

아프지 않은 상실이 없었으나
상실한 모든 것들은 사랑했던 것이라고.
사랑했던 것들은 떠난 후에는
살아갈 이유가 된다고 속삭인다.

아무것도 남기지 못해도 살아있음은 덧없지 않다. 살아있는 동안 더할 나위 없기를 바란다. 마지막 한 조각까지 불태우기를 열망한다. 무언가를 남기기 위해 자신을 미뤄두지 않기로 하자. 삶은 한순간도 헐겁지 않고 일렁이다가 마침내 줄을 풀고 자유로워지는 것이다. 바람과 춤추던 꽃잎 하늘을 향하듯. 강물이 실어간 별빛 바다에 닿듯이.

창문 너머 울리는 공중전화

그가 아내를 기다리던 창가에서 엄마가 오기를 기다린다. 아버지가 밖을 내다보던 낡은 섀시 창문은 부드러운 새 것으로 바뀌었다. “그래도 불을 켜고 기다리는 사람이 다 있네. 다시 그런 일은 없을 줄 알았는데.” 그녀를 가만히 안아준다. 엄마는 마트에서 사온 순대를 접시에 담고 맥주를 꺼내주며 “별 것도 없는데 집으로 오라해서 미안하네.” ‘엄마가 있잖아, 그거면 특별하지.’ 음식을 먹으며 이야기를 나눴다. 시답잖은 이야기였다. 어제 오늘 추웠는데 걸었냐는 질문이, 누구네 엄마가 이렇게 추운 날 걷다가 세상을 떠났다는 이야기로, 건강의 소중함에 대한 이야기로, 돌아가신 아버지에 대한 추억으로, 요즘 엄마가 보는 드라마로 이어진다. 어제 밤부터 난방을 켰다고 해서 잘하셨다고 칭찬하고 전기스토브의 오렌지 빛을 바라보며 난방비와 전기세, 도시가스에 대해 이야기했다. 기승전결이 없는 대화를 몇 시간 동안 나눴다. 별거 아닌 이야기였지만 주고받는 말에는 온기가 있었다. 숨을 들이마시고 내쉬는 행위는 생명의 본질이다. 숨결에 담긴 건 존재 자체다. 언어는 입과 혀의 모양에 따라 다른 소리를 내지만 중요한 건 서로에게 전해지는 숨결이다. 대화는 마음끼리 맞잡은 손이다. 영혼이 주고받는 숨결이다. 한참 동안 별거 아닌 이야기를 할 수 있는 사람이라면 친구라 불러도 되지 않을까. 엄마의 친구가 될 수 있다면 멋진 일 아닐까. 일상을 그저 그런 권태로움으로 받아들이지 않는 것만큼 중요한 일이 있을까. 존 덴버와 이글스의 노래를 듣는다. 엄마는 구운 고등어를 가방에 넣어 주신다. 지금이 언젠가 그리워하게 될 순간임을 안다. 미치도록 돌아가고 싶어 할 순간이라면 돌이킬 필요가 없을 만큼 사랑해주는 수밖에 없다. 세상이 어떻게 변할지 알지 못한다. 앞으로 무슨 일이 생길지 모르지만 매 순간을 진심으로 대할 것은 안다. 우리가 불행하다 느끼는 이유는 마땅히 사랑해야 할 것에 시간을 내어주지 않기 때문은 아닐까. 사라지는 건 소중한 것만은 아니지만 사라지는 것만이 소중한 것이 된다. 이따금 가슴이 미어지는 건 마땅히 사랑해야 할 이름들이 멀어진 까닭이겠지. 아직 마음이 살아 숨 쉬고 있는 덕분이겠지. 평생 모든 단어를 처음 본 듯 대했다는 헤밍웨이처럼 지금 이 순간을 아껴줘야 할 테지. 입 안이 미어지도록 삼키고 꼭꼭 씹어서 오늘을 살아야겠지.

집으로 돌아가기 위해 버스를 기다린다. 외로이 선 공중전화. 서늘한 바람 부는데 아무도 찾는 이 없다. 가끔 누구라도 찾아와 줄까. 쓸모를 잃고 우두커니 선 모습이 나와 닮았다. 낙엽처럼 바람에 흩날리듯 살아왔지만 아직 용케 버티고 서 있네. 우리. 그 시절 짤랑거리는 동전은 별처럼 반짝였고 전화기는 그리움의 언어로 데워져 뜨거웠다. 그날들은 어디로 간 걸까. 동전 한 움큼 쥐고 구름 위를 걷던 밤은. 흰 살결의 그 사람은. 사랑을 속삭이던 날들은. 부드러운 비누 같던 날들은 거품처럼 하늘 위로 날아가 버린 걸까. 전화기에 담아 보내던 그리움들은 어디로 갔을까. 강 저 편에 남겨두고 온 것들. 부를 수 없게 된 이름들은 그래도 거기에 있겠지. 딸깍 전화기를 들면 열리던 달콤한 세계. 두 사람만이 존재하던 세상. 애타게 부르던 이름은 아무도 손 댈 수 없는 무언가가 되어 남아 있겠지. 그래도 어떻게든 버텨내 여기까지 왔구나. 잘 살아낸 거지 뭐. 나 없이는 안 된다던 그가 나 없이도 살아갈 수 있음에 기뻐해야지. 내 것이 아니었던 이름을 간직할 수 있으니 춤을 춰야지.

전화기 너머로 보낸 말들과 온기.
그게 세상에 왔다간 흔적이라면 나쁠 것 없다.

반짝이는 순간들이 있었다. 빛나는 것들을 향해 겁 없이 다가갔던 순간만이 생의 하이라이트가 되었다. 때로 텅 빈 듯 느껴지는 건 마음을 모두 내어준 까닭이겠지. 대단한 사람은 아니지만 아낌없이 내어줬으니까. 그들에게 준 마음이 세상에 다녀간 흔적이다. 아직 남아있는 마음은 생을 붙잡는 중력이 되어 줄 거다. 여전히 인생을 모르지만 사랑하는 마음만은 잃지 않았으니. 그저 그렇게 한 생을 살아낸다면 그 또한 나쁘지 않을 테지. 사랑했던 사람을 떠나보낸 게 아니라 그에게 사랑을 주어 보낸 거였다. 에일 듯 아팠던 날은 그의 이름을 새기기 위한 시간이었다. 내게 온 사람들에게 좋은 것을 주려 애쓰다 갈 수 있다면 그걸로 괜찮지 않을까. 이런 날도 저런 날도 있을 테지만 한순간도 사랑하지 않고 보낸 날이 없도록 살아야지. 뭐라도 해주려 마음 쓰던 사람아. 그때로 충분하니까. 미안하다며 손 흔들던 사람아. 그보다 빛나던 순간은 없었으니까. 바쁜 세상에 잠시라도 내 생에 들렀다 가주어 고맙다. 세상에서 철거되기 전까지 끝없이 신호를 보내며 살아가야지. 끝내 신호 없음이 될 때까지.

사라진 것이 공중전화뿐일까. 이제는 만질 수 없게 된 것들이 있다. 자물쇠. 전화번호부. 연탄 같은 물건들은 이제는 마음으로만 어루만질 수 있게 되었다. 물건마다 사랑했던 이의 이름과 돌아갈 수 없는 순간이 깃들어 있다. 시간의 터널을 지나며 얼마나 많은 것들을 잃어버렸던가. 마음의 불을 밝히지 않으면 자신마저 잃어버리고 말겠지. 조금씩 희미해지는 것들이 있다. 다시는 볼 수 없게 될 것들이 있다. 사라진 줄도 모른 채 잃지 않기를 바란다. 누군가 미워한다면 그만큼 중요한 사람이라는 뜻이고 누군가 화를 낸다면 내게 기대를 하고 있다는 뜻이다. 하지만 누군가 나 때문에 운다면 내가 해야 할 유일한 일을 하지 않아서다. 생각하면 눈물부터 나는 사람에게 웃어줘야지. 이름만 불러도 애틋한 사람의 손을 잡아줘야지. 마음을 아끼지 않고 나아가기를 바란다. 선선히 걸어도 풀꽃 하나 놓치지 않는 사람이기를 소망한다. 마음 내어주어야 사연이 깃들고 온전한 생의 이야기가 되니까.

그렇게 남은 생을
쓰다듬고 보듬으며 살아가기로 하자.
대답 없는 전화기를 붙잡고 외친 이 말도
어딘가에 닿겠지.

잠들어 깨어나지 않길 바란 밤

아버지는 빚의 일부라도 갚아보려고 알음알음 찾아낸 사람을 통해 눈을 팔려고 했다. 선금으로 넣은 돈 육십만 원도 사채로 얻은 빚이었다. 장기를 구매하는 브로커를 소개해 준다던 사람이 돈을 갖고 사라져 버렸다. 다행이라 해야 할까 불행이라 해야 할까. 인생을 설명하는 문장이 없는 건 당연한 일이다. 어쨌든 우리 가족의 암흑기였다는 것만은 확실하다. 아무리 안간힘을 써도 벗어날 수 없는 절망 속에 살았다. 그때는 한숨조차 죽고 싶다는 말로 들렸다. 사랑한다는 말이 살아달라는 말로 들렸다. 엄마는 사채업자가 찾아오면 싸우기라도 할까 봐 아들이 떠나는 걸 붙잡지 않았고 누이는 늦은 밤 사채업자가 문을 두드리는 소리를 들어야 했다. 가난은 늘 우리 곁에 있었으나 그해 겨울은 유난히 혹독했다. 남편은 통영에서 아들은 안산에서 목숨을 끊으려 했었다. 엄마는 그 시절을 이대로 잠들어 깨어나지 않길 바랐던 날이라고 말하신다. 죽을 용기는 없는데 살아갈 자신도 없던 그 시기를 우리 가족은 어떻게든 버텨냈다. 우리를 괴롭혔던 건 이 상황에서 벗어날 수 없으리라는 두려움이었다. 그럼에도 우리를 버티게 한 건 가난한 중에도 쌓아온 단란했던 추억들 때문이 아니었을까. 아직 맛본 적 없는 내일의 행복은 실감할 수 없어도 이미 체험한 소박한 추억은 음미할 수 있으니까.

비단 그때만 그랬던 건 아니었지만 어떻게든 견뎌서 여기까지 왔다. 생에 그러한 때가 없는 사람이 어디 있을까. 이대로 시간이 멈추길 바랐던 순간이 있었듯 잠들면 악몽이고 눈뜨면 고통이었던 날도 있다. 지금 생각해보면 그런 때가 있었기에 그나마 이런 나라도 되지 않았나 싶다. 가난했기에 감사를 배웠다. 초라했기에 나를 사랑하는 법을 익혀야 했다. 사랑하는 사람을 떠나보냈기에 삶을 껴안는 법을 알아야만 했다. 추운 겨울엔 똑똑 한 방울씩 물을 틀어둬야 수도가 얼어붙지 않고 단수가 되기 전에는 미리 물을 넉넉하게 받아야 한다는 걸 배웠다. 따뜻하고 좋은 집에 살았다면 몰라도 될 사실이다. 물이 귀한 지역이 아니었다면 배우지 않아도 괜찮았을 사실이다. 가난과 상실, 고통 덕분에 생에서 중요한 것들을 배웠다. 괴로울 때일수록 자신을 위한 작은 기쁨을 포기해서는 안 된다는 사실을 배웠다. 때론 사소한 기쁨이 생을 버티게 한다. 생에 어떤 일이 닥칠지 모르지만 행복했던 한때를 소중히 간직해두면 그 기억만으로도 견딜 수 있다는 걸 안다.

지금 자신에게 작은 기쁨을 허락하는 건 생존을 위한 지혜다.
행복을 두고 망설이지 않는 건 낭비가 아닌 투자다.

차가운 것도 뜨거운 것도 담아낼 수 있게 되었다. 냉정함을 품고 있건 열정을 품고 있건 다정함을 유지하는 법을 배웠다. 여기서 더 나빠질 게 있겠어, 생각하면 평온해진다. 여기도 좋은 건 있을 거야. 둘러보면 보이는 기쁨이 있다. 어차피 죽으면 그만이라고 생각하면 용기를 낼 수 있다. 어쨌든 아직 끝난 건 아니니까. 무언가를 해내지 않고도 살아갈 수 있다. 그렇게 사는 건 생각보다 나쁘지 않았다. 오히려 살아있음을 체감하게 되었다. 사람은 생각보다 적은 것만 있어도 살 수 있었다. 소유에 집착하지 않으면 당연하다 여긴 것의 가치를 알게 되고 사소한 것의 소중함을 느끼게 된다. 오늘 배를 채울 음식과 몸을 누일 자리만 있어도 사람은 산다. 내 앞의 식탁에 집중하면 값비싼 재료가 아니라도 만족스럽다. 명품 옷을 입지 않기로 하면 낡은 운동화만 있어도 어디든 갈 수 있게 된다. 부자가 되려하지 않으면 가벼워진다. 좋은 사람이 되려고 애쓰지 않으면 편안해진다. 터무니없이 작은 것으로도 만족하는 법을 배우게 된다. 가진 것으로 만족하는 삶을 살 때 사람은 행복을 느낀다. 슬픔이 버리지 않고 세월에 담가두면 향기로워지는 술이라면, 기쁨은 지금 당장 먹어치우지 않으면 녹아버릴 아이스크림이다. 내일의 행복을 꿈꾸기보다 지금의 기쁨을 사랑하기로 했다. 지금을 사랑하라. 거창해 보이지만 실은 갓 딴 과일이 맛있다는 말이다. 제철 채소가 맛있고 방금 잡은 생선이 좋다는 뜻이다. 팔팔 끓이면 뭘 넣어도 맛있고 직접 기른 작물보다 귀한 건 없다는 거다. 언젠가 이룰 일을 위해 지금의 기쁨을 내팽개치면 안 된다는 말이다. 지금이 아니면 맛볼 수 없는 즐거움을 미루지 말라는 뜻이다. 있는 그대로의 자신을 사랑하는 일도 다르지 않다. 먹기 싫은 걸 억지로 삼킬 필요 없다. 관계건 일이건 상했다면 버려야 한다. 죽고 못 살 것 같던 사람을 떠나보내고도 사는데, 평생 소망한 꿈을 이루지 못해도 살 수 있는데. 그까짓 게 뭐라고. 그래도 죽지 않는다. 아무 일도 생기지 않는다. 그저 새로운 무대가 시작될 뿐이다.

지금 가진 것을 사랑할 수 있어야

있는 그대로의 자신을 받아들일 수 있게 된다.

어렵게 생각할 필요 없다. 내일 무슨 일이 생길지 몰라도 오늘을 사랑할 수 있으면 어떤 내일이라도 괜찮아지니까. 오지 않을지도 모를 앞날을 위해 이미 와있는 지금을 놓치지 않는다. 이해하지 못해도 괜찮다. 갓 지은 밥을 먹고 갓 딴 과일을 먹고 노을을 보고 달빛을 따라 걸으면, 어느새 행복이 함께 걷기 시작할 테니까. 자금을 맡겨놓으면 이자가 생기지만 지금을 맡겨놓으면 아무 일도 생기지 않는다. 지금을 포기하면 즐거운 일은 없다. 돈도 좋고 사람도 좋지만 나를 위해 온전한 순간을 모으는 것보다 든든한 게 없다. 눈에 보이지 않지만 그래서 도둑맞거나 망가질 염려가 없다. 오롯이 나를 사랑한 순간 꿈은 이루어진다. 해야 할 일은 이미 끝났다. 그러니 부담 없이 다음 순간을 향해 나아갈 수 있게 된다. 지금 그리고 지금. 마음의 중심이 지금에 있으면 마음먹은 대로 사는 일도 어렵지 않다. 어떻게 사람이 하고 싶은 것만 하고 사냐고들 하지만 그런 말도 개의치 않게 된다. 다만 이루고 싶은 일이나 갖고 싶은 물건과 혼동하지 않으려 한다. 멋진 전시회를 열거나 무대에 오르거나 세계 일주를 하는 건 계획이지 꿈이 아니다. 꿈을 갖는 건 가진 자의 특권이라고들 말하지만 동의하지 않는다. 꿈은 갖는 게 아니라 하는 거다. 대단한 꿈이 아니라도 괜찮다. 사소하고 가벼운 꿈일수록 좋다. 꿈은 지금에 머문다. 그림을 그리는 지금 꿈을 이룬 거다. 늦은 밤 노트북을 켠 지금 꿈을 꾸는 거다. 음원을 내기 위해 편의점에서 바코드를 찍는 소리도 음악이 된다. 충분히 열심히 살았다. 이젠 좀 하고 싶은 대로 하고 살아도 괜찮다. 끝장을 보지 않아도 괜찮다. 그저 끝까지 가기만 하면 되니까. 그보다 근사한 일은 없으니까.

사랑했던 지난날은 모두 봄이었고

아직 뜨겁게 꿈꾸고 있는 지금은 언제나 여름일 테니.

한때 전부였던 이름은

이제는 꺼내보지 않는 사진이 있다. 언제부턴가 버릴 필요가 없어진 사진이 있다. 오랜 연애 끝에 남은 몇 장의 사진이 있다. 낡은 휴대폰에 지우지 못한 사진이 있다. 끝내 찢어버리지 못한 사진에 깃든 추억이 있다. 머리를 맞대거나 두 손을 꼭 잡고서, 생일 케이크에 촛불을 꽂고 함께 찍은 사진들은 내 몸의 일부가 되어 버렸다. 지워버리고 불태워도 사라지지 않을 생의 일부가 되어 버렸다. 한때 마음은 세월의 무게를 이기지 못한 낡은 건물 같아서 계단을 밟을 때마다 신음이 새어 나왔지만 아무리 지우려 해도 삭제되지 않는 기억이 있었다. 계속될 것 같던 일상이 무너지는 건 한순간이었지만 극복하는 데는 한 세월이 필요했다. 얼마나 그 자리에 머물러 있었을까. 적어도 새롭게 시작하기에는 충분한 시간이었다. 나무는 땅을 벗어날 수 없다. 물고기는 바다를 떠날 수 없다. 삶은 아픔을 버릴 수 없다. 그래도 그런 날이 오긴 하더라. 끊어내려 했던 사슬이 생을 지탱하는 닻이 되는 순간이, 잊고 싶었던 기억이 잃을 수 없는 추억이 되는 때가.

사랑할 수밖에 없어 사랑했듯이, 헤어질 수 있어서 헤어졌듯이, 끝내 지우지 못한 것은 지워서는 안 될 기억인 까닭이다. 지우면 존재까지 흐려질 추억이기 때문이다. 사람은 떠나도 기억은 사라지지 않았다. 사람은 떠나며 마음을 남기고 갔다. 지우고 싶은 기억은 있어도 지워도 좋을 기억은 없다. 그때의 너도. 부끄러운 나도. 고스란히 남아 지금을 이룬다. 여기까지 오기 위해 필요했던 길이었으니 없었던 취급 하지 않으리라. 함부로 대하면 오늘도 그런 날이 되어 버릴 테니까. 아무것도 아닌 날들만 남게 될 테지. 비에 흠뻑 젖지 않았다면 사막이 되었겠지. 눈물이 없었다면 푸른 것을 키우지 못했겠지. 끝까지 품고 갈 것은 기억뿐이고 마지막까지 주고 갈 것은 마음뿐이다. 사랑한 이에게 마음을 내어주지 않은 삶은 참담하다. 사랑한 사람들은 떠나버렸으나 마음은 남기지 않았으니 그걸로 됐다.

빗속을 걸어본 사람은 안다. 아무리 비가 많이 내려도 거리의 비를 모두 맞지 않는다는 걸. 살다보면 좋지 않은 일들이 일어나지만 모든 걸 짊어질 필요는 없으니까. 내 몸 너비의 비를 맞듯이 감당할 만큼의 아픔일 뿐이었다. 흔적도 없이 사라지다니. 흔적을 남기려고 사라지는 거였다. 추억을 새기며 살아가는 거였다. 가슴에 새긴 흔적이 가장 오래 남는다. 사라지는 건 없다. 사랑한 순간이 있을 뿐이다. 나로 살아낸 순간이 남을 뿐이다. 다시는 함께할 수 없으나 한때 같았던 마음이 있었다. 이제 변치 않는 기억이 되어 생을 지탱하는 이름이 있다. 마음은 멀어졌지만, 세상을 붙잡을 힘이 되어준 사람이 있었다. 이제는 다른 하늘 아래 각자의 계절을 살지만, 한때 우리였던 마음이 있었다. 그는 마음을 가졌고 나는 그의 시간을 받았다. 우리의 이름으로 지은 이야기만 남았다. 한때 전부였던 이름은 생명이 다한 후에는 살기 위한 변명이 되는 거였다. 훼손되지 않는 추억이 되어 생을 지탱하는 장면이 있다. 세상과 나를 잇는 노래가 있었다. 생을 꽃처럼 여기게 만든 풍경이 있었다. 나를 여기까지 밀고 온 발걸음이다. 언제까지나 나로 남을 것들이다. 이미 충분히 사랑한 저녁이었다. 두고 떠나는 게 아니라 품고 다시 살아가는 것이다.

이제 꽃 피길 기다리기보다 별을 보며 나아간다. 발걸음마다 푸른 잎이 될 것을 믿고 있다. 소망할 것은 확실한 내일이 아니라. 확신을 갖고 나아갈 오늘임을 잊지 않는다면, 생은 분명 근사한 곳으로 나를 데려다 줄 것이다. 조금은 멋진 사람이 되겠지. 적어도 내가 되어 가겠지. 마음 준 것들은 멀어지며 빛난다. 시간의 저 편을 향해 망설임 없이 나아간다. 사랑했던 것과 상상하는 것 사이에 길이 있다. 짧은 일출로 하루를 살아갈 에너지를 얻는 것처럼 한때 뜨겁게 불타오른 순간이 살아가는 내내 온기를 전하기도 하겠지. 찰나의 틈새에서 생은 빛난다. 늘 좋은 일만 생기진 않겠지만. 생은 그 자체로 아름답다. 마음을 내어주며 나아가는 거다.

생은 그저 나아가는 것이다.
생은 그저 안아주는 것이다.
봄은 아직 끝나지 않았다.

세월에 나를 우려내는 중이다

첫째 이모나 둘째 이모와는 살가운 사이가 아니다. 십수 년간 얼굴을 마주한 적은 손에 꼽을 정도에 불과했다. 엄마가 힘겨울 때 손을 내밀어 주지 않고 마음을 할퀸 사람들이라 생각했다. 남이나 마찬가지였고 타인과 다를 바 없었다. 엄마는 당신의 손위 형제들과 그리 가깝지 않아서 친오빠의 죽음조차 지난 후에 알려주었을 정도였다. 첫째 이모와 둘째 이모에게는 마음의 병이 있다. 첫째 이모는 건강이 악화되자 차라리 함께 손을 잡고 정신병원에라도 들어가는 편이 낫겠다고 말했다. 엄마는 둘째 이모를 며칠이라도 돌보겠다고 했다. 갚아야 할 마음의 빚이 있는 건 아니었지만 그래야 떠난 후에 아픔이 덜 할 것 같다고 하셨다. 살다 보면 좋은 일도 나쁜 일도 있는 거라지만 감당하기 버거운 일들이 있다. 백세 시대의 축복과 함께 온 저주가 있다. 나이 들면서 형벌처럼 몸에 쌓이는 질병들은 얼마나 서러운가. 고통스럽지 않은 병이 없지만 그 중에서도 마음의 병이 가장 지독하다. 팔이나 다리를 잃고도 살 수 있고, 눈이 보이지 않고 귀가 들리지 않아도 살 수 있지만 마음이 병들면 어떤 약도 소용없어진다. 모두가 늙어간다. 누군가에게 짐이 되고 마는 서러움과 누구에게도 기댈 수 없는 아득함 사이에서 모두가 늙어간다. 아무리 붙들어도 손가락 사이로 생명의 빛이 빠져나간다. 예전 같지 않음을 느끼는 슬픔과 지금만큼이라도 유지되길 바라는 헛된 욕심 사이에서 흔들린다.

어쩔 수 없는 것들을 어떻게든 해볼 수밖에 없는 게 인생이라면 받아들여야겠지. 눈이 좀 침침해지더라도 못 볼 꼴 안 봐도 되니까. 깜빡하는 일이 잦아져도 소중한 사람의 얼굴만 잊지 않으면 되니까. 언젠가 달릴 수 없는 날이 오면 걸으면 된다. 걸을 수 없는 날이 오기 전에 풍경을 가득 담아두어야 한다. 인연이 다하기 전에 아낌없이 마음을 주어야 한다. 뜻하지 않아도 사고는 일어나고 원하지 않아도 질병은 찾아오지만, 기쁨은 찾아내지 않으면 누릴 수 없으니까. 새로운 관계를 두려워하고 새로운 규칙을 만들지 않고 새로운 시도를 하지 않을 때 사람은 쉽게 늙는다. 허물어지려는 벽을 막는 등보다 애틋한 게 있을까. 사위어가는 불꽃을 살리려는 손길보다 아름다운 것이 있을까. 살아있던 매 순간이 그렇지 않았던가. 아침에 눈을 떠 세상으로 나가는 걸 기적이라 여기고 무사히 집으로 돌아온 저녁을 승리라 부르기로 하자. 기적과 승리 사이의 틈은 감사로 채우기로 하자. 어둠에서는 작은 소리에도 예민해지듯 절망 속에서만 보이는 빛이 있다. 터널 하나 통과하지 않고서, 신호 한 번 걸리지 않고 어떻게 멀리 갈 수 있을까. 나이 들어야 몸으로 깨닫는 것들이 있다.

엄마가 지은 뜨거운 밥을 먹는다. 비록 부잣집에서 태어났지만 그녀에겐 쌀 살 돈도 없던 시절이 길었다. 가난에 대해 이야기하자면 끝도 없을 거다. 여전히 풍요롭다 말하기에는 어려운 살림이지만 이제는 맛있는 쌀을 골라 드신다. 고성 쌀, 이천 쌀, 메뚜기 쌀, 다른 건 몰라도 밥이 맛있어야 산다. 쌀이 비싸봐야 얼마나 비싸겠니. 평생을 소박하게 살아오신 엄마의 소소한 신념을 응원한다. 김치 한 조각, 생선 한 토막이라도 갓 지은 밥만 있으면 된다는 마음가짐을 배운다. 매 끼니 감사하는 마음으로 식탁을 맞이할 수 있다면 그걸로 충분하지 않을까. 여기에 해답이 있지 않을까. 세상이 어떻게 변할지 모르고 생에 무슨 일이 닥칠지 알 수 없다. 결국 지금을 사는 수밖에 없다. 꿈은 해몽하기 나름이고 상황이 어떻든 해석하기 나름이다. 어떤 현실이든 해석에 따라 각자의 진실이 존재한다. 마음먹기에 달려있다는 건 어떤 세상에 살 것인지 선택할 힘이 마음에 깃들어 있다는 뜻이다. 지금 사랑하고 있는 것이 자신을 비추는 거울이다. 내가 사랑하는 것이 삶이 된다. 언제든 자신을 결정할 수 있다. 그러니 신중하게 선택해야 한다. 무엇에 시간을 내어줄지, 무엇에 마음을 내어줄지, 무엇을 사랑하는지가 내일의 나를 결정할 테니까. 비록 생각하던 사람은 되지 못하더라도 오늘 사랑한 것이 삶이 될 테니까.

나이는 먹었고 모아둔 것도 없지만 그래도 조금씩 내가 되어간다. 나로 살아낸 순간이 쌓여간다. 나보다 가진 것이 많은 이는 얼마든지 있겠지만 가진 것에 나보다 감사하는 이는 그리 많지 않을 것이다. 모두가 선물을 받는다. 같은 선물이라도 받는 이의 마음가짐에 따라 보석이 될 수도 있고 하찮은 돌멩이에 불과할 수도 있다. 감사는 하찮은 돌덩이를 보석으로 바꾸는 연금술이다. 스스로에게 내리는 축복이다. 꿈꾸고 사랑한다면 나이와 상관없이 청춘이지만 당연한 것의 귀함을 깨닫고 사소한 것에 감사를 느낄 수 있다면 대가로 청춘을 지불하는 것쯤은 괜찮다는 생각도 든다. 가만히 엄마의 얼굴을 쓰다듬는다. 사람들이 주름이라 부르는 것은 당신 인생의 이야기에서 밑줄 그어진 장면이다. 자세히 들여다보면 당신이 사랑하고 꿈꿨던 것들의 이름이 새겨져 있다. 엄마, 잘 늙어야 돼. 그래야 덜 늙어. 늘 감사하며 살아야 해. 물 자주 마시고 산책도 다니고 늘 건강하셔야 돼. 너나 아프지 마라. 아프면 병원에도 가고. 군불 때듯 잔소리로 서로를 데운다.

우울을 망가뜨리기 위해

우울감에 빠져 허우적거리던 시절이 길었다. 지느러미가 뜯긴 물고기가 된 기분이었다. 누군가 눈을 파내고 몸통 가운데에 구멍을 뚫어 추를 매달아 던져진 느낌이었다. 어떻게 된 일인지 생각할 겨를도 없었다. 심연 속으로 서서히 가라앉을 뿐이었다. 어둠 속에서 느껴지는 건 두려움과 무력감뿐이었다. 아무런 희망도 없었다. 빠져나간다 해도 망가진 채 일 거라는 사실에 절망했었다. 심연 어딘가 호시탐탐 나를 노리는 거대한 무언가를 느꼈다. 물살을 일으키며 스쳐가는 무언가가 있었다. 우울은 논리가 통하지 않는 공간이었다. 그때는 상상조차 독이 되는 시기였다.

그곳에서 빠져나올 수 있었던 주문이 몇 가지 있다. 첫 번째는 햇볕 아래서 몸을 움직이는 거였다. 햇살보다 효과적인 약은 없었다. 마음을 편하게 하는 호르몬이 뿜어져 나왔고 풍경을 보며 걸으면 좋지 않은 기억이 떨어져 나갔다. 아무 생각 없이 뛰고 있으면 감정의 찌꺼기가 씻겨 나가는 기분이었다. 나를 사랑하기는 어려워도 몸을 아껴주는 일쯤은 할 수 있었다. 몸을 움직이면 식욕이 돋았다. 맛있는 음식은 사소하지만 확실한 기쁨이었다. 연료가 아닌 생명을 들이는 일이었다. 가장 멋진 건 아무 생각도 하지 않는 거였다. 자신을 위해 행동할 뿐 어떤 생각도 하지 않았다. 때로 침묵이 유일한 정답인 순간이 있다. 숨소리에 몸을 맡기고 바람에 귀를 기울였다.

두 번째는 아무거나 써보기로 한 일이다. 필사를 하고 감사 일기를 썼다. 인생은 뜻대로 되지 않으나 생각은 마음대로 쓸 수 있으니까. 머릿속에 제멋대로 맴도는 생각을 붙잡아 종이 위에 올렸다. 쓰는 동안에는 다른 생각은 하지 않았다. 정의를 논하지 않고 가치를 따지지 않고 판단하거나 평가하지 않았다. 그저 썼다. 욕을 쓰고 원망을 쓰고 자괴감과 절망을 썼다. 불필요한 생각을 버리는 과정이었다. 소금이나 팥을 뿌려 액운을 쫓는 것처럼 종이를 찢어버렸다. 짚으로 만든 인형처럼 불태우기도 했다. 쓰고 버리는 과정을 반복하는 동안에는 숨통이 트였다. 닥치는 대로 책을 읽고 좋은 글귀를 옮겨 적었다. 진심으로 쓰인 문장에는 온기가 남아있었다. 쓰고 또 옮기고 주문처럼 외웠다. 감사한 일을 적었다. 거창한 계획을 세우거나 대단한 일을 꾸미지 않았다. 긴 장마 사이, 잠시 난 햇볕에 창문을 열듯 좋은 것들이 내게 들어오도록 허락했다. 햇볕 아래를 걷고 맛있는 음식을 먹고 뽀송뽀송 마른 이불을 덮는 것에 감사했다. 무엇이 되지 않더라도 생은 한 번 살아볼만한 거라고 생각했다. 그저 살아있음으로 충분한 거라고 되뇌었다. 가벼운 마음으로 하루를 살았다. 하루살이처럼 살았다. 오늘 나를 편안하게 만들 일을 하고 지금을 기쁘게 만들 장소를 찾았다.

그곳에서 빠져나올 수 있었던 본질적인 이유는 절망이 지닌 수명이 다한 까닭이다. 아무것도 아닌 기분이 들 때, 아무 일도 하지 않고 있을 때, 비로소 아무는 상처도 있는 거였다. 사랑도 끝나고 사람도 떠나는데 우울만 불멸하지는 않았다. 분노도 다 타면 꺼지고 절망도 제 할 일을 다 하면 떠나는 거였다. 좋은 것들이 떠나듯 나쁜 것들도 사라진다. 끝내 모든 것은 지나간다. 여름날 감기처럼 자리를 털고 일어나게 된다. 아침이 오면 악몽에서 깨어나듯이. 세상에 쓸모없는 존재가 없듯이 생에 의미 없는 일은 없었다. 의미를 알아챌 시간이 필요할 뿐이었다. 가벼운 발걸음으로 걸으면 되는 거였다. 결국 모든 것은 지나가니 지금 부는 바람을 느끼면 되는 거였다. 자신을 아껴주며 나아가면 되는 거였다. 나아가면 결국 낫게 되는 거였다.

아프지 않은 절망이 없었듯
아무것도 남기지 않은 아픔도 없었다.

누군가를 해치지 않았다면 부끄러울 것 없는 오늘이라 생각했다. 자신을 다치게 하지 않았으면 부러울 것 없는 하루라고 여겼다. 단지 그런 하루면 충분했다. 타인을 해하는 다툼에 끼어들지 않고, 자신을 지키는 싸움에 물러서지 않았다. 생에서 물러서지 않되 삶을 전쟁터로 만들지 않기로 했다. 어떤 이는 내일을 꿈꾸라고 하고 누군가는 봄을 기다리게 내버려 두고 지금 나와 춤을 추기로 했다. 늦기는 무슨, 진정 원하는 것을 찾을 시간이 필요했을 뿐이다. 안 되면 뭐 어때서. 어차피 생이 될 텐데. 선택하지 못한 것으로 타인을 판단하지 않듯이 선택하지 못한 삶으로 나를 규정하지 않기로 하자. 여름이라 낙엽지지 않던가. 겨울이라 초록 돋지 않던가. 이 또한 인생이 되겠지. 이것도 이야기가 이어지는 방식일 테지. 지혜로운 이는 먹구름 저 편의 푸름을 생각한다지만 바람을 껴안고 춤을 춰야지. 집착을 버려야 행복해진다. 행복에 대한 집착마저 버려야 자유로워진다. 바람이 멈추길 기다리지 않고 바람이 부는 대로 몸을 맡기는 거다. 무언가를 이루기 위해 기쁨을 미루지 않기로 하자. 지금을 누리는 것보다 멋진 꿈은 없으니까. 별거 아니라며 흘려보내면 절정은 없다. 이별과 작별 사이에 있기에 삶은 이토록 반짝이는 거니까.

인생은 민트초코 같은 것

내 메신저 화면은 더없이 심플하다. 친구목록에 아무도 없다. 한 명의 예외도 없이 숨기거나 차단한 지 오래다. 오늘 생각지도 못한 이름이 추천친구 목록에 있었다. 그 없이는 사랑에 대해 이야기할 수 없는데, 그를 빼고 좋은 것을 이야기할 수 없는데, 부디 좋은 사람 만나, 이뤄줄 수 없는 소원을 남기고 떠난 사람이 있었다. 잃어버렸다고 여겼지만 나를 설명하는 문장이 된 이름이 그곳에 있었다. 십 년 만에 그의 모습을 볼 수 있었다. 이번 생에서 가장 사랑했던 사람이었다. 결혼까지 생각했던 사람이었다. 그리 달라지지 않은 모습이었다. 잘 지내고 있는 것 같아 다행이었다. 잘 지내길 바라며 삭제 버튼을 눌렀다. 꿈에서는 볼 수 있지만 현실에서는 만날 수 없는 관계. 현재를 함께하지만 서로를 꿈꾸지 않는 사이. 어느 쪽이 더 슬픈 걸까. 인생을 조금 알 것 같은 기분이 들다가도 다시 원점으로 돌아간다. 뜻밖의 방식으로 전해진 안부라고 여기기로 하자. 그는 내 생에 가장 놀라운 이야기였지만 이제는 끝난 이야기다. 그의 손을 잡았기에 볼 수 있는 풍경이 있었다. 그가 손을 놓았기에 가게 된 장소가 있었다. 그가 떠났을 때 삶이 끝난 거라 생각했다. 사실이었다. 다만 그 후에 시작될 삶을 몰랐을 뿐이었다. 그때는 다음 계단이 있을 줄 알고 발을 내디뎠는데 허공뿐인 기분이었다. 영원히 그 자리에 있을 거라 생각한 사람이 한순간 사라져 버렸다. 살 한 꺼풀이 벗겨진 아픔이었다. 흉터가 사라지지 않을 것을 알기에 무서웠다. 몇 년을 아파했다. 그가 떠난 후 흘러가는 구름만 보던 멍한 시기가 있었다. 밤은 너무 길었고 생은 지나치게 짧게 느껴졌었다. 별은 멀리 있고 슬픔은 곁에 있었다. 나였던 것이 떨어져나갔다. 나에게서 나온 것이 삶을 맴도는 위성이 되었다. 만날 수 없지만 떠날 수도 없었다. 그럴 때마다 바다를 보거나 별자리를 더듬거나 달을 따라 걸었다. 오래 걸렸지만 그래서 충분했다. 달의 뒷면처럼 서로 만날 일은 없을 거라는 슬픔은, 가끔 각자의 장소에서 같은 달을 올려다보기도 할 거라는 안심이 되었다. 그때는 아픔밖에 느낄 수 없었지만 그 너머에 있는 것은 아픔 뿐만은 아니었다. 달에 의해 세상의 파도가 일어나듯이 다시는 만날 수 없다 해도 서로에게 느낀 끌림은 여전히 남아 생을 일렁이게 하는 거였다.

때로는 꿈을 꾼 듯하다. 시간이 얼마나 남았건 이번 생에 만날 일은 없을 테지. 그래도 너를 만난 일이 내게는 가장 아름다운 꿈이었다. 끝내 이어지지 못했으니 실패일까. 누군가를 사랑할 때마다 새로운 세상을 살았다. 저마다의 삶은 각자의 방식으로 온전했다. 불과 수십 년에 불과하지만 몇 번이고 다시 태어난 거였다. 어떤 삶도 틀리지 않았다. 상실을 겪은 후 걸었던 어둠은 새로운 여정을 시작하기 위해 반드시 통과해야 할 관문이었다. 어디까지 갈 수 있을지 모르지만 진실한 문장을 이어가기로 하자. 언제까지 계속될지 알 수 없으니 마음을 다해 살아가기로 하자. 누군가 읽어주지 않는다고 이야기가 멈추는 일은 없다. 마음을 다한 이야기는 빛난다.

다음 페이지로 넘어가자.
그렇게 삶의 이야기는 이어져 가는 거다.
지금 이 순간을 꾹꾹 눌러 쓴 편지처럼
맞이해야 한다.

뜨거웠던 여름은 내 안에 담겨있다. 찬란했던 봄도 마음에 고스란히 담겨있다. 사랑했던 것들은 사라지지 않는다. 나무는 제 몸에 계절을 새기고 사람은 영혼에 사랑을 새긴다. 나무는 죽어서야 나이테로 살아온 날을 증명하지만 사람은 살아서 계절을 설명할 수 있는 거였다. 하나의 사랑이 사랑했던 두 사람을 세상에 내보낼 때 비로소, 풀리지 않는 매듭 하나가 생겨난다. 안데스 산맥 어딘가에서 쓰였다던 매듭문자처럼 언어로 표현할 수 없는 무언가가 각자의 영혼에 새겨진다. 아무것도 아닌 이별은 없다. 이제는 다른 곳에서 반짝이게 된 두 개의 별이 있을 뿐이다. 이제는 눌러도 아프지 않은 멍 자국은 찬란했던 계절의 흔적이다. 본래 없었던 존재가 내게 들어오고, 없어서는 안 될 누군가가 되었다가, 다시는 잃어버릴 리 없는 이름이 되는 일은 아름답다. 꽃을 피운 비가 꽃을 지게 하는 것은 푸른 여름을 부르기 위해서였다. 부를 수 없게 된 이름은 시들지 않는다. 데이고 베이고 불타오르고 밀고 당길 수는 있어도 사랑에 소멸은 없었다. 답답하고 조급하고 불안하고 돌아가고 때로 뒤처진 것 같아도 살아있는 한 멈춘 적은 없는 것처럼. 아무 사이도 아니었던 두 사람을 같은 기억을 지닌 상태로 세상에 내보내며 사랑은 할 일을 마친다. 빛나는 순간을 나눠가지며 사람은 더 나은 존재가 된다. 옛 생각을 하며 눈물이 나건 웃음이 나건 지워버리고 싶건 어쨌든 마음을 다해 사랑한 까닭이겠지.

찰나에 불과한데 영원처럼 느껴지는 순간이 있다. 오래전 일인데 고작 일초 전에 일어난 것 같은 사건이 있다. 지금껏 살아낸 모든 순간이 내게 깃들어 있음을 느끼는 그런 순간이 있다. 삶의 모든 순간이 나였다. 생의 모든 장소가 나를 위해 존재했었다. 아무것도 아니라고 여긴 순간에도, 잘못된 장소에 와있다고 생각한 때에도, 나를 잃어버린 날들까지도, 삶은 내 것이었다. 살아볼수록 삶은 오묘하기만 하다. 달콤하다. 상큼하다. 정의내릴 수 없는 민트초코처럼. 사계절이 있어 세상은 아름답고 희로애락이 있어 생은 찬란하다. 다섯 가지 맛이 식탁을 풍성하게 하듯이 온갖 일들이 생을 풍요롭게 만든다. 눈 뜨면 절망이었던 날도 눈 감으면 악몽이던 밤도. 이대로 잠들어 깨지 않길 바랐던 시절도 다시 꿀 수 없는 꿈이었다. 봄이거나. 꿈이거나. 단지 사랑했을 뿐이다.

때로 생에 말도 안 되는 일들이 일어나는 건
삶을 형언할 수 없는
무언가로 만들기 위해서가 아닐까.

힙했던 날들 합해진 날들

IMF로 모두가 휘청거리던 20세기의 마지막 해였다. 휴학은 했지만 알바 자리 하나 구하기도 버거웠다. 군대라도 가려 했지만 입대가 대학 가기보다 힘들었다. 입영 통지를 기다리며 주유소에서 일했다. 오랜만에 쉬는 날이라 대학 동기들을 만나러 진주에 올라갔다. 동기들과 진탕 술을 마시고 자취하던 친구네 집에서 잤다. 다음 날 숙취 때문에 반쯤 가사 상태에 빠져 해롱해롱 거리고 있을 때였다. 가슴을 쿵쿵 울리는 노래가 있었다. 몽환과 박력 사이. '이게 무슨 노래야?' 물으니 라면을 끓이던 현진이가 대답했다. "하늘에서 내려오는 계단" 마치 계시 같았다. 술에 취한 호랑이라니. 하늘에서 내려오는 계단이라니. 드렁큰 타이거로 힙합을 영접했다. CB MASS. 리쌍. MC 스나이퍼. MC 한새와 함께 밀레니엄은 내게 왔다. 흔해빠진 사랑 노래가 아니라 좋았다. 카세트테이프로 MP3로 전해진 말씀이 있었다. 엉덩이에 걸친 힙합바지와 요란한 무늬가 새겨진 커다란 티셔츠를 입고 무사히 청춘을 지나왔다. 다비치나 포멘. 넬의 노래가 상실을 건너게 해준 것처럼 힙합은 청춘을 견딜 수 있게 해주었다. 더 이상 힙 하진 않지만 랩을 연습하고 가사를 쓰고 노래방에서 잔을 위로 컴 온! 외치며 뛰어다니던 젊음은 아직 내 안에 있다. 숫자 몇 개로 마음을 전하던 삐삐. 동전 한 움큼을 쥐고 공중전화로 달려 나간 밤. 꾹꾹 눌러 쓴 편지와 저장 공간이 한정되어 있어 몇 번이고 읽고 또 읽다 큰 맘

먹고 지우던 문자메시지. 사라진 것들이 남긴 추억이 있다. 만화방과 책 대여점. 신작이 나오길 기다리던 비디오 가게. 주말의 명화. 전자오락실과 불량식품. 카세트테이프 안에 담긴 노래들. 사라져 간 것들은 헤아릴 수 없지만 소중한 것은 내 안에 그대로 있다. 80년대와 90년대, 밀레니엄을 거쳐 여기까지 왔다. 시대가 변한 덕분에 그만큼 다채로운 인생을 살 수 있었다. 세상과 함께 나이 들 수 있었다. 앞으로의 날 역시 근사할 거다. 내 안에는 훼손되지 않을 장면이 있고 내 앞에는 상상도 못한 장면이 기다린다. 두 장면이 만나 새로운 이야기를 펼치게 될 거다.

여기까지 오기 위해 모든 날이 필요했겠지. 모든 날이 합해져 삶이 되었다. 친구가 자취하던 옥탑방의 풍경도 내 안에 있다. 바깥에는 어디서 주워온 빛바랜 비치 체어, 바닥에 앉아 커다란 통에 담긴 일미와 김치를 꺼내 라면을 먹던 기억, 흐린 유리 사이로 비쳐들던 눈부신 햇살. 셔츠를 입고 넥타이를 맨 채 안정을 꿈꾸며 살았다. 오랫동안 힙 함에서 멀어졌었지만 그날의 풍경과 냄새는 아직 내 안에 있다. 자줏빛 비가 내리는 숲에 술 취한 호랑이가 살았다. 그때로 돌아갈 순 없지만 지금 역시 그때가 되겠지. 지금을 사는 이에게 낭비는 미덕이다. 지금을 아낌없이 지불해 기쁨을 얻고 두려움 없이 몸을 던져 사랑해야 한다. 축적을 목표로 하던 삶은 고단하기만 했다. 현실에 매몰된 영혼은 무거워만 졌다. 어차피 일상은 일시적 상태에 불과하다. 청춘을 바친 일도 이제는 까마득한 옛날 일 같고, 고작 삼 년 된 일은 평생 해온 일만 같다. 부모님은 사십 년 넘게 함께 사셨지만 늘 좋았던 건 아니었다. 오랜 세월을 들여 잡은 균형이 아버지를 좋은 기억으로 남게 만든 거다. 마스크 없이 외출하던 일상이 어색하게 느껴진다. 일상은 유리구슬 같은 거였다. 색도 다르고 모양도 제각각인 구슬을 계속 끼워온 거다. 전혀 다른 일상을 살아낸 저마다의 내가 있고, 무수한 내가 하나의 노래를 불러온 거였다. 당연해 보이는 일상은 겨우 균형을 잡고 있는 일시적인 현상에 불과하다. 어린 시절로부터 얼마나 멀어졌는지, 부르지 못하게 된 이름이 얼마나 많은지, 여기로 오게 될 줄 몰랐듯, 앞으로 어디에 닿게 될지 모르는 게 인생이다. 무수한 형태의 일상은 각각의 에피소드로 존재할 뿐이다. 그러한 일상이 모여 생이라는 거대한 이야기를 이루는 거다. 내가 할 수 있는 일은 지금의 일상에게 마땅히 주어야 할 존중을 보여주는 것뿐이다. 감사라 부르건 지혜라 부르건, 이름이야 어쨌든 진심을 다해야한다. 그래야 인생은 온전한 노래가 될 테니까. 뭐 대단한 걸 이루겠다고 한 번 뿐인 삶을 소모해야 하는 걸까. 그래 조금은 힙 하게.

그래도 이만한 게 다행이다. 다시 돌아가고 싶은 때는 없다. 어떤 사람에게는 그때로 돌아가면 바뀔 거라 생각하는 순간이 있는 모양이지만 내게는 그런 극적인 순간은 없었다. 다시 돌아간다고 뭐가 바뀌지는 않을 거다. 소중한 순간이 없었던 건 아니지만, 그때를 고스란히 남겨두는 게 최소한의 예의가 아닐까. 그때 힘든 시간을 버텨냈기에 그나마 여기까지 올 수 있었다. 사람들은 멀어지고 지난날은 희미해진다. 그렇기에 소중한 추억으로 남을 수 있다. 다시 돌이키지 않아도 될 만큼 마음을 다해 산 날들이었다. 내세울 것 없는 사람이지만 그래도 조금씩 내가 되어간다. 지나치게 욕심 부리지 않고 나이 들고 싶다. 산책하듯 남은 날을 살 수 있길 바란다. 오래된 술이 감미로운 건 자신의 색을 고집하지 않았기 때문이다. 세월을 받아들이며 나이 들기를 바랄 뿐이다. 스물에 끝난 성장기가 육체의 부피를 키우는 시기였다면 그 이후의 시간은 일상의 밀도를 높이고 영혼의 질량을 키우기 위함이겠지. 이 사실을 잊지 않는다면 마음이 먼저 낡아버리는 일은 없을 테지. 어디로 갈지 몰라도 좋다. 어디로 가든 길이 될 테니까. 나이를 먹는다는 건 자신을 잃어가는 과정이 아니다. 세월을 들여 나를 찾아가는 길이다. 숫자가 하나씩 더해질 때마다 나로 돌아가는 중이다. 나이가 인간의 본질을 설명할 수 있을까. 몇 년산인지 따지는 건 포도주에나 쓰는 거니까.

나이 드는 슬픔이라니.

내가 되는 기쁨이겠지.

나는 아직 푸른 잎 사이 고개 내민 꽃이다.

결핍이 가르쳐준 희망

삐걱거리는 문을 닫고 앉아 연탄불에 끓인 물로 몸을 씻던 겨울이 있었다. 미닫이문 사이로 새어 들어오는 찬바람. 아껴둔 따뜻한 물 한 바가지를 끼얹는 기쁨을 몸은 기억한다. 일주일에 한 번. 목욕탕에 가서 뜨거운 물에 몸을 담글 때의 희열을 잊지 않았다. 수챗구멍을 막아둔 맥주병을 밀어내고 고개를 들이밀던 생쥐. 생쥐가 갉아먹은 비누도 버리지 못할 만큼 가난했다. 공납금 낼 돈을 빌리러 다니던 엄마의 뒷모습과 밤을 새워 일하고 돌아와 죽은 듯 누워있던 아버지의 얼굴을 기억한다. 장마철이면 기어 나오던 구더기들과 태풍이 올 때마다 넘치던 오물들을 기억한다. 빚을 독촉하는 편지가 살인예고장처럼 날아오던 시절을 기억한다. 월급이 밀려 가스가 끊긴 어두운 방에서 이불 하나를 둘러쓰고 통조림 하나로 버티던 겨울을 기억한다. 손목에서 흘러나오는 피가 이불을 적시던 모습을 기억한다. 돌아선 그가 멀어질 때 불었던 바람을 기억하고 봄과 겨울 사이에 갇혀 보냈던 시절을 기억한다. 좌절과 절망, 가난과 실패, 상실로 범벅된 지난날이었다. 인생을 배우려 애쓰지 않아도 괜찮았다. 세월은 배고프지 않아도 숟가락을 들고 쓴 약을 먹여주는 엄마 같았으니까. 모든 게 끝이라 생각한 순간이 있었지만 그때 무언가가 새로 시작되는 삶의 이치를 엿보았다. 어찌되었든 배를 채울 음식이 있는 한, 몸을 움직일 수 있는 한, 끝은 오지 않는다. 하나의 이야기가 마무리되고 다음 장으로 넘어가고 있을 뿐이다.

어릴 적 네 식구가 모여 자던 단칸방이 있었다. 겨울이면 찬바람이 숭숭 들어오고 여름에는 바닷물에 잠기는 동네가 있었다. 두 칸짜리 재래식 화장실을 다섯 가정이 함께 썼다. 집 뒤편은 폐가였고 도둑고양이들이 모여 밤새 울어댔다. 집 앞 공터에는 연탄재며 쓰레기가 가득 쌓여 있었는데 동네 아이들과 연탄재를 뿌리거나 쓰레기를 뒤지며 놀았다. 가난했지만 불행하다는 생각은 하지 않았다. 스케치북이나 리코더 따위를 가져본 적은 없지만 그래도 즐거웠다. 학교 선생이 그것이 가난이라고 말해주기 전까지는 불행하지 않았다. 아이들에게 따돌림을 당하고 제대로 된 생각을 하지 못하는 소년시절을 보냈다. 어른이 된 후에도 사는 건 쉽지 않았다. 힘들지 않은 일이 없었다. 중학교 3학년 때부터 주유소. 아파트 공사판. 세차장. 노래방. 단란주점. 식당. 조선소. 막노동. 민방위 대타까지 온갖 일을 해봤지만 쉬운 일은 없었다. 지금에서 먼 지점에 있는 일일수록 힘들지 않았던 것처럼 느껴지는 건 기억이 희석된 까닭이다. 마음 쓸 일이 없으면 몸을 쉬게 할 시간이 없고, 몸이 힘들지 않은 일은 정신적으로 힘들다. 세상에 쉽게 돈을 벌 수 있는 일은 없었다.

사는 건 단 한 번도 쉬운 적이 없었다. 그래도 결핍이 나를 이 정도의 인간으로 만들어 주었다. 결핍은 내게 감사를 가르쳤다. 깨끗한 물을 마시고 더운 물로 몸을 씻을 수 있는 것만으로도 감사한다. 어찌 됐든 땀 흘려 일하면 배를 곯지 않을 수 있으니 행복하다. 빚쟁이가 문을 두드리지 않는 저녁. 견딜 수 없는 상실감에 자해하지 않는 밤. 그걸로 충분하다. 누구나 저마다의 결핍이 있을 것이다. 그것은 가난일수도 있고 상실감일수도 있다. 마음이나 몸의 문제일 수도 있다. 모든 게 충족된 인생 같은 건 없을 거다. 결핍을 자신을 이루는 부분으로 받아들인 사람은, 흔들릴지언정 쉽게 무너지지 않는다. 슬픈 영화 같은 인생이라도 내 것이었다. 언젠가 살아온 이야기를 듣던 사람이 내가 살아온 인생이 영화 같다면서 운 적이 있었다. 영화는 영화인데 너무 슬퍼서 안쓰럽다며 울었다. 멋지게 웃어주려 했지만 어느새 눈물이 그렁그렁해져 버렸다. 사는 건 참 쉽지 않았다. 뜻대로 풀리는 일은 하나도 없었고, 노력해도 손에 잡히는 건 적었다. 힘든 순간이 많았지만 좋았던 순간도 분명 있었다. 힘든 순간을 버텨낼 수 있었던 건 좋았던 순간을 소중히 간직했기 때문이다. 이제는 그가 왜 영화 같다고 했는지 알 것 같다. 그때는 몰랐었지만 저마다의 인생은 이야기였다. 뒤죽박죽이라도 그게 나의 이야기임을 납득했기 때문이다. 엉망진창이기에 오롯한 나만의 이야기였다. 실패나 좌절, 상실 같은 것으로 범벅이 된 이야기지만 그래도 나의 이야기였다. 이미 충분히 사랑한 저녁이었다. 지금은 자정이 넘은 시간. 몇 시간 후면 동이 트고 새로운 해가 뜬다. 아직 사랑해보지 않은 아침이 온다. 사연 없는 인생이 어디 있을까.

이 세상에서 사라지고 싶다고
한 번도 생각하지 않은 사람이 있을까.
그 순간보다 생을 갈망했던 때가 있을까.

콤플렉스를 마주하는 자세

"왜 운전을 안 해요?" 질문은 무슨 하자라도 있는 것 아니냐는 시선과 함께 던져졌다. 그럴 때마다 살면서 불편함을 느낀 적이 없는데도 괜히 부끄럽게 느껴졌다. 구구절절 해명하기에도 귀찮고 설명한다 해도 납득할 것 같지 않아 어쩌다 보니 그렇게 됐다며 웃어 넘겼다. "술 먹고 운전대를 잡는 건 살인이야." 아버지가 자주 말해 세뇌가 된 문장이다. 아버지는 택시 운전을 해서 밥을 벌었다. 누군가를 어딘가로 데려다주는 것이 아버지의 업이었다. 그는 유언 한마디 남기지 않고 세상을 떠났지만 몇 마디 말은 가슴에 새겨졌다. 남자라면 1종 보통 정도는 기본으로 따야 하는 시절이었다. 주유소에서 일한 월급을 집에 가져다주며 엄마에게 '딱 운전면허 딸 돈만 남겨 달라고.' 했다. 필기를 따놓고 기름 배달을 다녔다. 입대 날짜가 얼마 남지 않아 돈을 달라고 하자 생활비로 써버렸다고 했다. 복무를 마치고 사흘 뒤부터 조선소에 출근했고 그 후로도 쉴 틈 없이 바쁘게 살았다. 운전면허를 딸 시간도 없었고 따야 할 필요도 느끼지 못했다. 이제 와서 운전면허를 딸 필요가 있을까. 방향 감각도 없고 공간 지각 능력도 떨어지며 한때 욱하는 성미에 술까지 즐기는 사람이었으니 만약 면허를 땄으면 감옥이나 병원에 있을 거라고, 그것도 운이 좋았을 경우지 아마 하늘나라에 가 있을 거라고 농담 삼아 이야기하곤 한다. 남들이 한다고 다 할 필요는 없다. 남들 다 간다고 대학에 갈 필요도 없고 남들 다 딴다고 자격증이 있어야 하는 것도 아니다. 남들처럼 살려고 애써봐야 남들만큼 살 수 있을 뿐이다. 몰라도 될 지식을 아는 것보다 하지 않아도 될 것을 아는 지혜가 중요하지 않을까. 운전면허뿐만 아니라 다른 부분에 있어서도 남들보다 모자란 게 많다. 어쩌면 평균 이하의 사람인지도 모른다. 그렇다고 해서 제대로 살아오지 않은 건 아니다. 뚜벅이로 살아왔지만 또박또박 삶의 이야기를 써왔다.

콤플렉스는 대체로 열등감을 뜻한다. 복잡하게 생각해도 아무것도 달라지지 않는다. 과감하게 쉼표 하나를 집어넣었다. 컴, 플렉스. 지금껏 살아온 날들의 총합인데 단순할 리 없다. 가난뱅이에 배운 것도 없고 자격증은 고사하고 흔한 운전 면허증 하나 없다. 선천적인 결함에 후천적 영향이 더해져 망가진 육체는 두말할 것도 없다. 병명이나 증상을 말하자면 끝도 없다. 어릴 때 가난 때문에 따돌림 당한 기억이나, 태어나서 한 번도 가져본 적 없는 리코더나 단소, 스케치북, 크레파스 같은 학용품들. 전교생이 다 가는 대전 엑스포에 가지 않았던 기억. 재래식 화장실에 빠져 죽을 뻔 했던 기억. 군대에서 하도 맞아 저절로 된 다이어트. 제대 후 조선소에서 위험을 감수해가며 벌었던 몇 년 치 학비가 집안 빚을 갚는 데 들어가 버린 일. 그래도 살아보겠다고 타지에서 일하다 몇 달 치 임금이 체불되어 가스가 끊긴 사글셋방에서 번데기 통조림 하나로 버티던 날들. 구급대원들이 들어와 지혈을 하고 붕대를 감아준 어느 날. 결혼을 결심했던 사람이 떠나던 날. 믿었던 사람에게 배신당하고 망가진 채로 살았던 시절. 돌아가실 때까지 몇 년이고 자식들을 밀어내던 아버지. 머릿속에 박혀 사라지지 않을 타인에게 준 상처들과 기억조차 못하는 기억들. 불과 몇 분 동안 떠오른 것만 해도 이 정도다. 하지만 어쩌겠는가. 그게 나인걸, 그럼에도 아직 살아있는데. 그토록 복잡한 이야기가 모두 더해져야 나라는 인간을 이룬다. 자랑할 게 없어서 열등감 플렉스냐고 해도 상관없다.

이런 모습이라도 몇십 년간 안간힘을 써가며 겨우 만들어낸 거다. 온갖 일을 겪으며 살았기에 별거 아닌 인생이 다채로운 빛으로 반짝이게 되었다. 이왕이면 미워하는 것보단 사랑하는 게 낫다. 아파하고, 힘들어하고, 죽고 싶어 하고, 살고 싶어 하던 나를 안아줘야 한다. 넘어지고 흔들리면서도 여기까지 온 나를 돌봐줘야 한다. 내가 아니면 누가 나를 안아줄까. 매번 타인에게 눈물을 닦아 달라 부탁할 수는 없지 않은가. 견디기 힘든 날도 많았지만 좋았던 순간도 많았다. 우여곡절은 많았지만 요철 같던 날들이 우아한 곡선이 되어 생을 그린다. 배추가 김치로 변신하기 위해 젓갈이 필요하고 마늘이 필요하고 고춧가루가 필요하듯이, 그러한 일들이 마음을 익혀준 거겠지. 오크통에 몇 년 만 넣어도 위스키에서는 온갖 세월의 향이 난다. 하물며 수십 년 동안 세월을 안에 들여 익힌 마음 역시 복잡하고 미묘한 게 당연한 일이다. 나이 든 것이 아니라 세월을 들인 것이다. 산이 높으면 골도 깊다던가. 약간 망가졌지만 아직은 쓸 만하다. 여전히 모자라고 불안하지만 그것 또한 나를 이루는 부분이다. 아직도 맛보고 싶은 일들이 많다. 이제는 버티기 힘들 때 내게 말해줄 문장 하나는 갖고 있다.

"살아보지 않아도 좋을 생은 없다"고,

그러니 오늘도 come, flex

내 사람에 대한 집착마저 내려놓고

엄마는 욕심이 없어도 너무 없어서 탈이라고 하시지만 꼭 그런 것만은 아니었다. 물건을 갖고 싶은 욕심은 없었지만 사람에 대한 욕심은 있었다. 사람을 향한 욕심만큼은 내려놓기 쉽지 않았다. 사실 내려놓고 싶지 않았다. 모두에게 마음을 주는 사람은 아니었으나 내 사람에게는 모든 걸 주어야 했다. 그들을 향한 헌신은 보상을 바란 건 아니었지만 확신은 있었다. 그들이 나를 떠나지 않을 거라고 생각했다. 그들과 계속 함께일 거라고 믿었다, 그들이 배신하는 일은 없을 거라 여겼다. 타인의 이름이 관계는 물론 존재까지 규정했다. 좋은 것은 언제나 타인을 위해서만 준비되었고 그들로 인해 상처를 입어도 괜찮다고 생각했다. 친구에게는 가장 가까운 사람이고 싶었고 연인에게는 최고의 남자이고 싶었다. 아끼는 사람들에게 좋은 사람이 되고 싶었다. 나를 모두 내어주었지만 결국 그것도 욕심이었다. 누구도 사람을 가질 수는 없다. 함께한 순간을 가질 수 있을 뿐이다. 인연은 멈추어 있지 않고 사람은 소유할 수 있는 존재가 아니다. 사람은 변하고 떠나고 멀어져 간다. 누구와도 평생을 함께할 수 없다. 부모나 자식, 배우자와 불가능한 일이 다른 사람들에게 가능할리 없었다. 인연은 헌신이나 사랑으로 붙잡을 수 있는 종류의 것이 아니었다.

혼자만의 시간을 원하지 않는 사람이 있을까. 그럼에도 자신을 위해 쓰지 못하는 건 언젠가 혼자 외에는 선택권이 남아있지 않을까 봐 두렵기 때문이다. 두려움이 관계를 뒤틀고 갑과 을을 만든다. 걱정할 필요 없다. 이 세상에서 완전한 혼자가 되기란 불가능하니까. 생의 기쁨이던 사람이 떠나도 삶의 환희는 사라지지 않는다. 누군가를 잃어버린 게 아니다. 잊을 수 없는 무언가로 남겨진 거다. 사랑할 권리는 없어져도 삶을 사랑할 의무는 사라지지 않는다. 인류 진화의 증거가 다른 사람을 보살핀 흔적이듯 인간의 성장 근거는 자신을 돌볼 줄 아는 거니까. 만약 사람에 대한 집착마저 내려놓고 삶에 집중할 수 있다면 어떨까. 사람을 삶의 전부로 삼지 않기로 했다. 마음을 내어주되 집착하지 않기로 했다. 마음을 주는 순간에 집중하기로 했고 내게 다정한 사람이 되기로 했다. 그러자 내 삶에 다녀간 모두가 선물이 되었다. 다가온 모두가 선물이었고 떠난 이들은 선물을 남기고 갔을 뿐이다. 떠난 이름은 그리움 속에 살고 다가올 이름은 설렘 속에 산다. 그들과 함께한 순간은 보석이 되었다. 삶에서 빛나는 것을 찾아내는 힘을 갖게 되었다. 여전히 사람들은 멀어지고 변해가지만 떠나간다고 함께한 순간이 빛을 잃지는 않았다. 사람들은 멀어지면서 그리운 이름이 되었다. 변했다고 같은 마음이었던 순간이 변질되지는 않았다. 그들을 잊는다고 없던 일이 되진 않았다. 마땅히 있어야 할 것들은 그대로 남아 있었다. 빛나는 것들은 사라지지 않고 그 자리에 있었다. 영원을 소망하는 건 먹은 음식이 소화되지 않고 남아 있기를 바라는 것과 다를 바 없었다. 음식은 소화되어야 사람을 살게 하고 꽃은 지기 마련이다. 해가 지지 않으면 햇살의 따사로움을 느끼지 못하고 폭풍이 없으면 평온한 날의 감사를 잊는 법이다. 너무 늦게 깨달은 건지도 모르지만 그래도 괜찮다는 기분이 든다.

한때 뜨거웠던 순간이 있었고 내내 빛날 것만 남았다. 한때 나였던 것들은 생의 일부가 되었다. 내 사람이라는 말로 누군가를 가지려 들지 않는다. 영원이라는 말로 가두지 않으니 삶은 가벼워졌다. 나를 위한 시간을 허락하니 여유로워졌다. 마음에 귀를 기울이니 자유로워졌다. 마음을 줄 수 있는 것으로 만족하니 좋은 사람만 남았다. 힘든 순간마다 같이 할 수 없음을 안다. 나를 빼고 좋은 순간을 보낸다 해도 기쁜 일이다. 함께 나눌 순간이 있다는 것만으로도 감사한 일이다. 내 삶에 집중하는 것이 내 사람들을 사랑하는 가장 올바른 방식이었다. 있는 그대로의 나를 인정하듯 그들을 있는 그대로 사랑할 수 있게 되었다. 딱히 성공가도를 달리거나 승승장구하는 인생은 아니었지만 그래도 사람만 보고 달리던 길에서 벗어난 것은 성공이었고, 승리라 부를 수 있는 유일한 선택이었다. 무언가를 시작하기 좋은 순간 같은 건 없었다. 산책하기 좋은 날씨 따위는 없었다. 산책하면 좋은 날이 시작되는 거였다.

생에 다른 좋은 것들과 마찬가지로.
말로 설명할 수 없는 일을 기적이라 한다면
삶을 기적 말고 무슨 단어로 대체할 수 있을까.

마이마이 나였던 노래

싸이의 '오토리버스'란 노래를 아는 사람이 있으려나. 어쩌면 가사에 나오는 마이마이, 워크맨, 카세트, 공 테이프가 스물이 되지 않은 친구들에겐 암호처럼 들리겠지. 라떼는 말이야, 재미없는 이야기를 늘어놓는 나이 든 아저씨 같겠지. 그래도 그런 시절이 있었다. 이제는 떠올리는 일조차 드문 그때의 기억을 간밤의 꿈 덕분에 되새긴다. 방을 가득 채운 카세트테이프를 하나씩 쪼개 버리는 꿈이었다. 넥스트의 카세트테이프를 부러뜨리고, 여행스케치의 앨범을 쪼개고, 이원진의 앨범을 부수고, 길거리에서 산 월 별 최신가요 테이프를 박살냈다. 입은 하지 말라고 소리 지르는데 손이 말을 듣지 않는 꿈이었다. 그 시절 카세트테이프로 듣던 노래들을 웬만해서는 듣지 않는다. 또래 중에는 그 시절의 향수에 빠져 지내는 사람도 제법 있는 모양이지만, 우연히 들어도 더 이상 가슴이 뛰지 않았다. 다시 듣고 싶은 노래는 없고 노래와 함께 했던 시절이 그리울 뿐이다. 첫사랑에게 생일선물로 받았던 카세트테이프 앨범 제목이 '마르지 않는 샘'이었다. 무려 CCM 이었다. 포장도 뜯지 않고 보물처럼 들고만 다녔다. 그녀에게 좋아하던 노래를 고르고 골라 믹스 테이프를 만들어 선물했었다. 아직 그걸 갖고 있을까. 어쩌면 몇 사람의 서랍에는 악필로 눌러 쓴 편지나 느끼한 목소리가 녹음된 테이프가 들어있을 수도 있겠다.

이제는 어엿한 어른이 되었겠지. 누군가의 아내이거나, 누군가의 엄마일 그때의 소녀들. 이제는 나만큼 나이 들었을 테지. 아이를 위해 자장가를 불러주는 누군가가 있을 테고, 사춘기에 들어선 딸 때문에 속상해하는 누군가도 있을 테지. 일찍 결혼한 친구는 아들을 군대 보냈을 수도 있겠다. 그녀들에게 얼마나 멋진 시절이 있었는지. 배나온 아저씨들에게도 얼마나 근사한 시절이 있었는지. 아이들은 상상하지 못하겠지. 그때의 우리들도 이해하지 못했으니까. 결국 모든 것은 사라진다. 끝내 모든 것은 잊힌다. 사라진 것들은 돌아오지 않고, 돌아오지 않는 것들은 항상 그대로의 모습으로 남겨진 사람들을 부른다. 외식이 소원이던 아이는 집밥을 그리워하는 어른이 되었다. 때로 단어들만 그림자처럼 남기고 사라지는 것들이 있다.

그때 내가 가진 싸구려 워크맨에는 다른 아이들 것처럼 자동으로 A면에서 B면으로 돌려서 음악을 재생하는 기능이 없었다. 오토리버스가 내겐 가난의 상징이었다. 재래식 화장실이 있는 셋집에 한번도 친구를 데려오지 않은 것처럼, 오토리버스가 되는 것처럼 보이기 위해 손은 가방 속에서 분주했다. 그게 뭐라고 부끄러웠을까. 왜 사람들 앞에서 카세트테이프를 꺼내 당당하게 뒷면으로 바꿔 끼우지 않았을까. 가난했던 것은 마음이 아니었을까. 강한 척하고 잘난 척하고 남들과 다른 척을 하면서도 왜 식은땀 흘리며 가방 속에서 테이프 앞뒤를 바꿔 끼웠을까. 이제는 웃으며 말할 수 있는 이야기가 되었다. 자신을 돌아보게 만드는 이야기로 남았다. 결국은 추억이 될 이야기였다. 가난도 이별도 고통스러웠던 기억도 모두 추억이 된다. 순간 캡처하면 예쁘고 잘난 연예인도 굴욕 사진이 나오는데 기나긴 인생에 그런 순간 한번 없을까. 그런 순간이 없었다면 살았다고 말할 수나 있을까.

새날은 어두운 밤을 걸어서 오고 새봄은 추운 밤을 지나야 온다. 어떤 일이 있었건 세월이 지나면 좋은 추억만 남는다. 몸의 흉터는 살아온 흔적이고, 마음의 흉터는 사랑한 흔적이다. 부끄러워할 이유는 없다. 지금 이 순간도 추억이 될 테지. 그러려면 무언가를 사랑해야 하겠지. 사랑이란 것도 요약하면 마음에 들었다가 마음에 들어왔다가 이내 마음을 들고 가 버린 사람에 불과할 테지만. 인생도 요약하면 고작 그 정도의 이야기일 테지만. 그래도 나였던 이야기가 남겠지. 사라진 것들이 카세트테이프뿐일까. 물건은 사라졌지만 사라지면서 남긴 이야기들이 있다. A면에서 B면으로 노래는 흘러간다. 이야기는 끝을 향해 달린다. 과연 사라진 걸까. 카세트테이프 한 면이 끝나면 다른 한 면으로 넘어간다. 이야기는 숫자로 기억되지 않는다. 흐름과 사건. 등장인물에 의해 이야기는 앞으로 나아간다. 영화 한 편이 끝났다고 생은 끝나지 않는다. 음반 한 장을 다 들었다고 울림이 사라지지 않는다. 세월은 이야기를 남기고 간다. 사람은 사랑을 남기고 간다. 사건은 추억을 남기고 간다. 사라진 건 아무것도 없다. 영혼에 컬렉션 하나가 새겨진다. 인생 노래가 늘어난다. 이야기가 쌓여 생을 이룬다. 안타까운 건 이야기가 통하던 사람이 이야기 속에서만 존재하게 되는 것이다. 하지만 어쩌겠나. 그게 세월이 생에 이야기를 새기는 방식인데. 마음이 이야기를 상실하지 않는 방법은 그것뿐인데. 슬픔에는 삶을 아름다움으로 전환하는 힘이 깃들어 있다.

사라지는 것은 어쩔 수 없을지라도 쉽게 잊지는 않을 거다. 새로운 물건을 채우느라 나를 놓아버리지는 않겠다. 사라지고 난 후에 그리워진 물건들 덕분에 사라질 지금을 소중히 여기게 되었으니까. 그때는 당연했던 것들이 이제는 당연하지 않지만 그때는 상상도 하지 못했던 것들이 지금은 가능해졌다. 헤어지더라도 사랑해야 한다. 떠나갈 것을 알아도 사랑해야 한다. 잊을 수 없을 만큼 사랑해 주어야 한다. 그렇게 사라지지 않을 순간을 남겨야 한다. 다가온 이들은 물론 떠나갈 순간에게도 마음을 내어주며 나아가야 한다. 마음을 다잡는다. 다시 볼 수 없는 지금을 헛되이 흘려보내지는 않을 거라고. 카세트 앞뒷면마다 날 위한 순간을 가득 채우겠다고. 잃어버린 것들은 헤어질 리 없는 이름이 된다.

사라진 것들은 내가 되었다.
사라질 것들에 나를 맡긴다.

당연하지 않은 것들에게

조카에게 전화가 와 삼촌은 언제 오냐고 보고 싶다고 한다. 한 손에 쏙 들어오던 아이들이 벌써 한 팔로 들기엔 힘들 정도로 자랐다. 조만간 미운 짓도 하고 삼촌 따위 필요 없어지는 날이 오겠지. 아이들이 자라는 만큼 나는 나이 먹겠지. 해마다 누이의 생일이면 꽃을 보내고 엄마에게 꽃을 바치지만, 엄마에게 꽃을 드릴 날은 얼마나 남았을까. 누이와 지금처럼 사이좋게 지낼 날은 얼마나 남았을까. 언제 떠나도 이상하지 않은 게 인생이니까. 꽃집에 미리 돈이라도 맡겨 놓을까 싶었지만 단골 꽃집도 언제까지 그 자리에 있을 거라 보장할 수 없다. 평생 함께할 거라 믿은 사람은 떠났고 영원할 것 같던 아픔도 견딜만한 것이 되었다. 계속되는 건 아무것도 없다. 패키지여행에 참가한 관광객처럼 잠시 머물다 갈 뿐이다. 어떻게 보면 지금껏 만난 사람과 잘되지 않았기에 지금이 있는 거 아닌가. 사랑하는 사람이 없다면 자신을 사랑할 기회가 있는 거 아닌가. 사랑이 그렇다면 삶도 다를 것 없겠지. 여기에 이르기 위해 모든 일이 필요했겠지. 지금도 어딘가에 이르기 위해 필요한 순간이겠지. 지난 사랑도 사랑이었지. 그게 잘 되든 되지 않았든, 어떤 이유로 끝이 났건, 사랑은 사랑이었다. 욕하고 부정하고 비난한다고 달라질 것 없다. 자신만 초라해질 뿐이다. 지나간 날들도 인생이었다.

꼬이고 비틀어지고 어떤 식으로 흔들렸건
그것은 인생이었다.

소중한 것을 지키기 위해 가끔 자신을 포기하더라도 완전히 놓아버리지는 말자. 잘해왔다. 잘될 거다. 이제는 자신에게도 조금은 잘해주기로 하자. 의미를 쫓느라 재미를 잃지 말자. 이미 늦었다고 생각된다면 아직 끝나지 않았다는 거니까. 나이 들면서 시간의 흐름이 빨라진다고 하지만 그게 과연 서글픈 일일까. 신은 거스를 수 없는 세월의 흐름을 느끼게 만들어 지금을 사랑할 기회를 준 게 아닐까. 당연하지 않은 것들에 감사하라고. 당연하지 않은 이들에게 당연히 주어야 할 것들을 아낌없이 주라고 가르치는 게 아닐까. 내일이 어떻게 될진 알 수 없지만 지금을 어떻게 대해야 하는지는 안다. 불행은 기회를 놓친 사람이 아닌 감사를 잃은 사람의 마음에 깃든다. 기쁨은 가진 것이 많은 이보다 가진 것을 사랑하는 사람의 집에 머무는 법이니까.

배가 찼는데도 꾸역꾸역 음식을 밀어 넣는다고 기분이 좋아지지는 않는다. 충분히 살 만한데도 꾸역꾸역 물건을 채운다고 행복이 더해지지 않는 것처럼. 소화시킬 만큼만 먹어야 기분 좋은 포만감을 느낄 수 있고, 감사를 느낄 만큼 가져야 행복을 누릴 수 있다. 가짜 배고픔에 속으면 살이 찌고 가짜 풍요에 넘어가면 마음 둘 곳이 없어진다. 행복을 끌어당기는 힘은 별 다를 게 없다. 일 할 때는 일을 하고 밥 먹을 때 밥을 먹고 운동할 때 운동을 한다. 몸은 소중히 여기되 땀은 아끼지 않는다. 자신을 귀하게 여기되 마음을 아끼지 않는다. 마음 주지 않은 사람들이 어떻게 대하든 무슨 상관일까. 마음을 준 사람들과 멀어진다 해도 주어야 할 마음을 주었다면 미련이 있을까. 사람을 대하듯 내 앞의 삶을 사랑해야지. 내일 어디에 있을지 자신할 수 없지만 오늘을 온전히 소화시키면 한결 가벼운 걸음으로 나아갈 수 있다는 건 알고 있다.

더할 나위 없이 온전하다. 더 가지지 않아도 충분하고 더 애쓰지 않아도 괜찮다. 지금의 자신에게 집중할 때 기쁨이 깃든다. 더할 나위 없이 기분 좋은 순간은 더하지 않을 때 찾아온다. 꽃피우지 않아도 푸르른 인생이니까. 채우려 안간힘 쓰지 않는다. 욕심을 비우면 행복은 저절로 찾아든다. 대단한 사람이 아니라도 괜찮다. 살아있음으로 특별하니까. 있는 그대로의 자신을 사랑하려면 지금 그대로의 삶을 인정해야 한다. 지금 여기에 있는 좋은 것들을 느낄 수 있어야 한다. 자신을 납득한다면 이해할 수 없는 일도 뜻밖의 즐거움이 된다. 마음먹은 대로 나아갈 수 있다면 뜻밖의 풍경과 마주하는 것도 나쁘지 않다. 더 많은 것을 갖기 위해 집착하지 않으면 더 많은 순간을 자신에게 집중할 수 있게 된다. 내가 아닌 것을 채우기 위해 나를 포기해서는 안 된다. 내일 소유할 물건을 위해 향유할 수 있는 오늘을 놓치지 않기로 하자. 언젠가의 행복을 위해 지금의 기쁨을 포기하지 않기로 하자. 내가 나에게 잘 대해주지 않는다면 다른 사람들도 그래도 된다고 여길 것이다. 내가 나를 소중히 여긴다면 운명도 나를 존중할 것이다. 살을 빼면 움직임이 가벼워지듯 욕심을 빼면 사는 게 수월해진다. 그렇게 마음먹으면 가보지 못할 길이 없다. 무언가를 더할 필요 없다고 생각하면 살아보지 못할 삶이 없다.

나 아닌 것들을 채우는 삶 대신 나로 살아낸 순간을 더하는 삶으로.
마음에 드는 물건보다 마음을 다한 순간을 채우는 삶으로.

불면에서 벗어난 밤

자신을 잃지 않은 사람은 잊히는 걸 개의치 않는다. 자신을 잊고 산 사람이 잊힐까 봐 두려워한다. 애초에 기준점을 타인에게 두지 않았어야 했다. 자신을 위한 순간을 포기하지 않아야 했고, 자신으로 있을 수 있는 관계에 집중해야 했다. 자신을 잊을 만큼 몰두할 수 있는 일에 시간을 투자해야 했다. 내게 필요한 건 수면안대가 아니라 마음을 들여다볼 시간이었다. 내게 필요한 건 귀마개가 아니라 마음의 소리를 들어주는 일이었다. 내게 정말 필요했던 건 수면제가 아니라 나만의 리듬을 인정해주는 일이었다. 아무리 애써도 문제와 함께 살아갈 수밖에 없음을 받아들였다. 살아있는 한 고독에서 벗어날 수 없음을 받아들였다. 나는 나를 받아들였다. 홀로이지만 모든 것과 함께 살아갈 수 있게 되었다. 자존은 타인의 인정보다 자신을 납득할 시간을 필요로 하는 거였다.

고민하는 건 아직 선택권이 있기 때문이다. 염려하는 건 아직 일어나지 않은 까닭이다. 살아있는 건 걱정한 일의 대부분이 일어나지 않은 덕분이다. 신은 감당할 만큼의 고난을 준다. 버텨내지 못했다면 여기에 있지도 못했겠지. 삶에 일어나는 대부분의 일에는 선택권이 있기 마련이고 어떤 일이 일어나건 소화시킬 수 있다. 아무것도 아닌 근심은 없지만, 어떤 음식이라도 에너지가 되듯 그러한 일들도 생을 이루는 서사가 될 거다. 지금 머리를 싸매고 괴로워하는 일도 대체할 수 없는 문장이 될 거다. 누군가 손을 잡아줄 때 인간은 나락으로 떨어지지 않는다. 기도는 하늘을 향한 것만은 아니다. 두 손을 마주잡는 건 스스로를 놓지 않겠다는 다짐이다. 누군가 손을 내밀어주지 않아도 자신을 포기하지 않겠다는 선언이다. 세상을 바꾸는 건 행동하는 사람이었다. 굳이 세상까지 구하지 않아도 괜찮다. 세상이 바뀌기를 기다리지 않는다면 자신의 인생 정도는 바꿀 시간이 있겠지. 무엇에 대해 말하는가를 통해 그가 가진 것을 알 수 있고 무엇을 위해 움직이는가를 통해 그가 갈 길을 알 수 있다. 생각이 짧으면 실수를 하고, 생각이 얕으면 실례를 저지르지만, 생각만 하다 실패조차 않는 것보단 낫다. 실패는 생을 다양한 무늬로 수놓는 단 하나의 재료다.

언젠가 할 거란 말로 시작된 이야기의 대부분은, 하지만 그러지 않았다는 문장으로 끝난다. 사유를 거치지 않은 말은 관계를 해치고, 생각에 머물러 있는 행동은 인생을 망친다. 가능성을 지닌 일이라도 행동하지 않으면 희망이 아닌 망상이다. 부끄러운 건 다른 사람이 쓰던 자전거를 타는 게 아니라 자신을 위해 아무것도 태운 적 없는 삶이다. 다른 사람이 쓰던 물건이 아니라 자신을 위해 쓴 적 없는 인생이다. 서글픈 건 얻어 쓰는 삶이 아니라 내가 없는 삶이다. 일은 미룬 적 없지만 자신을 밀어내며 살았다. 사람들에게 잊히고 싶지 않아 자신을 잃어버린 채 살았다. 어떻게든 해내고 만다. 그런 환상을 품고 살았다. 아무리 이를 악물어도 세상일은 뜻대로 되지 않았다. 해냄이 아닌 버팀이었다. 어떻게든 해내기 위해 내가 어떻게 되든 신경 쓰지 않았다. 그저 할 수 있는 일을 하면 되는 거였다. 자신이 할 수 있는 게 무엇인지 실험해보는 게 성취였다. 할 수 있는 게 무엇인지 끊임없이 시도해보아야 한다. 신이 기껏 생명을 선물하고 영혼에 숨결까지 불어넣어 주었는데 마음껏 즐기고 사랑하지 않는다면 아깝지 않은가.

제대로 살려 애쓰기보다 그대로 사랑해주기로 하자. 나를 입증하기 위해 아무것도 할 필요 없다. 인생은 이론이 아니며 실존은 가정이 아니니까. 여기에 살아있음이 증명이며 지금까지 사랑한 것들이 증거다. 그러니 지금까지 겪은 불행을 내 탓으로 여기지 않는다. 삶을 형벌로 만들지 않기로 하자. 고통을 세상에 머물기 위해 내는 세금 정도로 생각하기로 하자. 세금이 아까워서라도 기쁨과 희망, 사랑처럼 근사한 것을 누리려 하겠지. 그 정도 자격은 있다. 의심하지 않기로 하자. 때로 인생이 지독한 농담 같아도 마주 웃어주기로 하자. 살아있으니 감사하기로. 살아있는 동안 무언가를 해보기로 하자. 어느 날 평소와 다른 행동을 하면 왜 그러냐고 물을 것이다. 한 달 동안 행동을 반복하면 사람이 달라졌다고 할 것이다. 일 년을 반복하면 그게 나라고 말할 것이다. 언제든 나는 나를 결정할 수 있었다. 지금까지 한 선택의 합이 인생이다. 지금부터의 선택이 앞으로의 나를 결정할 거다. 그거면 됐다. 언제 어디에서 무엇이 될지는 훗날의 즐거움으로 남겨두기로 하자. 매일 겪는 잠깐의 죽음이 나를 미치지 않게 한다. 신은 매일 밤 잠시 죽었다 다시 태어나게 만들어 생을 사랑할 이유를 준다.

꽃을 보려고 괜히 바깥에 나가듯
꿈을 핑계 삼아 한 번 더 살아보라고.

이별 노래와 헤어지던 날

남들에게는 범상한 이별이라도 당사자에게는 인류의 몇 프로가 사라진 거나 마찬가지다. 갑자기 무인도에 떨어지고 다른 시간대로 내던져진다. 익숙했던 세계가 멸망해 버린다. 그때의 마음을 실체화 한다면 체모의 형태를 띠지 않았을까. 향기롭고 부드러웠던 무언가가 볼품없고 성가셔진다. 아무리 잘라내도 한 여름 풀처럼 자라난다. 침대 머리맡에도 화장실 배수구에도 그리움이 묻어 있다. 그리움은 서러움으로 이어진다. 슬픔은 추억에 뿌리를 내리고 눈물을 삼켜 생명을 유지한다. 얼어붙은 마음은 녹여도 흘러가 버린 마음은 붙잡을 수 없는 걸 안다. 사탕 한 알이나 동전 하나도 줬다가 뺏는 건 도리가 아닌데 이미 준 마음을 돌려받으려 할까. 인연이 아니었던 사람이 있을까. 한때 운명이었고 생에 아로새길 이름이 남을 뿐이지. 그토록 오랫동안 아파했던 이유는 다시 돌아오길 바라서가 아니었다. 흉터를 품고 살아가기 위해서였다. 가득 채운 물잔에 무엇을 부어도 흘러넘치기만 할 뿐이다. 다음 페이지로 넘어가는 건 슬픔을 쏟아낸 후에 해도 늦지 않으니까. 우는 데 무슨 이유가 필요할까. 눈물에 설명을 요구해서는 안 된다. 노래를 핑계 삼아 울어야 할 때가 있다. 날씨를 핑계 삼아 울어도 되는 날이 있다. 영화를 핑계로 어둠 속에서 숨죽인 울음이 있다. 서러운 울음은 누구의 마음도 적시지 못하고 세월 저 편으로 흘러가 버린다. 강 저 편으로 흘러간 울음도 끝내 바다에 가서 닿는다. 바다는 울음이 포개져 만들어지고, 눈물은 파도가 되어 생으로 다시 밀려드는 것이다. 마음에 고름처럼 들어찬 슬픔을 짜내야 했다. 살아있는 존재의 피가 뜨겁듯 살아있는 마음은 눈물을 흘리는 법이다.

> 울음은 누군가 들어주는 사람 없어도
> 고요한 울림이 되어 영혼을 일으킨다.

그때는 들을 수밖에 없었던 노래들이 있었다. 사랑을 잃고 타인의 한숨에 마음을 맡겼던 시절이 있었다. 노래의 울림에 몸을 내던진 순간이 있었다. 삶이 끝날 때까지 함께 일 거라 믿었던 사람이 세상이 끝난다 해도 만나지 못할 사람이 되었다. 무수한 날들을 흘려보내 주었던, 나를 위해 울어주던 노래가 있었다. 나와 함께 울고 때로는 나를 대신해 울어준 노래가 있었다. 마음을 마취해주던 노래들이 있었다. 멀어지고 마음을 잃은 채 기억을 걷던 시간, 매일 다시 헤어지고 헤어진 진짜 이유를 묻던 순간, 빗속을 거닐고 혼자서 한잔하며 남자도 운다고 혼잣말하던 날들, 후회하고 또 후회하며 다시 사랑할 수 있을까 지새우던 밤, 사진을 보고 또 보아도 차마 찢지 못하고 다시 와주길 바랐던 시간이 있었다. 꼭 한번 만나고 싶었다. 이 나이 먹도록 결혼을 못한 건 그 사람 때문이었으니까. 그토록 사랑했던 그 사람이 결혼하던 날. 얼마나 울었던가. 바람이 지나는 길을 따라 걸었다. 인생의 회전목마에 기대 한참을 울었다. 너무 오래 걸렸는지도 모르지만 그들의 노래 덕분에 필요한 만큼 울 수 있었다. 세상에 이별 노래가 이렇게나 많은 건 누구도 홀로 상실을 감당하지 않도록 만들기 위해서였다. 아무도 모르게 한 시절이 막을 내렸다. 콘서트에 가는 건 공연자와 같은 공간에서 순간을 공유하기 위해서가 아니던가.

만약 그것이 일시적인 경험이 아니라 영구적인 현상이라면 애틋하거나 아름다울 리 없다. 녹음본이 그때의 감동을 전할 수 없는 건 그런 이유다. 멋진 공연을 본 여운으로 잠시 자리에서 일어서지 못하는 것처럼, 그리움은 빛났던 순간을 추억으로 전환하기 위한 시간이었다. 그리움은 마음이 살아있음을 증명한다. 그리움은 때로 접속사 '그리고' 가 되어 다음 장면으로 이어진다. 그리움이 그리움에 그치면 어떤가. 사람이 누군가를 그리는 순간은 언제나 아름다운데. 내 앞에는 아직 살아갈 날들이 있었다. 더 이상 슬픔을 위해 울지 않기로 했다. 그만하면 충분했다. 하루에 수십 번을 듣던 노래가 시들해진다. 그토록 뜨거웠던 마음이 차갑게 식어버린다. 그것이 가진 수명이 다했을 뿐이니 슬퍼할 필요 없다. 꽃처럼 피어난 때가 있었을 뿐이다. 입안에서 녹아내린 아이스크림이 몸에 스며들듯이 그때의 온기는 마음에 새겨진다. 이렇게 차가워질 것 왜 그랬냐고 원망했지만 그토록 뜨거웠기에 그랬던 거였다. 냉정과 열정 사이. 여름과 겨울 사이. 내게 다정해야 할 가을이 온 거다.

이별 노래를 묻은 날이 있었다. 아픔도 추억이 되어 있었다. 눈물로 적신 밤은 찬란한 우주가 되었다. 나의 밤은 별빛으로 가득했다. 그를 위해 했던 일도, 그에게 하지 못하고 아꼈던 말도, 결코 놓지 못할 걸 알면서도 끝내 붙잡지 않은 것도 사랑한 까닭이었다.

소란에 나를 맡긴 것도
침묵에 그를 품은 것도 그저 사랑한 까닭이었다.

그를 그리워하며 나를 미워해야 했던 날들이 있었기에, 이제 그를 떠올리며 나를 사랑할 이유로 삼을 수 있게 되었다. 그렇게 소모했던 노래들이 있다. 그렇게 소모된 시간이 있다. 수명을 다하고 멈춘 노래가 있다. 마음을 붙잡지 못하고 사라진 문장들이 있다. 쓸모를 다했다고 의미가 없어지는 건 아니었다. 사랑 역시 그러했다. 순간을 영원히 간직하기 위해 놓아주어야 했다. 이제는 더 이상 도망치지 않는다. 서둘러 채널을 돌리거나 황급히 가게에서 빠져나오지 않는다. 그때는 그대로 사랑스러우니까. 지금은 지금대로 좋으니까. 모든 순간이 나였으니까. 그때는 오후 두 시의 햇살처럼 눈부셨고 그는 갓 피어난 꽃처럼 찬란했지만, 지금은 방금 우려낸 홍차처럼 뜨겁다. 갓 구운 빵처럼 향기롭다.

사랑이 진 자리에 삶이 피었다. 봄꽃 피는 동안 돋은 초록이 한해를 지키는 거였다. 눈 뜨면 악몽이었던 날들도 이제는 그리운 꿈이 되었다. 그를 닮은 사람만 봐도 철렁하던 순간도, 지금은 참방참방 뛰어놀 추억이 되었다. 마음을 주고 추억을 선물 받았다. 주정뱅이도 숙취를 감당하며 마시는데 아프지 않기를 바라며 어떻게 사랑을 할까. 돌이킬 수 없는 사건 없이 어디로 나아갈 수 있을까. 돌아갈 수 없는 어제를 놓지 않고 어떻게 지금을 사랑하겠는가. 그렇게 이별 노래와 이별을 했다. 이제는 옛 이별 노래도, 새로 나온 이별 노래도 듣지 않는다. 그가 있어 사랑으로 충만했듯이 이별 노래는 그걸로 충분했다. 슬픔에 나를 담가두는 건 그때로 족하다. 이제는 다채로운 세상의 색깔로 물들고 있다. 지금에 나를 맡기고 있다. 무엇이 좋은지 지금 정할 필요는 없으니까. 지금을 소중히 여기는 수밖에 없다. 이 순간에 마음을 주고 헤어질 수 있도록. 소모한 노래들이 지탱해준 순간을 위해서라도 나를 사랑해야 한다. 별이 빛나는 밤을 걸어 비로소 집으로 돌아왔다. 다시 내 방에 불을 켠다.

인생을 맛보았을 뿐이다

지나온 날들을 돌이켜 보면 뜻대로 된 건 하나도 없는 것 같은데 그럼에도 아름답게만 여겨진다. 자기 합리화에 불과하다고 말하는 사람도 있지만 그의 말에 찬성하지 않는다. 그게 사실일지라도 충분히 근사한 일이다. 마음은 세월을 도구로 삼아 아름다운 것만 남긴다. 간직하지 않아도 될 일들은 걸러낸다. 모래에서 사금을 채취하듯이 반짝반짝 빛나는 것만 남기고 흘려보낸다. 얼마나 감사한 일인가. 물론 아름답지 않은 기억들도 더러 남아있다. 하지만 부끄러운 행동과 잘못된 선택. 아무리 노력해도 이렇게까지 꼬일 수 있을까 싶었던 일들도, 지금에 이르기 위해 겪어야만 했던 일이다. 지나간 날들이 아름답게 여겨지는 건 단순히 지나갔기 때문만은 아닐 것이다. 세월 저 편으로 넘어가서 훼손되지 않는 기억이 되기 때문이다. 그때는 알 수 없었던 의미를 지금은 알게 된 까닭이다. 당시에는 실패라고 여긴 일이 생의 일부임을 깨닫게 된다. 모든 게 끝났다고 여길 때 새로운 무대가 준비됨을 알게 된다. 지나온 날들은 모두 아름답다. 아름답지 않은 기억일지라도 아무런 의미도 없었던 건 아니었다. 여전히 사는 건 뜻대로 되지 않지만 이제는 안다. 지금 역시 생의 서사를 위해 반드시 필요한 장면이라는 사실을. 단지 지금은 의미를 알 수 없을 뿐이다. 일이 뜻대로 풀리지 않아도 상황에 맞서 대응한 행동이 인생이 된다. 마음먹은 대로 살아낸 순간이 모여 내가 된다. 언젠가 이래서 이렇게 됐구나. 이해할 날이 올 거다. 이렇게까지 해도 안 되는 걸까 싶었던 순간이, 그렇게까지 마음을 다해 살아볼 수 있어 다행이라 여기게 되는 순간이 될 거다. 모든 일이 생각한 대로 풀리진 않겠지만 그래도 충분히 사랑해준 순간이었다고 납득하는 날이 올 거다.

이토록 간절히 원하는데 왜 이뤄지지 않을까 절망했었다. 이렇게 애를 쓰는데 아무것도 손에 쥘 수 없는지 원망했었다. 그토록 간절하게 바라는 무언가가 있다는 것이 희망이었다. 그렇게까지 쏟아낼 무언가를 가진 게 행복이었다. 이루어지지 않아도 쌓이는 것들이 있었다. 손에 쥘 수 없는 것들은 영혼에 새겨지는 거였다. 어떤 상황에서도 응원해주는 누군가가 있다는 건 근사한 일이지만 누군가의 응원이 없이도 나아갈 무언가가 있다면 멋진 삶이 아닐까. 오늘의 나를 선택할 수 없는데 내일의 나를 결정할 수 있을까. 그토록 참담했던 순간도 세월이 지난 후에 반짝이는 건 그때 살려고 몸부림쳤던 진심 때문이겠지. 한숨도 영혼을 깊어지게 하는 심호흡이었다. 다리가 후들거리는 두려움도 살기 위한 몸짓이었다.

마음을 다해 살아낸 순간은
결국 빛난다.

운명에 '당한' 게 아니다. 삶을 '맛본' 것뿐이다. 겪지 않았으면 좋았을 일도 있었지만 그랬다면 나만의 이야기를 엮지 못했을 테지. 이해할 수 있는 일만 일어났다면 삶에 근사한 일은 없었을 테지. 일어난 일을 납득하지 못한다면 생에 감사한 일이란 없을 테지. 언제라도 새롭게 시작할 수 있으니까. 어디를 걷고 있건 그곳이 길이니까. 무엇을 먹건 에너지가 될 테니까. 어떤 일을 겪건 이야기가 될 테니까. 누가 뭐래도 삶은 나의 것이니까. 왜인지 설명할 수 없는 건 내가 이유인 까닭이다. 상황이 어떠하든 결과가 어쨌든 삶은 생각과 행동 사이에 있다. 내가 사랑한 것만이 인생이 될 테니까. 사랑하는 것만 남긴다. 사랑을 위해 무엇도 남기지 않는다.

살아보지 않아도 좋을 인생은 없다

아프리카의 한 부족은 우울증에 걸린 사람에게 네 가지를 묻는다. 마지막으로 노래한 게 언제인지, 마지막으로 춤춘 게 언제인지, 마지막으로 자신의 이야기를 한 게 언제인지, 마지막으로 고요히 앉아있던 게 언제인지. 노래와 춤은 몰라도 고요 속에 머무르는 일쯤은 할 수 있다. 정적 위에 앉아 자신과 마주하면 이야기를 들어야 할 사람이 누구인지 알게 된다. 건강하게 살기 위해서는 세 종류의 대화가 필요하다. 타인과의 대화. 육체와의 대화. 그리고 자신과의 대화. 자신과의 대화를 사람들은 침묵이라 부른다. 오늘도 침묵과 마주앉아 마음의 소리를 들어준다. 불안과 좌절을 껴안고 춤을 춘다. 희망이 미련이 되는 일이 아프기만 할까. 기차는 역을 두고 떠나야 한다. 슬픔을 등에 지고 가는 게 나쁘기만 한 일일까. 객차를 매달고 달리지 않으면 기관차는 정체성을 잃는다. 무언가를 상실해야 나아갈 수 있는 것이 생이고 짐을 지고 가는 것이 삶이다. 어디에 실패를 겪지 않은 생이 있을까. 세상 어디에 아프지 않은 삶이 있을까. 무수한 실패와 좌절을 겪고 살아남은 자신을 영웅이라 부르지 못할 이유는 또 어디에 있을까. 얼마나 다행한 일인가. 그 모든 일을 겪고도 살아남았지 않은가. 떠난 후에는 더 이상 불행할 필요가 없을 것이다. 그러니 무엇을 두려워할까. 죽음을 형벌로 여기면 죄인이 될 것이고, 죽음마저 선택할 수 있다 여기면 삶은 모험이 될 것이다. 될 때까지 한다는 말을 좋아하지 않는다. 되든 안 되든 상관없어 질 때까지 해보는 거다. 무엇이 되지 않더라도 삶은 내 것이 될 테니까. 온 몸으로 부딪친 울림은 생의 노래가 될 테니까. 불행은 끝내야 할 때를 알지 못할 때 온다. 떠나야 할 때를 알지 못할 때, 그만둬야 할 때를 알지 못할 때, 돌아서야 할 때를 알지 못할 때 온다. 떠나는 순간 여행이 시작된다. 그만두는 순간 새로운 생이 시작된다. 돌아서는 순간 새로운 세상이 열린다. 그러니 두려워 할 필요 없다.

불행은 시작할 때가 따로 있다고 여기는 마음에서 온다. 태어나기 적절한 때라 세상에 온 사람이 있는가. 사랑하기 적당한 나이가 따로 있는가. 꿈꾸기 좋은 장소가 정해져 있는가. 서둘러도 미련이 남고 신중해도 후회 남는다. 시간에 얽매이지 말자. 얻어도 아쉽기 마련이고 잃어도 채워지기 마련이다. 결과에 얽매이지 말자. 슬픔은 녹기 마련이고 아픔은 지나가기 마련이다. 기쁨을 음미할 시간을 포기하지 말자. 인연은 지나간 후에 알고 필연은 다가가 봐야 안다. 우연을 시험해 보자. 지금 여기에 성을 짓는 거다. 벽을 허물어 길을 만드는 거다. 머무른 곳은 성이 되고 바라본 곳은 길이 된다. 이 나이에 배워서 어디에 쓸까 생각하면 마음 둘 곳이 없어진다. 쓸 곳을 찾기 위해 배우지 말고 쓰이기 위해 살지 말자. 자신으로 살기 위해 배우자. 신념이 있으면 설명할 필요 없다. 확신하면 설득하려 애쓸 이유가 없다. 소신은 품고 있기만 해도 스스로 빛을 내는 것이다. 하지 않아도 좋을 일이 있다. 붙잡지 않아도 좋을 사람도 있다. 이루지 못해도 좋을 꿈도 있다. 그러나 살아보지 않아도 좋을 생은 없다.

어떻든 하루는 특별하다. 무사히 하루를 마치고 돌아온 것만으로도 얼마나 특별한 일인지 깨닫지 못한다면 앞으로도 근사한 일이란 없을 거다. 오늘도 누군가의 삶이 끝나고 누군가의 생이 열렸다. 지독했던 하루가 닫힌다. 아름다운 하루가 떠난다. 그리하여 생은 오늘도 비극에 머물지 않고 희극으로 끝나지 않았다. 무한을 이루는 거룩한 찰나. 가늠할 수 없는 것들을 감당하며 여기까지 왔다. 어쩌면 생각하는 대로 사는 건 발길 닿는 대로 걷는 건지도 모른다. 입에는 온기가. 몸에는 향기가. 마음엔 열기가 배어들게 일상을 이어간다. 여름밤은 달지 않아 좋다. 가을바람은 소란하지 않아 좋다. 봄밤은 짧아 애틋하고 겨울밤은 넉넉하니 좋다. 한눈 팔지 않고 온 몸을 써서 가되 느긋함을 잃지 않을 수 있다면 충분하다. 오늘도 세상에는 처음 두 발 자전거를 탈 수 있게 된 아이가 있었겠지. 어떤 사고가 일어났든지 누군가의 선의 역시 존재했겠지.

그래도 나로 살아낸 날들이었다

가족을 원망했던 때가 있었다. 세상을 부숴버리고 싶었던 때가 있었지만 나를 망가뜨리고 있었던 거였다. 차라리 죽는 게 낫지 않을까 삶을 놓아버린 때가 있었다. 그럼에도 살아있었다. 모든 순간은 내 것이었다. 왜 이렇게까지 해야 하냐고 물었던 모진 이별이, 어떻게 이런 일만 생기는 건지 원망했던 시련이, 내가 누구인지조차 알 수 없었던 힘겨운 시절이 나를 여기까지 데리고 왔다. 그래야만 했던 거겠지. 그때는 알지 못했지만 이곳으로 오기 위해서였다. 이곳이 올 수 있는 유일한 장소는 아니었지만 모든 선택이 가리키는 단 하나의 결론이었다. 그래 여기여야만 했던 거다.

그래 이곳에 오기 위해 모든 일이 필요했던 거다. 그러니 지금을 사랑해야 한다. 지금껏 살아낸 날들을 정답으로 만들기 위해서. 그래야 지금부터의 모든 시간이 정답이 될 테니까. 어디로 가건 마땅히 가야 할 장소라고 믿을 수 있을 테니까. 나는 지금껏 부족한 사람을 한 명도 보지 못했다. 세상을 살아가는 누구도 모자라지 않았다. 문제는 언제나 넘침이었다. 채움보다 비움이 필요했던 거였다. 더할 나위 없다. 모두의 삶을 두고 하는 말이었다. 모든 씨앗이 꽃을 피웠다면 발 디딜 곳도 없었겠지. 꽃이 지지 않았다면 초록 돋을 자리도 없겠지.

언젠가의 행복을 목표로 사는 게 핸들을 붙잡고 어둠 속을 운전하는 기분이었다면 지금을 누리는 건 돛을 한껏 펼치고 바람을 끌어안은 느낌이다. 어디로 가도 인생이 될 것을 알기에 두렵지 않다. 죽음은 두렵지만 내가 선택한 삶을 살지 못하는 것이 훨씬 무섭다. 마음 가는 대로 몸을 맡기고 오늘을 산다. 살기 위해서라면 일 퍼센트 확률의 수술이라도 해보지 않겠나. 한순간이라도 나로 살 수 있다면 나쁘지 않은 선택이겠지. 함께 슬퍼할 사람이 없는 서러움보다. 같이 기뻐할 사람이 없는 쓸쓸함보다 비참한 건 슬픔을 잘못된 감정으로 규정하고 기쁨을 성공으로 대체한 삶이 아니었을까. 누군가가 준 마음이 살아갈 온기가 되듯이 나에게 선물했던 기쁨이 살아갈 용기가 되었다. 삶을 밝히는 건 이토록 사소한 것이었다. 일상을 밝히는 건 언젠가의 행복이 아닌 지금의 기쁨이었다. 그래야 된다는 말 대신 그래도 된다고. 그저 하루를 살아가자고. 땡볕 아래 짙어지는 초록처럼. 비 온 뒤에 피어나는 꽃잎처럼. 살아있는 것은 세월에 빛바래지 않고 생을 품는다. 겨울바람에 단단해진 소나무처럼 여름 가뭄에 뿌리 뻗는 올리브처럼 지혜로운 이는 운명에 굴하지 않고 삶을 품는다. 밥 한 끼도 생명을 취하는 일이다. 물 한 모금도 기쁨에 취하는 일이다.

오늘도 누군가의 전쟁이 끝나고 누군가의 세계가 시작됐겠지. 하루를 무사히 살아낸 것만으로도 승리가 아닐까. 즐거운 일은 없어도 감사할 일은 있었다. 좋은 일은 없어도 다행한 하루였다. 대단하지 않아도 특별한 날이었고 놀라운 일은 없어도 무사했던 하루였다. 생각한 대로 되지 않아도 마음을 다한 하루였다. 오르락내리락 넘어지고 흔들리고 때로 지긋지긋하지만 이것도 파도 되어 나아가는 증거 일 테니.

행복하지 않았던 날은 있어도

사랑하지 않았던 날은 없었다.

나로 살아낸 매일이었다.

내 것이 아니라 내 것이었던 순간을 욕망할 뿐이다.

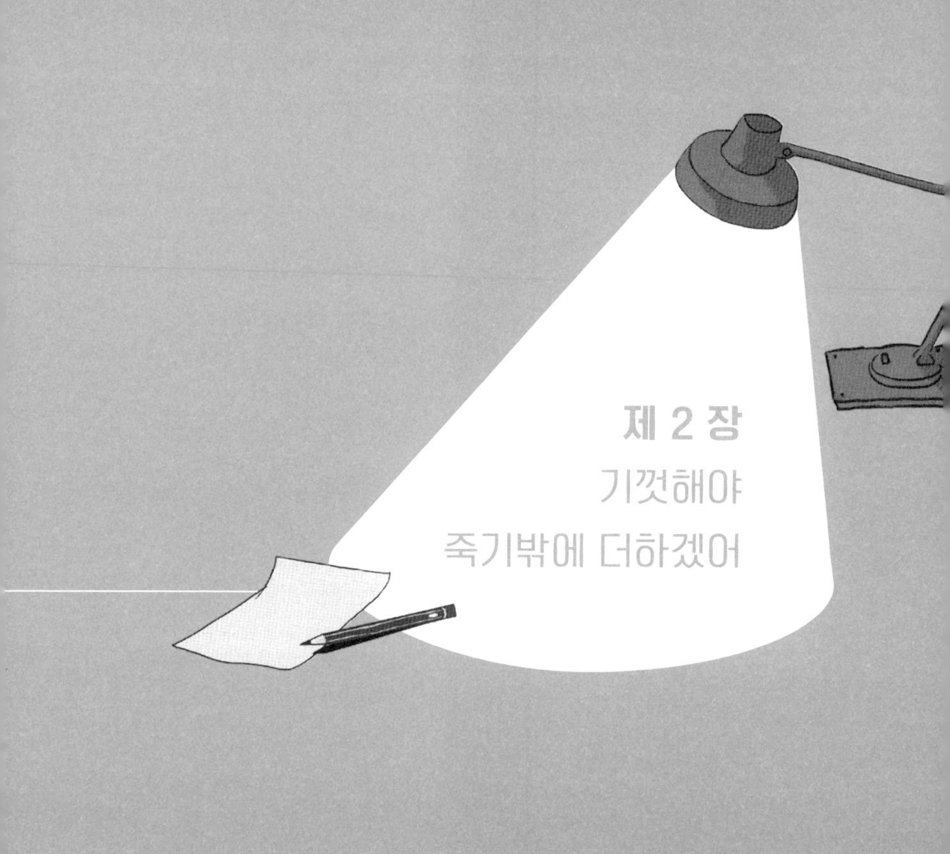

제 2 장

기껏해야 죽기밖에 더하겠어

신의 한 수

완벽한 타인을 찾기보다 자신이
완결된 존재임을 깨달아야 한다
답을 찾지 못한 건 내가 답이기 때문이다
길을 잃었다고 오해한 건 그 때문이다
필요한 건 생각할 시간이 아닌 행동할 순간이다
바라보기 전에는 사랑인 줄 몰랐던 마음이 있었듯
마음 속 목소리를 따르기 전에는 알 수 없는 생이 있다

사람에게 기대지 않고 운명을 탓하지 않는다
신이 한 수를 두어 상황을 부여하면
내가 한 수를 두어 그에 대응한다
신의 손길과 사람의 발걸음이 어우러질 때
생은 이어지는 것이다

때론 있는 힘껏 도망쳐야 한다

세상에서 밀려난 적은 있어도 스스로 길을 벗어난 적은 없었다. 스물다섯에 시작했던 일을 그만둘 무렵 마흔이 코앞이었다. 퇴직을 결정하고 인수인계를 하고 일터에 남아있는 흔적을 지우는 일은 몹시 즐거웠다. 명함을 찢어 버릴 때 얼마나 짜릿하던지, 손 때 묻은 물건을 정리하면서 아쉬운 마음이 들지 않은 건 그곳에 쏟을 에너지를 이미 모두 썼기 때문이었다. 퇴사 후 여행을 시작했다. 일단 가까운 곳부터 다녔다. 왼쪽 도시, 오른쪽 도시, 아래쪽 도시. 우선 당일치기로 다녀올 수 있는 곳부터 일박 이일, 이박 삼일, 그런 식으로 차차 거리를 늘려 나갔다. 여행이란 걸 해본 경험이 없었기 때문이다. 여행이라 부를 만한 건 이십 대 초반에 한 달 남짓 기차를 타고 다닌 게 전부인데, 그것조차 여행이라 부를 만한 건 아니었다. 마음에 여유가 없어 풍경이 보이지 않았다. 제대 후 일해 모은 학비가 집안 빚을 갚는 데 들어간 뒤였다. 아버지로부터 멀어지고 싶었다. 가난으로부터 도망치고 싶었다. 부모님을 미워하고 싶지 않았지만 얼굴을 마주하고 살 자신도 없었다. 꿈꾸던 미래가 사라진 걸 인정하고 싶지도 않았다. 여행이 아니라 도피였다. 도망치는 데 목적지가 있을 리 없었다. 눈에 띄는 장소로 차표를 끊었다. 어디라도 상관없었다. 현실에서 멀어지고 싶었다. 지금을 외면하고 싶었다.

그러나 현실은 그대로였다. 얼마 안 되는 돈으로 경험할 수 있는 게 없었다. 어느 도시에 가도 삼각 김밥이나 컵라면이 고작이었고 입장료가 있는 곳에 들어갈 생각도 못했다. 숙소를 잡는 대신 심야버스를 타고 밤기차를 탔다. 전국을 떠돌았지만 마음이 땅에 붙어있지 않았으니 그저 떠다녔을 뿐이었다. 단순한 도피에 불과했지만 얻은 것도 있었다. 역사 무실에 가 도장을 받아 모은 한 묶음의 기차표가 있었다. 지갑 속에 넣고 다니던 기차표는 일종의 부적이었다. 언제든 떠날 수 있다는 희망의 상징이었다. 그렇게 십오 년이 흘렀다. 온 힘을 다해 살았다. 월급의 대부분을 저축하고 연봉을 조금씩 올려가며 주말도 명절도 없이 일만 하며 살았다. 열심히 산 것이 잘못은 아니지만 그것만이 길이었다고도 생각하지 않는다. 길을 걷다 멈출 수 있는 게 여유고 길에서 벗어나는 걸 두려워 않는 게 자유라는 걸 그때는 몰랐을 뿐이니까. 생의 절반을 안간힘을 쓰며 살아왔지만 즐겁지 않았다. 육 개월 정도 전국을 떠돌면서 세상을 맛보고 느꼈다. 어디에도 삶이 있음을 보았고 어디로 가도 살아있는 것들의 소리를 들을 수 있었다. 어디로 가도 길이 됨을 느꼈다. 길에서 잠시 벗어난다고 세상은 멸망하지 않았다. 잠시 멈춰 섰다고 인생이 끝나지 않았다. 오히려 살아있음을 느낄 수 있었다. 길에서 벗어나도 길은 있었다. 길은 내 안에 잠들어 있었다. 어디로 가도 길이라면 이왕이면 생각한 대로 살고 싶어졌다. 무언가를 목표로 삼으면 삶은 노동이 되지만 목적하지 않고 걸으면 소풍이 된다.

기쁨을 목적으로 삼으면

인생은 여행이 된다.

도망치는 건 부끄러운 일이 아니다. 자신이 있어야 할 곳으로 가는 거다. 지금의 일상에 만족한다면 상관없다. 지켜야 할 것이 있고 이루고 싶은 게 있다면 굳건히 버티면 된다. 하지만 이대로 살다간 말라죽을 것 같다면 있는 힘껏 도망쳐야 한다. 체중계 모서리를 밟는다고 몸무게가 적게 나오지 않는다. 어중간하게 서서 얻어맞는 것보다 과감하게 도망치는 편이 나을 때가 있다. 맞서 싸우는 것만이 용기는 아니니까. 만약 우리의 조상이 도망치는 대신 맞서 싸우길 선택했다면 지구의 주인은 다른 종족이 되었을 거다. 위험이 닥치면 도망쳐야 한다는 사실을 얼룩말은 안다. 먹이가 떨어지면 떠나야 한다는 걸 물소들은 안다. 방울뱀 소리가 들리면 멀어져야 한다는 걸 아기 영양도 안다. 도망치는 건 비겁한 일이 아니라 살아있는 존재의 본능이다. 도망치면 어때서. 자신의 장소가 아닌 곳을 떠날 뿐이다. 자신의 장소를 찾아 떠나는 것이 용기다.

조그마한 포유류일 때부터 도망은 생존을 위한 최선의 선택이었다. 초원을 뛰어다니는 가젤이 사자와 맞서 싸우길 선택한다면 그걸 용기 있는 행동이라고 할까. 가젤의 달리기도 생존을 위한 싸움이다. 우리가 고난에 맞선 영웅들의 이야기를 좋아하는 것은 우리 안에도 용기가 있기 때문이다. 영웅은 난세에 등장하는데 난세라는 것은 피하려 해도 피할 수 없는 상황이다. 그들이 지닌 불굴의 영혼은 칭송해 마땅하지만, 그들이 우리와 다른 특별한 존재라 생각할 필요는 없다. 격투기 선수들 중에 무조건 돌진만 하는 인파이터들은 인기는 있을지 몰라도 챔피언이 되진 못한다. 부상에 시달리고 몸을 혹사시킨 후유증 때문에 선수 생명까지 짧아지는 경우가 대부분이다. 현명한 선수들은 들어갈 때와 나갈 때를 구분하고 숨을 고를 때와 몰아칠 때를 안다. 살아남기 위해 나쁜 상황을 피하고, 위험한 상대에게서 도망치고, 때로 도움을 청하거나 숨는 것은 부끄러운 일이 아니다. 그렇게 해서 살아남아야 할 만큼 생이 가치 있기 때문이다.

어디로 가건 자신에게서 도망칠 수는 없으니까. 어디에 있건 생의 한가운데에 있는 셈이다. 때론 도망쳐도 된다. 인생에는 때가 있는 거라고들 하지만 시도해보지 않으면 지금이 그때인지 알 방법은 없는 거니까. 마음이 시키는 대로 해도 괜찮다. 하고 싶은 대로 하고 살아도 괜찮다. 어차피 지금 있는 곳도 평생 머물 곳이 아니다. 시간은 계속해서 흘러간다. 마음이 시키는 대로 해도 된다. 어쩌면 그게 해야 할 유일한 것인지도 모른다. 어쨌든 사는 게 원래 그런 거라고 놓아버리면 본래의 나로 돌아오기란 불가능할 테니까. 법정 스님은 자신의 특기가 끝없는 인내라 하셨다. 남자는 눈물을 참는 거라 배웠다. 어른이라면 견뎌내라고들 했다. 참을성은 신념이자 긍지였다. 어느 날 돌아보니 참았던 기억밖에 남아 있지 않았다. 물 마실 시간을 참고, 주말에 놀고 싶은 걸 참고, 명절에 쉬고 싶은 걸 참고, 피로를 참고, 병원에 가는 대신 고통을 참고, 소중한 이를 잃어도 일을 하고, 배고픔을 참고, 견디기 힘든 사람을 참았다. 인생에 인내밖에 없었다. 참았던 만큼 보상이 있었는가 하면 그것도 아니었다. 아무렇지 않은 척 참기만 하니 사는 게 아무것도 아닌 게 되어버렸다. 참아낸 만큼 후회가 남았다. 참아낸 만큼 아픔만 늘었다. 스스로 몸을 해치고 마음을 다치게 만들었다. 인내의 열매는 달지 않았다. 쓰다 못해 탄맛이 났다. 고통에 강해지면 뭐하나 기쁨도 느끼지 못하게 되었는데. 괜찮다고 넘기다 보니 뭐가 괜찮은 건지 모르게 되어버렸다. 모든 걸 잘해내고 있다고 믿었지만 나를 위해 아무것도 해주지 않은 거였다. 부끄러웠다. 몇십 년을 살아도 꽃 한 송이 심을 여유가 없었다. 미안했다. 수십 년을 살면서 나를 위해 살아본 적이 없었다. 이대로 죽을 수는 없다. 참기만 하다 인생을 끝낼 수는 없다. 하고 싶은 대로 하고 살아야지. 뭘 하더라도 굶어죽기야 하겠나. 일만 하다 죽지 않는 것쯤은 가능하겠지. 좋은 사람은 되지 못해도 자신을 사랑할 수는 있겠지. 대단한 사람은 아니더라도 내게 다정한 사람은 될 수 있겠지.

바라는 것이 적으면 바라는 대로 살 수 있다

마음이 흔들리는 제의를 받았다. 좋은 기회였고 조건도 후했다. 부도덕한 일은 아니지만 신념에 반하는 일이었다. 솔직히 고민이 되었다. 몇 년째 수입이랄 것도 없이 얼마 되지도 않는 저축을 야금야금 갉아먹으면서 살고 있으니까. 분명히 할 수 있는 일이긴 했지만 망설여졌다. 신념을 지키느냐. 현실과 타협할 것인가. 생각 끝에 정중히 거절하기로 했다. 아무리 좋은 기회라 해도 벌써부터 마음을 괴롭히는데 일을 하면 고통스러울 게 뻔하다. 다른 일을 해서 생계를 유지하면 그만이다. 영혼을 팔아버릴 만큼 대단한 일은 없다. 애초에 안정적인 미래를 꿈꾼다면 작가가 될 생각을 해서는 안 됐다. 아무래도 못하겠다고 제안을 전해준 친구에게 말했다. 친구는 이게 아니라고 생각하면서도 어쩔 수 없이 현실에 흔들렸다며, 잠시 그랬던 게 미안하다고 했다. 굶어 죽어도 그딴 일은 하는 게 아닌데, 오늘 내 판단을 존경한다고 자랑스럽다고 말했다. 마음 아니까 미안할 것 없다고 고맙다고 답했다. 대부분의 사람은 일을 해야 먹고 산다. 월급을 받아서 먹고 마시고 입을 것을 구해야 한다. 하고 싶은 일만 하면서 살 수 없다는 걸 안다. 꿈을 선택했다고 해서 모든 게 해결되지 않는다는 걸 잘 안다. 하지만 지긋지긋할 정도로 오랫동안 그렇게 살았다. 더 이상은 그러기 싫다. 설사 굶어 죽는다 해도 그럴 수 없다. 약간의 가난을 감수하면 가보지 못 할 길이 없다는 걸 안다. 자신을 믿어야 갈 수 있다는 걸 안다. 남들만큼 살길 바라면서 어떻게 나의 길을 갈 수 있을까. 여행이라 생각하면 별거 아니다. 어차피 절반도 남지 않은 인생이다. 몇 푼 되지 않는 돈을 벌더라도 영혼을 팔지는 않겠다. 헐값에 나를 내어주지 않겠다. 막노동을 하건 구걸을 하건 나를 팔아넘기는 것보다 부끄럽지는 않을 테니까. 신념에 반하는 일을 하지 않을 것이다. 노동은 신성하지만 그것을 위해 인생을 희생할 필요는 없다. 돈은 필요하지만 자신을 지키는 것보다 중요하지 않다. 돈을 벌기 위해 자신을 불행으로 밀어넣어서는 안 된다. 보람을 구하며 살 것이다. 나를 구하는 일을 할 것이다. 기쁨을 구하며 살 것이다. 사랑하는 것에 마음을 주고 꿈꾸는 것에 시간을 내어줄 것이다.

잘되지 않을지도 모른다.
끝내 실패할지도 모른다.
하지만 그것이 나의 이야기가 될 것이다.

바라는 것이 적으면 바라는 대로 살 수 있다. 라면만 먹어도 음미할 시간만 있으면 된다. 단칸방에 살아도 마음 편히 잠들고 싶다. 명품이 없어도 괜찮다. 빛바랜 옷을 입어도 마음의 빛을 잃지 않는다면 충분하다. 자동차가 없어도 어디든 갈 수 있으니 괜찮다. 호화 요트. 개인 제트기. 전속 화가나 악단. 개인 소유의 목장과 사냥터 그딴 거 필요 없다. 온갖 귀금속과 한정판 명품. 최고급 자동차. 명화나 골동품. 그딴 거 관심 없다. 권력도 필요 없다. 세상을 쥐락펴락하는 권력자가 되면 뭐하나. 경호원 없이는 어디 가지도 못하고 욕이란 욕은 다 얻어먹으면서 골머리 썩히고 싶지 않다. 옛날 왕들이 단명한 데에는 이유가 있다. 권력 쟁탈전과 세력 싸움. 후계자 문제. 가뭄이나 홍수까지 왕의 탓이었다. 웬만한 정신으로는 감당하기 힘들었을 거다. 거대 기업의 총수라도 삐끗하면 감옥 신세를 지고 정치가의 눈치를 봐야 한다. 명예도 부질없다. 애초에 잡을 수 있는 것도 아니고 잡아둬서 좋을 일도 없다. 유명세가 악명으로 둔갑하는 건 한순간이다. 이기기 위해 살면. 승리를 거듭할수록 적은 늘어나겠지. 끝내는 싸울 적이 남지 않아 마지막에는 자신과 싸워야 할 거다. 대부분의 사람은 마지막 싸움에 이르지 못하며 목표에 다다른 사람도 마지막에 몰락하기 십상이다. 싸우는 삶 외엔 선택지가 없는 걸까. 전략을 생각하기 전에 일단 무엇으로 살아갈지 결정해야 하지 않을까. 하나의 종교가 지배했던 중세유럽을 암흑시대라 칭한다. 하나의 정당이 지배하는 나라를 독재국가라 부른다. 하나의 이념을 절대 선으로 여기거나 하나의 민족만이 우월하다고 생각했을 때 어떤 일이 일어났는지 역사를 통해 배웠다. 공존은 같은 깃발 아래 모여드는 것이 아니라 각자 다른 깃발을 든 사람들이 함께 살아가는 일이다. 사람과 사람 사이의 일도 다르지 않고 한 사람의 생에서도 마찬가지다.

하루 한 번이라도 자신을 위한 순간이 있고 배를 채울 음식만 있으면 충분하다. 가끔 고장 날 때도 있지만 뜻대로 움직이는 몸이 있고 쓰고 싶은 이야기가 있다. 약간의 가난을 감수하면 정신은 풍요롭다. 약간의 고독을 감수하면 관계에 지칠 일이 없다. 물욕이나 명예욕. 권력욕을 위해 쓸 시간을 미리 당겨와 편히 지낸다. 주위에 사랑하는 사람 외에 두지 않으니 머리 아플 일이 없고, 가슴 아픈 것 정도는 마음 주었으면 감당해야 할 일이다. 욕심의 대가를 지불하기 위해 나를 소모하지 않겠다. 멋진 생이 아닐지라도 맛있게 살 수 있다면 충분하다. 권장할 만한 삶은 아닐지 몰라도 분명 좋은 점도 있다. 다양한 삶의 방식이 존재해야 사회가 건강해진다. 지름길로 가야만 행복해지는 건 아니니까. 누군가를 추월해야만 성공할 수 있는 건 아니니까. 이기고 빼앗아야만 얻을 수 있는 거라면 지키기 위해 계속 싸워야 할 테니까. 그러면 생은 전쟁터가 될 테니까. 세상 언저리에서 유유자적. 세상 변두리에서 어슬렁거리며 살지만 생의 중심에 있지 않은 날은 없었다. 어떻게 하면 많은 돈을 벌 수 있을까 계획하기 전에, 생활하기 위해 얼마만큼의 돈이 필요한지 미리 계산해 봐야 한다. 그러면 선택의 폭은 훨씬 넓어진다. 무엇을 얼마나 오랫동안 팔아야 목표에 이를지 계산하기 전에, 자신을 팔지 않고 얻을 수 있는 것을 고려해야 한다. 필요하지 않은 걸 얻기 위해 생에 필수적인 것을 포기하지 않아야 한다. 필요한 것의 가짓수를 줄이고 바라는 것을 줄이는 건 생각보다 어렵지 않다.

자발적 고립을 선택한 헨리 데이비드 소로의 문장을 새긴다. 필수적이지 않은 물건을 갖기 위해 힘들게 일하고, 더 일하기 위해 더 많이 먹고 마음을 달래기 위해 더 많은 물건을 필요로 하는 악순환에서 벗어나야 한다. 필요 없는 물건을 가지려 나를 돌볼 시간이 없는 아이러니. 어떻게 하면 나를 팔지 않고 살 수 있을지 생각한다. 최소한의 시간을 팔아 살아갈 방법을 궁리한다. 법정 스님의 무소유엔 이르지 못해도 최소한의 것만 필요로 하는 인간은 될 수 있겠지. 에피쿠로스가 말한 정신적 쾌락도. 장자가 말한 진인의 경지도 같은 맥락일 거다. 바라는 것이 적으면 바라는 대로 살 수 있다. 행복해지기 위해 필요한 것은 특권이 아니라 자신에게 시간을 내어줄 의무에 소홀하지 않는 것이다. 성공을 위해 누군가를 패배시키지 않아도 되기에 마음이 가볍다. 자신을 착취하지 않아도 되니다행이다. 무언가를 위해 자신을 포기할 수도 있지만 스스로 무언가(無言歌)가 되어 살아가는 방법도 있다. 친구에게 다시 연락이 왔다. 그냥 기분이 좋다고 했다. 흔들렸던 자신의 마음이 부끄럽지만 그것보다 올곧은 내 마음을 본 게 더 기쁘다고 했다. 이만하면 꽤 괜찮은 인생 아닌가. 말하는 대로 이루어질까. 원하는 대로 살 수 있을까. 그저 사랑한 것이 삶이기를 바랄뿐이다.

물거품은 파도가 멈추지 않은 까닭이다

몇 달 전 출판사에 투고를 했었다. 무수히 거절당했지만 출판사 서너 곳에서 연락을 받았다. 미팅을 제의한 곳도 있었고 간만 살짝 보다 연락이 끊긴 곳도 있었다. 한 출판사가 적극적이었다. 작품의 기획의도와 콘셉트가 마음에 들고 원고의 완성도에 감탄했다고 했다. 꽤 잘나가는 출판사였고 감각적인 책을 만드는 곳이라 함께하고 싶었다. 템플릿형 콘텐츠도 만들고 대중적으로 접근할 새로운 챕터를 만들라 해서 새로 썼다. 대표와 통화를 하고 단톡방을 만들어 이야기를 나눴다. 몇 달 동안 그들이 원하는 대로 모든 걸 맞추어 주었다. 글에 관해서라면 뭐든지 할 준비가 되어 있었고 그걸 부끄러워할 필요는 없으니까. 1차 기획 원고를 공유하고 피드백해서 검토한 후 계약을 하는 걸로 이야기가 되었다. 그러다 며칠 전 한국출판문화산업진흥원에서 메일을 받았다. 우수출판물 제작지원 관련 소식이었다. 출판사에도 좋고 내게도 좋은 일이니 선정은 쉽지 않아도 신청은 해볼 생각이었다. 그래서 1차 기획 원고를 보내주실 수 있냐고 연락했다. 답변은 하루 뒤에야 왔다. '내부적으로 이슈가 발생해서 기획이 일시중단 된 상태라 좋은 기회가 왔다면 그곳에 신청하라'였다. 갑작스러워 당황스럽다고 하니. '일단 진행이 중단된 상태이니 확답을 드릴 수 없다.' '제 역량으로는 방향을 통제할 수 없다. 거절 의사로 알아 달라. 죄송하다.' 아니라고 괜찮다고, 이것 또한 인연이라고 답했다. 1차 기획을 하기는 한 걸까? 그런 상황이라면 미리 알려주는 게 맞지 않는가? 생각이 많아졌다. 몇 달간의 노력이 물거품이 되었다. 가슴이 내려앉았다. 자전거를 타던 중이었는데 힘이 쭉 빠져버렸다. 친구에게 전화를 걸었다.

친구네 부부는 따뜻하게 맞아주었다. 나를 대신해 화를 내주고 이름만 대면 알만한 담당자를 비난해주었다. 술을 잔뜩 마셨고 난장판이 된 집을 내버려두었다. 때로는 대양에 자그마한 돌을 던지고 있는 기분이 든다. 마음을 다한 일이 아무 의미도 없이 어둠 속으로 사라진다. 누구의 인정도 받지 못하고 그냥 없었던 일이 되어버린다. 지금 뭘 하고 있는 걸까 서글퍼진다. 과연 여기가 내가 있을 곳이 맞는지 두려워진다. 아무것도 이루지 못한 내가 아무것도 아닌 존재로 느껴진다. 그럴 때면 지금 내가 던지고 있는 것은 꿈이 아니라고 생각하려 한다. 미련을 내던지고 있는 거다. 후회를 버리고 있는 거다. 바다를 메우지는 못할 것이다. 그러나 심연 속으로 던진 시간들이 물결을 일으킬 거다. 파도가 되어 밀려드는 거다. 아무 흔적을 남기지 못할 지라도 나아가는 거다. 끊임없이 일렁이며 저 편으로 나아가는 거다. 밤하늘에 반짝이는 별빛을 새기는 거다. 어둠 속을 가로지르는 새벽이 되는 거다. 흔해빠진 상 한 번 받은 적 없지만 여기까지 온 게 보상이었다. 보상을 받지 못해도 나를 위해 상을 차려낸 날이 기쁨이었다. 이유가 어쨌든 내가 겪는 아픔은 내가 없으면 느낄 일 없는 고통이다. 지금 처한 문제들도 내가 없다면 어찌되든 상관없는 일 아닌가. 그냥 살아보는 거다. 내게 일어난 일들을 피할 수는 없었지만 그것들이 나를 망치게 내버려두진 않을 거다. 벽을 허물어 길을 만들 거다. 나를 잃지 않을 정도의 속도로. 내가 감당할 수 있을 만큼의 무게만. 기쁨을 놓치지 않기 위해. 삶을 포기하지 않기 위해. 생의 밀도를 높이기 위해. 걷기 좋은 날이 따로 있을까. 걸으면 좋은 날이 되는 거지.

시작하기 좋은 때가 있을까.
시작하면 그때가 되는 거지.
인생은 결과가 아닌 선택의 합이니까.

좋고 나쁨으로 사람을 나누던 때가 있었다. 세상은 기면 기고 아니면 아닌 곳이었다. 내게 좋으면 옳은 것이었고 그렇지 않으면 나빴다. 이제는 나쁘다고 여긴 사람도 저마다의 이유가 있음을 알고 나쁜 일도 결국은 사연이 된다는 걸 안다. 마냥 나쁘기만 한 일은 없다는 걸 이제는 안다. 인생은 좋은 것과 나쁘지 않은 것으로 이루어져 있다. 음식으로 치면 맛있거나 먹을 만하거나. 어떤 것이든 시간을 들여 소화시키지 못할 일은 없으며 뱃속에 들어가면 삶을 지탱하는 에너지가 된다. 무슨 일이라도 일어날 수 있는 게 삶이지만 어떻게 해석하는지에 따라 전혀 다른 것이 된다. 좋고 나쁜 것으로 나누지 않으니 오히려 자유롭다. 잘못된 길이란 존재하지 않으니 두렵지 않아졌다. 잘하지 않아도 괜찮다고 생각하니 뭐든지 할 수 있게 되었다. 제대로 못하면 어때서, 어디든 길인데, 모든 게 이야기인데, 빛나지 않아도 괜찮다. 때로 아무것도 하지 않음이 다시 시작할 첫걸음이 된다.

그래도 헛된 꿈을 꾸고 싶다. 사랑했던 것만이 삶에 흔적을 남기고, 사랑하는 것만이 생의 증거가 된다. 신이 우리에게 잠이라는 축복을 내린 이유는, 매일 밤 삶에 끝이 있음을 깨닫고 매일 아침 새롭게 삶을 시작하라는 뜻이다. 삶이 한바탕 꿈과 다르지 않은 거라면 이왕이면 근사한 꿈을 꾸고 싶다. 삶에 일어나는 일을 모두 통제할 수는 없겠지만 어떤 이야기로 엮어낼 지는 내게 달려있으니까. 무슨 일이 벌어지건 어떻게 해석하는지에 따라 이야기의 장르가 달라진다. 잠시 아무것도 하고 싶지 않을 뿐이었다. 마음을 추스르고 나면 나를 위해 할 수 있는 모든 걸 할 테니까. 차라리 잘 된 거다. 어차피 잘될 거다. 잘 풀리지 않아도 내 선택이었다. 결과를 감당하고 있으니 이 또한 생이 될 거다. 안타깝긴 하지만 아까울 건 없다. 도대체 세상 어디에 아까울 것이 있을까. 아끼지 않고 살아낸 생이 있을 뿐인데. 낭비한 시간이 낭만이 되고 실패라 여긴 건 성장이었다. 실수는 오래 웃을 추억이 되었다. 시간을 내어주고 인생을 샀다. 매일 이력서를 고쳐 쓰고 있지만 이력서에 적을 수 없는 무언가가 진정 소중한 이야기임을 잊지 않으려 한다.

이것 또한 인연이었다. 이것 또한 인생이 될 거다. 세상이 버려도 운명이 막아도 나의 길을 포기하지 않을 테니까. 난 나의 생을 놓아주지 않을 테니까. 넘어지며 앞으로 가는 중이다. 소모할 무언가가 있다는 건 얼마나 든든한 일인가. 끊임없이 소모하고도 쏟아낼 것이 남아 있으니 다행이다. 소모하기에 아름답고 소모되기에 귀한 것이 삶이 아닐까. 씨앗을 부수지 않고 핀 풀이 어디 있으랴. 먼 길을 돌아가는 것은 생의 지도를 그리기 위함이다.

헛수고로 끝나는 일은 없다. 물거품은 아직 파도가 멈추지 않았음을 알려주는 신호일 뿐이다. 파도의 위대함은 반복에 있다. 일상을 바꿀 힘도, 자신을 지킬 지혜도 반복에 깃든다. 세월에 밀려난 게 아니라 아직도 세상으로 끊임없이 밀려드는 중이다. 누구를 탓하겠는가. 다시 생을 탐할 뿐이지.

자전거에 관해 말하고 싶은 것들

일을 그만둔 후에 제주 환상 일주 로를 비롯해 전국 곳곳을 자전거로 누비고 다닌 이유는 무언가를 증명하기 위함은 아니었다. 4대강 종주 도장을 증거로 여기지 않았다. 몇 킬로미터의 속도로 달리는가. 얼마나 많은 거리를 축적했는지는 본질적인 문제가 아니었다. 새로운 풍경을 마주할 용기가 있는지 확인해야 했다. 아직 달려 나갈 힘이 남아있는지 알아야 했다. 부산. 상주. 안동 낙동강을 따라 올라갔다가, 섬진강 물줄기를 따라 하동. 광양. 순천까지. 아무 생각 없이 달리며 풍경과 풍경을 이었다. 어느새 풍경이 있는 곳에 마음이 있었고 마음을 위해 움직이는 몸이 있었다. 때로는 다른 탈 것의 힘을 빌렸다. 자전거를 버스나 기차 따위에 실어 옮기는 것을 점프라 부른다. 비록 힘을 빌렸지만 부끄럽지 않았다. 스스로의 힘으로 다시 달리기 위해서였으니까. 생에는 그러한 때도 있다. 힘을 빌리더라도. 발자국을 남기지 못하더라도. 세월에 몸을 맡기고 나아가야 할 때가 있다. 좁은 창문 사이로 들여다본 별빛과 별빛이 이끄는 대로 달리는 일은 달랐다. 동력의 힘을 빌려 에어컨 바람을 맞으며 가는 것과 스스로 증기를 내뿜는 바람이 되는 것은 달랐다. 풍경을 곁에 두고 달리는 것과 스스로 풍경이 되는 느낌은 달랐다. 그러한 체감은 또 다른 길을 보여주었다. 또 다른 길은 한 번도 살아본 적 없는 계절로 이어져 있었다. 타인의 말을 빌려 쓰지 않고 자신의 경험을 인용해 말하는 삶이면 충분하지 않을까. 몸과 마음이 함께하는 한 희망은 있다. 살아있는 한 어디로든 갈 수 있으며 어디에 있건 나로 존재할 수 있다는 걸 실감했다. 몸으로 습득한 확신은 무슨 일이 있어도 흩어지거나 마모되지 않음을 알게 되었다. 멈춤을 통해 나아가는 법 역시 배웠다. 대부분의 사고는 멈추어야 할 때 멈추지 못해 일어난다. 인생에서 일어나는 일들도 다르지 않다. 힘을 내야 할 순간과 빼야 할 시점을 알아야 한다. 힘을 빌려 쓸 용기가 있어야 멀리 갈 수 있다. 가보지 못할 길은 많아도 가지 못할 길은 없다. 가보지 못한 길은 무수한 가능성이 되어 생을 풍요롭게 만들며, 가고자 하는 길은 생을 환하게 비추는 빛이 될 것이다. 세상과 삶을 이을 다리가 내게 있었다. 그것도 아주 튼튼한 놈으로 두 개씩이나.

속도가 나지 않아도 조급해할 필요 없다. 효율이 떨어진다고 불안해 할 필요 없다. 불행의 대부분은 제때 멈추지 못해 일어난다. 다시 달릴 기회는 얼마든지 있지만 멈춰야 할 때를 모르면 두 번째는 없다. 달콤한 치자 꽃향기를 맡으러 길을 조금 돌아간다. 한적한 시골길을 달린다. 중학생으로 보이는 아이가 맞은편에서 멋들어지게 거수경례를 날린다. 꾸벅하고 답하니 근사한 웃음을 흘리며 지나쳐간다. 운명을 대하는 자세도 이와 같다. 스스로를 기쁘게 하기 위해 조금 돌아가고. 잠시 멈추기도 하면서. 인사를 건네면 여유롭게 웃어주며. 운명이 미소를 보이면 감사인사를 건네고 악의를 드러내면 모른 척 한다. 운명은 손님일 뿐이니 멱살을 잡고 흔들지 않는 한 무심하게 흘려낸다. 욕망하되 원망하지 않는다. 이르는 것만으로도 이룸임을 잊지 않는다. 사랑할 수 있음에 감사하고, 꿈꿀 수 있는 것이 기쁨임을 매 순간 새기며 산다. 아무도 듣지 않으면 계절과 노래하면 된다. 아무도 보지 않으면 바람과 춤추면 된다. 완벽한 때가 따로 있을까. 온전히 살아낸 순간을 남기며 나아가는 거지. 생은 그 자체로 빛을 발한다. 지금껏 쓸모 있는 상품이 되기 위해 살았으니 남은 날은 기념할 만한 일을 쌓으며 살겠다. 향기로운 것을 들이며 살겠다. 죽음은 여전히 싫으나 두렵지는 않다. 진정 두려운 것은 나로 살아보지 못하고 끝을 맞는 것뿐이다.

뜻대로 되지 않는 게 인생이라지만
생각한 대로 살아야 삶이 되겠지.

낯선 도시에서 자전거 타이어가 터지고 날까지 어두워진 때가 있었다. 배고프고 다리까지 아파왔지만 언제든 자전거를 버릴 수 있다 생각하니 마음이 한결 가벼워졌다. 다음을 생각하기에 힘겨움을 감당하는 거였다. 자전거 따위 던져버리고 택시를 타고 돌아오면 그만이다. 나를 힘들게 하는 것들도 언제든 버릴 수 있다고 생각하니 괜찮아졌다. 언제라도 그만 둘 수 있다고 생각하니 편안해졌다. 안 보면 그만일 사람 때문에 잠 못 이룰 이유가 없었다. 지금 내게 필요하기에 붙잡고 있을 뿐 언제든 놓아버릴 수 있다. 다시는 모든 것을 통제하려다 나를 통제 불능으로 밀어 넣지 않으리라. 굳이 용기까지 낼 필요 없으니까. 갖지 않아도 괜찮은 것만 내려놓으면 생각하는 대로 살 수 있다. 그냥 저지르기로 하자. 생각을 짊어지지 않아야 멀리 간다. 결과에 연연하지 않아야 높이 난다. 무작정은 무적이다. 이뤄야 한다고 생각하면 무서워진다. 할 수 있을지 생각하면 주저하게 된다. 해내지 않아도 괜찮다. 끝까지 못가도 좋다. 승패를 개의치 않는다. 깊게 생각하지 않는다. 깊이 들어가면 생각에 빠지기 쉽다. 멀리 보지 않는다. 멀리 보면 지치기 마련이다. 눈앞의 풍경에 집중한다. 지금 흘리는 땀방울이 내가 꾸는 꿈이다. 무적이었던 챔피언들도 파훼법이 나오면 일순간에 무너지기 시작한다. 지금 당장 답을 찾을 수 없는 문제라도 언젠가 그것을 풀어낼 방법을 알게 될 거다. 아직 패배하지 않았다. 승리를 향해 나아가는 중이다. 나를 향한 응원이 없을 때 나를 믿는 연습을 한다. 나를 비추는 빛이 없을 때 스스로 길이 된다. 이루어지지 않아도, 알아주는 이 하나 없어도 몸이 기억할 때까지 계속하는 것보다 근사한 일은 없다. 몸에 새겨진 습관은 어떤 주문보다 강력하다.

누구나 희망이 될 수 있다. 그것에 대해 생각하는 한 희망은 거기 그대로 있다. 천년이 지난 후에도 피어나는 연꽃 씨앗처럼 희망은 생명력을 잃지 않는다. 그러나 희망에 온기를 불어넣고 시간을 내어주면 그것은 더 이상 희망이 아닐 것이다. 희망은 삶 그 자체가 될 거다. 아마 마라톤이나 트레킹을 했더라도 같은 결론에 이르렀을 거다. 각기 다른 언어로 같은 것에 대해 이야기하게 되었을 거다. 어느 길이라도 갈 수 있는 힘을 이미 갖고 있음을 알려주었을 거다. 일상을 횡단해 생의 저 편으로 가보았다. 까마득해도 오르지 못할 길은 없었다. 이루어야 할 것은 없으며 그저 이르는 것만으로도 이룸임을 깨닫기까지의 여정이었다. 살아있는 한 어느 장소도 막다른 길은 아니니까. 스스로 길이 되기로 한 자를 막을 수 있는 벽은 없다. 낡은 자전거를 끌고 여기저기 기웃거리며 배운 것들이 있다. 녹색 커튼에 부딪혀 반짝거리는 햇살 아래를 달린다. 펄떡거리는 생의 한가운데로. 불평 없이 수천 킬로미터를 달려준 낡은 자전거 위에 그보다 많은 날을 버텨준 몸을 싣고 간다. 살아본 적 없는 새로운 날을 향해.

살고 싶어서 낭만을 합니다

마트에서 물건을 고르는데 한 남자가 비틀거리며 다가와 어깨를 부딪친다. 낮부터 술에 취한 건가. 죄송하다기에 손을 뻗어 괜찮으니 그냥 가시라고 했다. 고개를 들며 웃는 얼굴이 낯설지 않다. 오래전 함께 일하던 형이었다. 지나다니는 걸 자주 봤다고, 소리쳐 이름을 불러도 매번 이어폰을 낀 채 그냥 갔다고 한다. 요즘 뭐하며 사느냐 묻는다. 망설이다 글을 쓴다고 하니 그는 인터넷에 이름이 나오는지, 글을 쓰면 돈이 되는지 물었다. 그냥 그렇죠. 대답하며 웃으니 혼자니까 그렇게 살 수 있는 거라고 한다. 맞는 말이다. 혼자가 아니라면 선택하기 쉽지 않은 길이다. 그러나 혼자인 모두가 스스로 선택한 삶을 살지 않는다. 각오가 있어야만 갈 수 있는 길이다. 혼자니까 가능하다. 아직 젊으니까 그럴 수 있다. 경제적으로 넉넉하니까 할 수 있다. 핑계는 얼마든지 댈 수 있다. 변명거리를 찾는 동안 영혼은 빛을 잃는다. 자신 안에 가득한 가능성을 보지 못하게 된다. 혼자여서 가능하다면 함께이기에 가능한 것도 있다. 어려서 가능한 게 있다면 나이 들어야 알게 되는 것도 있다. 넉넉하니까 할 수 있는 게 있다면 잃을 게 없기에 잡을 수 있는 기회도 있다. 상황은 우리에게 영향을 끼치지만 상황에 대응한 기록이 이야기가 된다. 상황을 핑계로 도망치지 않고 나를 근거로 나아가는 사람이기를 바랐다. 낭비할 시간이 있다는 게 얼마나 멋진 일인지. 아직 찾지 못한 무언가가 있다는 게 얼마나 근사한지 느끼고 싶었다. 거울을 부끄러움 없이 마주하고 싶었을 뿐이었다. 나이에 먹혀 나를 잃어버리지 않고 싶었을 뿐이다. 하지만 입 밖에 내어 말하지는 않았다.

매일을 마지막으로 여기면 날마다 새로운 세상을 살 수 있다. 죽음의 방식을 결정할 수 있는 이에게는 삶의 형태를 선택할 힘 역시 깃들어 있다. 한계란 낱말을 가볍게 입에 올리지 않기로 하자. 한계는 경계선을 확장하기 위해 끊임없이 자신을 던진 이들에게 허락된 말이니까. 가능성을 가로막고 기회를 가로채려는 짐승에게 더 이상 먹이를 주지 않기로 하자. 어차피 운명이 데려다주는 장소는 정해져 있다. 생각했던 곳이거나, 상상도 못한 곳이거나. 멋지거나 근사하거나. 그러니 두려워할 필요 없다. 생명을 연료로 삼고 세상을 재료 삼아 이야기를 쓰기 위해 이곳에 온 거다. 누군가에게 쓸 만한 도구가 되려고 여기 있는 게 아니다. 무언가가 되려고 하니 괴롭고 무언가를 이뤄야 한다고 여기니 망설여지는 거다. 이야기를 장식용으로 내버려두면 안 된다. 최선을 다했다면 포기라 불러선 안 되겠지. 온 힘을 다했다면 실패라 말하면 안 되겠지. 차라리 졸업이라 부르기로 하자.

멋지게 살아온 자신에게 힘껏 손뼉을 쳐주고
다음 장면으로 넘어가기로 하자.

소설이 내게 가르쳐 준 진실이 무수히 많지만 가장 소중한 깨달음은 어떤 주인공도 시련이나 고난, 상실 없이는 이야기를 끌고 갈 수 없다는 사실이었다. 그럼에도 어떤 이야기도 아름다움을 잃지 않았다. 상상으로 지어 종이에 인쇄된 글이 그러하다면 상상을 몸짓으로 옮겨낸 삶은 훨씬 아름다울 것이다. 분명 그러할 것이다. 두려워할 것은 형편없는 이야기가 아니라 자신에게 주어진 여백을 그대로 남겨두는 일일 거다. 인연을 도서관에서 빌린 책처럼 대하고 인생은 공짜 이면지처럼 아낌없이 써야 한다. 꿈을 꾸지 않는다면 도대체 무엇을 적을까. 사랑을 하지 않는다면 생에 무슨 기쁨이 있을까. 할 수 있다는 다짐보다 한 번 해볼까, 가벼운 마음으로. 지나치게 많은 생각을 짊어지고 있기에 실패가 두려워지는 거다. 가다가 힘들면 돌아오면 된다. 돌아가는 길도 인생이 된다. 산다는 건 끊임없이 무엇으로 죽을지 결정하는 과정이다. 내일 아침 깨어나지 못해도 괜찮을 오늘을 이어가는 일이다. 내일의 걱정이 삼키지 못할 오늘을 살자. '지금의 현실'을 핑계로 꿈을 포기하지 않기로 하자. 진심을 다한 순간만이 삶이 된다. 세월에 나를 맡기고 담담히 나아가면 그뿐 무엇을 두려워할까. 하루를 더 살면 그만큼 이득이고 끝나면 손해 볼 일 없는데. 세상에 잠시 머무는 손님임을 알아야 생의 주인이 될 수 있다. 계획대로 되지 않아도 생각지도 못한 풍경과 마주하게 될 테니까.

낭만이 밥 먹여주지 않는 걸 알 만큼 나이를 먹었지만 낭만을 포기할 만큼 늙지는 않았다. 꿈은 여유로울 때 떠나는 휴양지가 아니다. 낭만은 물이나 공기만큼 필수적인 요소다. 숨 쉬는 건 벌레도 하고 물은 돼지도 마신다. 먹기 위해서만 산다면 사료겠지. 일하기 위해 산다면 연료에 불과하겠지. 먹는 행위를 살아있는 것을 들여 삶을 잇는 거룩한 행위로 전환하는 힘은 낭만에서 온다. 낭만은 자신을 지키기 위한 마지노선이다. 살고 싶어서 사랑했고, 살고 싶어서 썼다. 살만해서가 아니라 살고 싶어서였다. 여유로워진 뒤에도 자유롭지 못한 사람은 있어도 자유로울 때

여유를 원하는 사람은 없으니까. 욕심을 버린 만큼 나로 돌아간다. 욕망을 따른 만큼 내가 되어간다. 그래야 된다고 말하던 사람에서 그래도 된다고 말하는 사람으로. 뭐든 해낼 수 있다는 다짐보다 어디로 가건 삶이 될 거라고. 무언가가 되지 않아도 좋으니 오늘의 낭만을 포기하지 말자고.

온전한 소수로 산다

도쿄 올림픽 관련 뉴스를 보다가 어릴 때 종이로 만들어진 카드를 갖고 놀던 기억이 났다. 카드에는 만화 주인공 아톰이 태권도나 수구, 유도 같은 올림픽 종목에 참가한 그림이 그려져 있었다. 도저히 못 쓰게 될 때까지 카드를 갖고 놀았다. 사실 그런 걸로도 용케 재밌게 놀았다 싶은 기억이 수두룩하다. 공터에 흙만 있어도 즐거웠다. 연탄재나 쓰레기도 훌륭한 놀이거리였다. 못 쓰는 종이는 딱지를 접었고 길가에 굴러다니는 돌멩이로 비석치기를 하고 놀았다. 아무것도 없어도 즐거웠다. 작은 동네만 쏘다녀도 모험이었다. 천오백 원을 주고 산 부루마블 게임은 몇 년을 해도 질리지 않았다. 휴일이나 명절에는 가족끼리 윷놀이를 하곤 했었다. 세들어 사는 자그마한 집이라 나무윷을 던질 곳이 없었다. 초록색 고무호스를 자른 윷에 달력 뒷면에 그린 윷판이 전부였다. 그럼에도 네 가족이 둘러앉으면 그 안에 기쁨이 가득했었다. 그때보다 넓은 집에 살고 많은 것을 가졌지만 행복하지 않은 이유는 무엇일까. 사는 게 재미없는 건 삶을 음미할 시간이 없기 때문이 아닐까.

계획을 세우지 않는다. 오늘 저녁에는 콩나물밥을 해야지. 오늘 밤에는 책을 마저 읽어야지 계획은 그것뿐이다. 계산하느라 속이 썩어 들어가는 생활은 지난날로 충분했다. 이자 몇 푼이 쌓이는 걸 보람으로 삼거나 집값 오르면 존재가치 역시 높아진다고 착각하지 않는다. 어린 시절 가난해도 행복했었다. 그 시절로 돌아갈 수 없어도, 그때의 마음을 되찾는다면 남은 날이 고통스럽지만은 않을 테지. 행복의 조건이 풍요만은 아니니까. 눈앞의 풍경에 마음을 주면 된다. 가진 것에 기쁨을 느낄 수 있으면 된다. 지금 이 순간에 몰입하면 된다. 지나치게 많은 물건을 들이면 귀함을 잊어버린다. 지나치게 많은 생각을 하면 기쁨을 찾기 어려워진다. 가난해도 행복했던 것이 아니다. 가난해도 행복할 수 있는 것이다. 물건을 채우느라 마음이 빈곤해지고, 관계를 돌보느라 마음이 피곤하니 행복할 겨를이 없다. 지나치게 채우느라 지금을 지나치지 않도록. 그때가 좋았던 게 아니라 지금 이대로 좋을 수 있으니까. 자신에게 시간을 내어주고 사랑하는 것에 마음을 준다. 현금을 쌓아둘 순 있어도 지금을 쌓아둘 순 없다. 견디지 못할 인생은 없다. 버티기만 해야 할 삶도 없다. 일상을 버티던 힘을 나아갈 동력으로 바꿀 수 있음을 의심하지 않는다. 가진 것만으로 살아내려면 가진 것을 사랑하는 것으로만 채우면 된다. 비움은 모두 내려놓음이 아니라 필요한 것만 남기는 거니까. 부피를 줄이면 일상의 밀도가 높아진다. 삶이 충실해진다. 오롯한 인간에게 타인의 동의는 필요하지 않다. 나눌 수 없는 소수로 온전하게 산다. 순위나 등수. 통장에 찍힌 숫자로 존재를 나누지 않는다. 현실을 직시하되 꿈을 향해 직진한다. 나아가는 만큼 현실이 되고 돌아보면 진실 된 순간이 쌓여있다. 바라는 대로 풀리지 않아도 원하는 대로 산다. 꿈이 이루어지지 않아도 발 디딘 곳이 꿈이니까. 스스로 꿈이 되어 걸어갈 수 있으니까. 아낌없이 펑펑 썼는데 남길 후회가 있을까. 마음을 남기지 않았는데 미련이 남을 리 없다. 물건을 모으려 애쓰지 않으니 기쁨이 모여든다. 제멋대로 걸어도 마음을 다하면 길이 된다. 결과적으로 보면 어긋난 판단도 있고 계획대로 되지 않을 때도 있을 테지만 그게 뭐 어때서. 기계가 될 생각은 없었는데. 예술에 이르지 못하더라도 아름답게 살 수 있으니까. 못 갖춘마디로. 미완의 노래로. 완성되지 않은 그림으로. 끝나지 않은 이야기의 주인으로 살 수 있다면 그걸로 됐다. 어떤 결말이 나오더라도 그때는 세상에 없을 테니까. 여기까지 온 나에게 찬사를 보낸다. 끝나지 않은 무대에 축복을 내린다. 영화가 끝날 때까지 주인공은 죽지 않듯 주어진 시간이 다하기 전까지 생의 주인으로 살 수 있기를 바란다.

꿈꾸는 한 늙지 않고 사랑하는 한 봄,

그러니 청춘으로 살다 봄에 죽을 것이다.

꿈을 꾸는 너에게

"서랍에 숨겨둔 꿈이 있다. 냉장고에 넣어둔 열정이 있다. 나이 들며 서러운 사연이 쌓인다. 열정은 시들어가고 마음은 메말라간다. 조금씩 자신을 잃어가는 것만 같다. 소중했던 모든 것에서 멀어지는 것만 같다. 내 시간인데 나로 사는 것 같지 않다." 네가 하고 있는 고민은 나이 든다고 사라지지 않더라. 나를 기쁘게 하던 것이 나를 아프게 만드는 건 사랑만이 아니었다. 꿈도 마찬가지였다. 헤어질 것을 알아도 사랑해야만 하듯이 우리는 꿈을 꾸어야 한다. 꿈은 이룸이 아니고 해냄이며 닿음이 아닌 닮아짐이다. 너는 꿈을 이룬 내가 부럽다고 말했지만 그럴 것 없다. 자꾸만 조급해진다. 불안을 떨치려 애쓰지만 쉽지 않다. 다른 이들에겐 관대하면서 자신에게는 모질어진다. 스스로를 몰아세우게 된다. 꿈을 위해 많은 걸 끊어내야 했다. 꿈에 집중하기 위해 경제적인 안정도. 경력도. 대부분의 관계도 모두 포기했다. 한동안 그렇게 지내보니 한 가지에 몰입하고 싶은 갈망만큼이나, 하나만 파고들 때 느끼는 절망도 깊더라. 저마다 여린 틈을 갖고 사는 거더라.

자책할 필요 없다. 자신을 책임지며 살아왔을 뿐이다. 텅 빈 듯 느껴지는 건 아낌없이 쏟아낸 까닭이다. 사랑하기 위해 한 일에 아까울 것이 없고, 꿈을 위한 행동에 부끄러울 게 없다. 살아남기 위한 몸짓은 아름다운 춤이 된다. 빛바랜 것은 한때 반짝이던 것들이고, 닳아버린 것은 온 힘을 다해 살아온 흔적이다. 낡아버린 것은 그럼에도 소중히 지키며 살아온 증거다. 빛바래고 닳고 낡아버린 것들을 부끄러워할 이유는 없다. 너는 시간을 되돌리고 싶다고 말했지만 그곳으로 돌아가는 순간 지난날은 훼손되기 시작하며 지금은 주인을 잃은 채 사라지고 만다. 각각의 순간이 모여 생의 형태를 이루고 존재를 증명한다. 그러니 오직 지금을 위해 행동하면 된다. 시간은 부지런히 우리를 위해 계절을 만들어내고 있다. 눈앞의 풍경을 사랑하는 것은 살아있는 이의 의무다. 즐겁지 않은 날은 있어도 감사하지 않아도 될 순간은 없다. 모든 순간이 선물이고 선물은 귀하게 다루는 거라 배웠다. 선물을 소중히 여기는 상대에게 더 베풀고 싶어 하는 것은 사람만은 아닐 거다. 신도 감사하는 사람에게 더 많은 선물을 베풀어 줄 것이다. 모든 것을 가질 수 없다. 세상을 가질 수도 없다. 생조차 우리 소유가 아니라 흘러가는 것이다. 내게 없는 모든 것을 갖고 싶어 하면서 만족하기를 바란다면 우스운 일이다. 내가 아닌 모든 것이 되고 싶어 하면서 행복하기를 바란다면 그보다 더한 모순이 없을 테지. 힘겨운 날이 있어도 의미 없는 때는 없다. 떠나간 것과 사라질 것들 사이에서 사랑하고 또 사랑해야 한다. 부러지고 찢어지고 때로 산산 조각나고 심지어 잠시 죽은 채로 산다 해도 끝난 건 아니다. 돌아보면 파란만장한 사연들. 올려다보면 아직 푸른 하늘. 아직 식지 않은 마음이 있다. 내게 다정한 사람이 될 때 지금이 지금으로 일렁인다. 너는 네가 생각하는 것보다 나은 사람이다. 네가 움직인 만큼 생은 나아간다.

너는 갈수록 인생을 모르겠다고 했지만 메커니즘을 마스터해야만 물건을 쓸 수 있는 건 아니니까. 인터페이스를 어느 정도 이해만 해도 사용하는데 아무 지장 없다. 흠이나 단점이 없는 사람이 어디 있을까. 마음을 완벽하게 다스리지 못해도 어느 정도 다룰 수 있으면 사는데 지장 없다. 강박이나 우울, 불안, 공황 같은 것들은 장애가 아니다. 현실을 납득하고 대응할 수 있다면 그것들 역시 자산이다. 다들 약간의 문제는 갖고 있다. 정상의 범위가 그토록 좁다면 모두 비정상이겠지. 살아가는 존재라면 응당 가져야 할 성질이다. 생을 특정하고 존재를 특별하게 만드는 요인이다. 잘못된 것은 없다. 고쳐야 할 병이 아니다. 사용 설명서만 제대로 읽으면 된다. 어떻게 쓰던지 그건 소유자의 재량에 달렸다. 아무리 답을 찾아 헤매도 안 보이는 건 모두가 답인 까닭이다. 욕심을 내려놓으면 기쁨이 모여든다. 욕심이 시야를 가리지 않으면 순간은 저마다 반짝인다. 말하는 대로 이루어지지 않으면 어떤가. 말한 대로 살아가면 그만이다. 인생을 아껴주려면 아낌없이 써야 한다. 마음을 주었던 순간만이 생을 이루는 재료가 된다.

신의 대답을 구하지 마라.

신의 대답은 너였다.

소유했다면 자신을 위해 쓸 수 있어야 한다. 강박을 반복 작업을 위한 연료로 쓰고, 불안을 꿈을 위한 동력으로 삼으며, 상실을 생의 서사에 필요한 소재로 여기면 된다. 지금 갖고 있는 마음에 쓸모없는 것은 없다. 자신이 가진 것을 자신을 위해 쓸 수 없다면 무슨 소용일까. 능숙한 요리사에게 세상 모든 게 재료가 되는데 인생이라고 다를까. 가진 것으로 어떻게든 맛있는 요리를 만들어내는 게 지혜다. 가진 것으로 맛을 이끌어내는 사람에게 기쁨이 깃든다. 더 갖기 위해 애쓰느라 지금 가진 것에 소홀하지 않으면 된다. 틈 또한 자신을 이루는 조각이라 여기고 자신을 위해 쓰기로 하자. 시간은 한정되어 있고 에너지도 유한하니. 소중한 것에 내어주자. 소중한 것들에 온전히 나를 내어주고, 기쁨에서 자신을 소외시키지 않는 하루를 이어가면 된다. 흔들리고 넘어지기도 하겠지만 천천히 가도 된다. 바람이 불어도 강물은 바다에 닿는다. 달은 구름이 가려도 빛나고 끝내 다시 차오른다. 어떤 일이건 인생을 이루는 조각임을 잊지 않기로 하자. 때론 코미디를, 때론 로맨스를, 때론 모노드라마를. 누군가 보아주지 않아도 괜찮은 장면을 만들자. 저마다의 생은 영화가 된다. 마음을 다해 살아낸 시간은 아름다운 이야기가 된다. 무엇을 먹어도 배가 차듯 어떻게 살아도 생이 된다. 아이처럼 꿈을 꾸자. 아이를 대하듯 꿈을 꾸자. 꿈에게 뭐라도 해줄 수 있음에 감사하기로 하자. 이왕이면 맛있게 살자. 뜨거운 것을 먹어 가슴을 데우고 차가운 것을 삼켜 머리를 식히자. 살아있던 것을 먹어 생을 지속하는 거룩한 순간을 음미하자. 그러면 생은 앞으로 나아갈 테고 나이를 먹으며 조금씩 자신이 되어 가는 거다. 잃어버린 것이 아니라 본래의 나로 돌아가는 중이다. 몇 년만 묵혀도 세월의 감칠맛이 우러나는데 인생이라고 다를까. 좋은 말과 풍경을 들이면 사람에게도 깊은 맛이 배어든다. 계절마다 새순이 돋듯 새날을 맞이하는 기쁨이 있다. 제철 음식을 먹듯 지금을 누리는 즐거움이 있다. 늘 새롭지만 깊어지는 인생의 맛이다. 오늘도 생이 맛있게 익어가는 중이다.

매 순간이 매치 포인트

여섯 번째 책을 낸 지 한 달이 지났다. 매일 밤 베스트셀러 딱지가 붙어있기를 소망하며 잠이 든다. 아침에 일어나면 책을 검색해보며 하루를 시작한다. 하루에도 몇 번씩 책이 얼마나 나갔는지 들여다본다. 주식을 안 하니 천만다행이다. 기대했던 만큼의 결과가 나오지 않아 자존감이 쪼그라든다. 사람들이 올려준 책 리뷰를 보면 잠깐 부풀어 오르지만 그때뿐이다. 엄마는 아버지 산소에 가서 제발 우리 아들 잘 되게 해달라고 빈다. 친구는 가게 카운터에 내 책을 놔두었다. 누이는 매니저를 자처하며 책을 연예인들에게 보내고 도서관에 책을 신청해준다. 그럼에도 아무것도 이루지 못했다. 글을 써서 성공하지 못해도 괜찮다고, 글을 쓰다 죽을 수 있다면 그걸로 성공이라고 했던 것은 섣부른 다짐이었던 걸까. 그럼에도 다음 원고를 다듬는다. 몇 달째 650페이지 초고를 589페이지로, 다시 446페이지로, 369페이지로 잘라내고 있을 뿐이다. 퇴고는 자해와 비슷해서 글에서 결점을 찾아낼수록 내 자신이 싫어진다. 엉성한 부분을 걸러내다 보면 글 같은 걸 쓸 자격이 있나 싶어진다. 진절머리가 난다. 그러면서도 새 원고를 쓴다. 도대체 어떻게 해야 하는 걸까. 힘든 길인 줄 알았지만 이 정도 일 줄이야.

이렇게까지 애쓰는데, 그렇게 많은 걸 포기했는데, 뜻대로 되지 않아 조급해진다. 때로는 가족들이 보내는 응원조차 부담스럽다. 친구의 기대조차 무거워진다. 나는 그렇게 대단한 사람이 아닌데, 당신들이 생각하는 것보다 모자란 사람인데, 그들을 실망시킬까봐 두려워진다. 그럴 때마다 그들은 내게 마음을 보내는 것뿐이라고 생각하려 한다. 잘 되기를 바라겠지만 기쁘게 살기를 더 원할 테고 건강하게 지내는 것만으로도 감사할 사람들이다. 사랑하는 사람들이 보내준 애정에 보답하지 않아도 괜찮다. 그들이 보내준 마음을 근거 삼아 계속 살아가면 된다. 나는 별 볼일 없는 사람에 불과하지만 마음을 다해 살아낸 발걸음에 사람들의 온기가 더해지면 별처럼 빛난다. 잘난 사람들 발끝에도 못 미치면 어때서. 사랑하는 사람들과 발걸음을 나란히 하고 나만의 발자취를 이어가는 거지.

이토록 시간을 쏟아 부을 무언가가 남아있음에 감사해야 한다. 그토록 바라던 길 위에 있음을 잊지 않아야 한다. 뜻대로 되지 않아도 마음먹은 대로 살기로 한 약속만은 지켜내기로 한다. 성공으로 보상받길 기다리기보다 실패를 또 다른 시도를 위한 동력으로 삼아야 한다. 타인의 비난을 잠재우기보다 열정을 불태울 원료로 삼기로 한다. 옷이 더러워지는 것을 개의치 않으면 앉지 못할 자리가 없듯이, 실패를 두려워하지 않으면 가지 못할 길이 없다. 아무 생각도 하지 않고 나는 지금 움직이고 있다. 가끔 이렇게까지 스스로를 몰아붙일 필요가 있나 싶을 때도 있지만 꿈을 위해서라면, 사랑을 위해서라면, 자신이 선택한 길에서 헤맬 수 있다면, 실패는 거기서 멈춘 사람에게는 벽이 되지만 계속해서 나아간 사람에겐 길이 된다. 어떤 일이 일어났는지는 중요하지 않다. 상황에 대응한 태도가 생의 본질이니까. 핑계 대는 건 쉽지만 자신에게 변명하기는 어렵다.

한 번에 열 개를 하는 건 재주지만 한 개씩 열 번을 하는 건 재능이다. 한 번에 백 개를 하는 건 기술이지만 한 개씩 백 번을 하는 건 기적이다. 슥 보면 다 알고, 손대면 금방 익숙해지고, 하나를 보면 열을 알고, 조금만 노력해도 많은 걸 얻어내는 사람이 능력자라고 생각하지 않는다. 찬찬히 살피고, 손 댄 일은 끝까지 책임지고, 하나부터 열까지 몸으로 경험하고, 도전을 멈추지 않는 사람이 진정한 능력자다. 적어도 본질적인 일에서는 그렇다. 사랑이 그렇고 사람이 그러하며 사는 일이 그렇다. 재능은 타고 나는지 몰라도 능력은 만들어 가는 거다. 재능은 소모되지만 능력은 제련된다. 삶을 특별하게 만들 능력은 누구나 갖고 있다. 플랜A를 위해 할 수 있는 모든 걸 한다. 다음에는 플랜B, 그 다음에는 플랜C, 사용가능한 재료를 모조리 쏟아 넣는다. 처음부터 빠져나갈 길을 마련하지 않는다. 차선책 따윈 생각하지 않는다. 비즈니스에서는 어리석은 행동일지 모르지만, 꿈에 대해서는 그렇지 않다. 전반전은 한 사람을 위해 살았으니 후반부는 한 가지의 꿈을 위해 사는 게 플랜A다. 단순해 보이지만 포기된 것들의 목록은 짧지 않았다. 단순하게 생각하지 않았다면 가볼 수 없었던 길 위에 서 있다. 어느 길을 선택해도 힘겨움이 있으니 이왕이면 내가 선택한 길을 걸어야지. 더 이상 터닝 포인트는 필요 없다. 이 길 위에선 매 순간마다 매치포인트다.

할 만큼 했다는 건 천 번을 두드리고 매달려서 까지고 헐었다가 새살이 돋고 굳은살이 생길 때까지 쏟아 붓는 거다. 마음이 텅 비고 가슴을 치고 머리를 쥐어뜯는 순간이 있었다는 뜻이다. 그럼에도 다시 두드리고 매달려서 지긋지긋해질 때까지 해봤다는 거다. 타인의 기대를 따르면 후회가 남지만 내면의 목소리를 따라간 길이라면 한 점의 미련도 남지 않는다. 그래 할 만큼 했다. 모든 걸 내어주었으니 그거면 됐다고 실감하게 된다. 돌이키고 싶은 마음 따위 없다. 결과가 실패라 해도 어떤 성취보다 반짝일 거다. 기꺼운 마음으로 순간에 자신을 내어준다면 실패를 거듭하더라도 그리 나쁜 인생은 아닐 테지. 노력이 배신하지 않을 거란 믿음은 버린 지 오래다. 노력이 배신하더라도 멱살을 끌고 갈 습관을 믿을 뿐이다. 노력이 배신해도 나만 나의 삶을 배신하지 않으면 되니까. 비가 그치길 기다리지 않는다. 흔들려도 멈추지 않고 나아간다.

새해마다 비는 소원은 하나뿐이다. 내일 죽어도 괜찮을 오늘을 선물하는 한 해가 되기를 소망한다. 늙어 죽는 일은 납득할 수 있으나 낡은 채 사는 일은 버티기 어려우니까. 지나고 나면 아무것도 아닐 일들이다. 지나치면 어떻게 해도 돌아갈 수 없는 날들이다. 지나가기 전에 안아주어야 할 지금 이 순간. 모든 것에 집착하면 마음 둘 곳이 없을 테고 무엇에도 집착하지 않으면 세상에 머물 이유가 없을 테지. 마음을 다했다면 무엇을 희생했는지. 무슨 짓까지 했는지. 그런 건 생각도 나지 않을 테니까. 모든 걸 쏟아 부은 홀가분함으로 자신이 향했던 곳을 바라보게 되겠지. 응답이 없으면 어때서. 스스로에게 어떤 의문도 품지 않을 만큼 행동했는데. 별을 따라 걷는 사람은 흙투성이 신발 따위 개의치 않으니까. 자신 안의 빛을 찾은 사람은 밤을 두려워하지 않으니까. 보장이 확실한 일만 하면 삶에 보람이 있을까. 마음을 다했다면 그걸로 충분하지 않을까. 죽을 생각은 아니지만 죽을 각오는 되어있다. 다시는 삶을 전쟁으로 만들지 않겠다.

더할 나위 없는 순간은

더할 필요 없을 만큼

마음을 다한 뒤에 찾아오는 자유로움이다.

온 힘을 다해본 사람은 안다. 백 미터가 얼마나 먼 거리인지. 전력으로 링에서 부딪쳐 본 사람은 안다. 삼 분이 얼마나 긴지. 짧은 순간에 모든 걸 쏟아내기 위해 얼마나 많은 땀이 필요한지. 항상 원하던 결과를 얻지는 못했지만 어느 것 하나 빛나지 않는 순간이 없다. 마음을 다한 순간은 그 자체로 반짝인다. 땀은 기억한다. 눈물은 기록한다. 사람들의 박수가 없어도 살아낸 모든 순간이 나를 응원하고 있다. 안 되면 어때서. 그냥 할 뿐이지. 어디로 흘러가도 인생이 되긴 하겠지. 어떻게 될지 몰라 재밌는 게 영화뿐일까. 무언가가 되려고 안간힘을 쓰기에 사는 게 재미없어지는 건 아닐까.

버킷을 걷어차다

아침에 일어나면 텀블러에 커피 두 티스푼을 넣고 얼음 한 주먹을 집어넣어 흔든다. 커피는 맥심. 무려 페루 브라질 콜롬비아 삼 개국이 합작하고 국내 굴지의 식품 회사 석학들이 공들여 만든 아라비카 원두다. 직장에 다닐 때 링거처럼 꽂고 다니던 카페 커피 한 잔 값이면 몇 달을 마실 수 있다. 얼마나 호사스러운 일인가. 백 년 전만 해도 고종 황제쯤 되어야 맛보던 음료가 아닌가. 직장에 다닐 때는 값비싼 싱글 몰트 위스키를 마셔도 행복하지 않았지만 이제는 천이백 원짜리 막걸리 한 병에도 기쁘다. 그때는 돈을 벌기 위해 쓰는 돈이 너무 많았다. 커피, 위스키, 드라이클리닝, 의류비에 약값까지. 많은 돈을 버는 것도 좋지만 필요한 만큼 벌고 나머지 시간을 자신을 위해 쓰는 삶도 나쁘지 않다. 인간을 적응의 동물이라 부르는 것은 지금 처해있는 상황에 순응해서 살라는 뜻이 아니다. 인간에게는 자신이 살아갈 세상을 결정할 힘이 있다는 말이다. 어디로 가더라도 길이 되고 어느 곳에 있어도 삶이 된다는 말이다.

지금 하지 않는 일은 언제까지나 못하는 일이다. 지금 하지 않으면 영영 못하게 된다. 버킷리스트를 핑계 삼아 후회만 늘어날 뿐이다. 버킷리스트가 왜 필요한가. 이대로 죽고 싶지 않으니까. 자신을 위한 일을 하고 싶으니까. 지금에 만족하지 못하기 때문이 아닌가. 왜 이렇게 됐을까.

지금을 바꿀 수 없다고 생각해 버렸기 때문이다. 이대로 괜찮다고 믿기로 했기 때문이다. 여기를 벗어나면 세상이 끝나버릴 것 같아서다. 아직 시간이 남았다고 여기기 때문이다. 언젠가. 누군가 자유를 선물해주리라 믿기 때문이다. 세상을 바꾸는 사람은 소수지만 생을 변화시키는 사람은 어디에나 있다. 그들은 언제나 '지금'에서 출발한다. 과연 어려운 일일까. 나에게는 불가능한 일일까. 미션은 이미 충분히 수행하지 않았는가. 지금껏 치른 대가로 차고 넘치지 않는가. 여행을 떠나는 것도 좋지만 생을 여정으로 만드는 것도 근사하지 않을까. 사랑하는 사람에게 시간을 내어주는 것만큼 자신을 사랑하는 일도 중요하지 않을까.

축적이 충족감으로 이어지지 않은 까닭이 무엇일까. 그저 열심히 사는 걸로 기쁨을 대체했기 때문이 아니었을까. 손님을 대접하기 위해 며칠 전부터 재료를 준비하고 새벽부터 화장실 갈 시간도 아껴가며 상다리 부러질 만큼 진수성찬을 차리는 일과 다르지 않다. 아무리 풍족해도 자기 뱃속에 들어가지 않기 때문이다. 지금 당장 따끈따끈한 라면 한 그릇을 먹는 편이 낫다. 순간을 즐길 수 있으면 생은 충만해진다. 집을 확장하는 만큼 세상은 좁아진다. 머무는 공간이 넓어질수록 손 갈 곳이 늘어나고 발길은 무거워진다. 부피는 커지나 생의 밀도는 낮아진다. 넓은 집이 오히려 감옥이 되어 세상을 누빌 기회를 놓치게 된다. 대출금을 갚고 물건을 채우느라 누릴 시간이 없게 된다. 채움 외에 누리는 방법을 모르게 된다. 물건이 늘수록 마음 둘 곳이 없어진다. 물건을 통해야만 기쁨을 얻고 관계를 통해서만 세상을 보면 생을 그대로 안는 법을 잊게 된다. 지금 이대로 행복할 수 있다. 소유가 아닌 소모로 행복해질 수 있다. 아낌없이 마음을 주어 보낸 사랑, 온 힘을 다했던 꿈, 순간에 충실했던 어린 시절 행복했다. 축적해야 할 것은 충만한 순간이다. 다 채우기 전까지 생에서 자신을 치워둘 예정이 아니라면, 모두 이루기 전까지 행복을 미룰 계획이 아니라면, 물건들로 성을 쌓아 모여드는 기쁨을 막을 생각이 아니라면. 한 번 뿐일 생을 소풍으로 삼기로 하자. 내게 남은 시간은 원하는 만큼 가지기에는 부족하지만 원하는 대로 살아가기에는 충분하다.

그렇게 쫓기듯 살았던 이유는 생에서 나를 쫓아냈기 때문이었다. 그렇게까지 몰아붙일 필요는 없었다. 잘 해내야 해, 잘 되어야 해, 잘 지내야 해. 강박으로 자신을 괴롭힐 필요는 없었다. 잘되지 않을 수도 있는 거지. 잘 하지 못할 때도 있는 거지. 어떻게 항상 멀쩡할 수 있을까. 이따금 흐트러지기도 해야지. 때로는 내려놓기도 해야지. 가끔은 미친 척 놓아버려야지. 뭐 그리 대단한 일을 한다고. 뭐가 그리 중요한 사람이라고. 살아가는 것만으로도 대단한 일인데. 살아있는 것보다 중요한 일은 없는데. 지구를 구할 것도 아닌데 그냥 오늘을 구하기로 하자. 영원히 살 것도 아닌데 오늘을 나를 위해 쓰자. 규칙에 일상을 가두고 계획에 영혼을 맡기지 말자. 행복을 구하려 기쁨을 저당 잡을 필요는 없다. 어떤 특별함이 오늘 밤 별보다 빛날까. 무엇을 이루면 오늘의 평화를 미룰 핑계가 될까. 오늘은 그냥 먹고 마시자. 오늘 밤 귀뚜라미 소리를 듣자. 별 보고 바람을 느끼다 잠들자. 날 위해 하룻밤도 내어주지 않던 날들은 안녕, 날 위해 시간 낼 틈 없던 날들도 안녕, 다가올 날 기다리기보다 자신에게 한 걸음 다가서기로 하자. 멋진 내일을 기대하기보다 오늘을 누리자. 열심히 살기 위해 나를 안아줄 시간을 포기하지 않기로 하자. 그냥 그렇게 살아가자. 지금부터 나를 내버려 두지 않기로 하자.

이유를 붙이지 않으면 경쾌해지고 결과에 머물지 않으면 자유로워진다. 설명하려 애쓰지 말자. 행동으로 자신을 설득하자. 바라는 것이 적으면 원하는 대로 살 수 있다. 기적은 멀리 있지 않다. 상황을 유지하던 힘을 변화를 위해 쓸 수 있다. 일상을 지키던 힘의 방향을 자신을 향해 돌릴 수 있다. 꿈을 양동이 속에 담아두는 대신 시원하게 걷어차 버려야 한다. 욕심을 버려야 버킷을 걷어찰 수 있다. 욕심은 나보다 나은 존재가 되려는 마음이고 내가 아닌 것을 소유하려는 마음이다. 욕망은 본래의 나로 돌아가는 일이며 나였던 것을 내어주어 생을 향유하는 일이다. 욕심은 타인과 싸워 얻는 쟁취고 욕망은 나로 사는 것으로 이미 목적을 이룬 성취다. 욕심을 부리면 물건은 늘어나지만 마음 둘 곳이 없고, 욕망을 풀어내면 오히려 마음이 여유로워진다. 욕심은 끌어당기는 일이라 시야가 좁아지고 세계는 수축한다. 그에 반해 욕망은 마음과 시간을 내어주어 자아를 세상으로 확장한다. 욕심은 다 쓰지도 못할 자산을 원하는 것이고, 욕망은 자신을 다 쓰고 죽기를 바라는 것이다. 욕심을 비우면 욕망한 대로 살 수 있게 된다. 모름을 아는 것이 배움의 시작이고 다름을 아는 것이 지혜의 첫걸음이듯 욕심을 비우는 것이 출발점이다. 내 앞의 풍경을 사랑해야 한다. 소박한 식탁에 감사를 올려야 한다. 내 곁에 있는 이에게 시간을 내어주어야 한다. 행복으로 향하되 사소한 기쁨마다 멈춰서야 한다.

나약하고 무력한 존재임을 깨달을 때 강해질 수 있다. 삶이 세월의 강물에 잠시 몸을 담갔다가 떠나는 것임을 깨달을 때 그는 물결을 만드는 사람이 될 수 있다. '언젠가' 라는 말에 현혹되지 않는다. 진정 중요한 일은 의지만으로 되지 않는다. 억지로 끌고 가는 건 한계가 있다. 삶을 나아가게 만드는 건 가슴 뛰는 일이다. 마음을 움직이는 일에 시간을 내어주면 자연스럽게 나아가는 거였다. 그래서 타인이 가리키는 길을 죽자사자 따라가도 허무하기만 한 거였다. 성공을 향한 발걸음이 그토록 무거운 거였다. 가지기 위해 살지 않고 내어주며 나아가는 거다. 삶에서 일어나는 일들은 선택의 범위 안에 있다. 때로 이해할 수 없는 일들이 생기더라도 그것을 안아줄 수 있다면 충분하다. 나는 배움이 더딘 사람이다. 느리지만 제대로 배우지도 못한다. 그래도 배우며 기뻐할 줄 아는 사람이다. 오늘도 인생을 배우는 중이다. 계속해서 돌려볼 추억은 돌이킬 필요 없이 살아낸 지금에 깃든다는 걸 안다. 세상의 중심에서 밀려나면 어떤가. 생의 한가운데에 나를 놓을 수 있다면 그걸로 됐다. 버킷을 걷어차고 일상의 밀도를 높인다. 상황을 탓하는 건 상황에 갇히기로 결정하는 일이다. 사람을 탓하는 건 삶의 주인이기를 포기하는 일이다. 머릿속에 맴도는 생각을 내버려두면 잡념이 되고 행동으로 옮기면 신념이 된다. 어떤 이는 밤이 되어야 꿈을 꾸고 다른 이는 생을 꿈처럼 여긴다. 어떤 이는 끝난 봄을 돌아보며 살고 다른 이는 스스로 바람이 되어 나아간다. 생각의 부피를 행동의 질량으로 감당할 힘은 누구에게나 있다. 용기는 무슨, 삶을 놓아 버릴까 봐 욕심을 내려놓았을 뿐이다. 가진 돈 몽땅 털어 떠났던 그때처럼 계획 따위 집어치우고 남은 생을 여행으로 만들기 위해서.

철 좀 안 들면 어때서.
사철 푸른 대나무처럼 살 수 있다면
그걸로 된 거지.

기껏해야 죽기밖에 더하겠어

스물넷의 나는 안산시 본오동 상록수역 근처 반 지하 원룸에 살았었다. 사장이 월급을 주지 않아 번데기 통조림으로 하루를 연명하고 있었다. 습기 가득한 원룸에 웅크리고 누워있으면 우울한 생각들이 곰팡이처럼 머릿속을 뒤덮었다. 가난은 벗어날 수 없는 형벌 같았다. 아무리 온힘을 다해도 세계는 나에게 문을 열어주지 않았다. 너무 지쳐서 그냥 끝내고 싶다는 생각밖에 들지 않았다. 이제는 끝이라고 생각했었다. 삶을 끝내려 했었다. 더 이상 고통을 겪고 싶지 않다고 생각했었다.

차라리 죽는 게 나을 것 같던 때가 있었다. 죽음 외에는 선택지가 없다고 생각한 적이 있다. 남들이 보기에는 뭐 그런 하찮은 이유로 죽음까지 생각하는지 이해할 수 없겠지만 그때는 그랬다. 그러지 않았다면 좋았겠지만 어쩔 수 없었다. 지금 생각해보면 모든 게 끝장이라 생각했을 때, 그러니까 모든 걸 놓아버렸을 때 생에 새로운 전환이 일어났다. 한 사람을 만났고 새로운 삶을 시작할 기회가 보였다. 생을 놓아버렸을 때, 죽음 외에는 길이 보이지 않을 때 사람은 자신과 마주하게 된다. 모든 관계와 책임에서 벗어났을 때 사람은 그는 온전한 자신이 된다. 원래 왔던 곳으로 돌아가거나 아니면 본래의 자신으로 살아가거나.

이왕 망쳐버린 인생이라면 한 번쯤은 제멋대로 살아 봐도 괜찮겠지. 기껏해야 죽기밖에 더하겠어. 죽고 나면 걱정할 일도 없겠지. 끝이라 생각하니 운명은 두 번째 무대를 열어주었다. 사는 건 간단치 않다고들 말하지만, 아무리 복잡한 상황이라도 단순화 시킬 수 있는 게 지혜가 아닐까. 지혜는 단순한 것이고 그것을 행동으로 옮기는 게 용기가 아닐까. 소중하게 여기는 것을 모두 잃어버려도 죽을 용기만 남아있다면 아직 끝나지 않은 거다. 지금 싸우지 않는다고 칼을 버릴 필요는 없으니까. 한동안 쓰지 않았다고 펜을 던질 이유는 없으니까.

아무것도 아닌 기분이 든다고
삶을 놓아버릴 필요는 없으니까.

그해 마지막에 나온 채소나 과일을 끝물이라 부른다. 활발하던 기세가 사그라지는 걸 뜻하기도 하는데 나이 드는 걸 서러워하는 까닭이 거기 있겠지. 부처는 인생을 고해라 했고 사람들은 세월을 강물에 비유한다. 인생이 물의 여정을 닮았다면 끝물이라고 아쉬워할 것 없다. 강과 바다가 만나는 지점은 고요한 법이다. 세월을 들여 바다가 되는 일이 인생 아니겠는가. 아무도 없는 고요한 곳에서 새로운 여정을 시작할 수도 있겠지. 남들이 보기에 아무것도 아닌 이유로도 끝을 생각했는데 남들 따윈 신경 쓰지 않고 살아볼 수도 있지 않을까. 모두의 마음에 드는 사람이 없듯이 완벽하게 마음에 드는 인생도 불가능하다. 하지만 온 몸을 던져 살아보는 일 정도는 가능하다. 적어도 온 몸을 던진 한순간이 있다면 그걸로 괜찮지 않을까. 괜찮지 않으면 또 어때서.

왜 하필 나에게만 일어났는지. 생각하는 것보단 어차피 누구에게나 일어날 수 있는 일이라고 담담하게 받아들이는 편이 평화롭다.

죽지만 않으면 괜찮다. 죽고 나면 다 상관 없어질 거다. 기껏해야 죽기밖에 더하겠어. 어떤 상황도 개의치 않게 해주는 힘이 센 말이다. 조급해지고 불안하고 괴로울 때마다, 기껏해야 죽기밖에 더하겠어. 되뇌면 마음이 편안해진다. 게으름을 좀 부려도 될 것 같고, 쉬어도 죄책감이 들지 않는다. 먹고 싶은 음식을 먹고, 가고 싶은 장소에 가고, 하고 싶은 일을 해도 될 것 같다. 어차피 아무것도 갖고 갈 수 없으니 제멋대로 살아도 괜찮을 것 같다. 총총 바삐 걷던 발걸음은 느긋해지고 잔뜩 힘이 들어갔던 어깨가 스르르 풀린다. 무언가 이루지 못하면 어때서. 기쁨을 미루지 않기로 하자. 나를 위해 무언가를 했다면 이미 대단한 걸 해낸 거니까.

실패를 무릅쓸 각오를 한다

직장에 다닐 때부터 종종 자기 소개서를 봐 주고는 했다. 얼마 전에는 이십 대 친구들이 아닌 예순이 넘으신 분의 자기소개서를 봐드리게 되었다. 손을 댈 부분도 거의 없고 고민할 지점도 없었다. 몇십 년간 쌓아온 경력은 더할 나위 없이 직무에 적합했다. 어쩌면 당연한 게 아닐까. 스무 살까지 동일한 교육과정을 거친 이들에게 몇 년 만에 남들과 차별되는 무언가를 요구한다는 게 말이 되는 일일까. 단군 이래 최고의 스펙으로도 취업을 못하는 현실이 과연 정상일까, 씁쓸한 기분이 들었다. 동시에 한 편으로는 갈 수 있는 길이 그것뿐일까. 그런 생각도 들었다. 내세울 게 없다 해도 가능성을 내보일 수 있으면 그걸로 충분한 게 아닐까. 어르신의 삶도 생각한 대로 흘러오지 않았지만 그 분의 삶이 되었듯이 그들이 살아갈 날들 역시 이미 '끝났다' 고 단정 짓기에는 선부른 게 아닐까. 무한한 가능성을 지닌 그들이 너무 빨리 지치지 않기를 바랐다. 해야 할 일은 항상 너무 많아서 그걸 모두 다 할 수는 없다고 말해주고 싶었다. 사람들이 말하는 길로 가지 않아도 괜찮다고 말해주고 싶었다. 제자리걸음 같지만 나아가고 있다고 말해주고 싶었다. 할 일을 모두 끝내기란 불가능하고, 남들처럼 사는 것도 쉽지 않지만, 하고 싶은 일을 조금쯤 해보는 건 가능하다고 말해주고 싶었다. 서글픈 병목현상. 젊은이들이 좁은 유리병 입구로 들어가려 다른 이들을 걷어차고 밀어내고, 반대편에서는 이십 년 후의 그들이 어떻게든 버티려 안간힘을 쓰고 있다. 바늘구멍을 통과하려 자신을 깎아내는 젊은이들과 바늘방석에 앉아 있는 어른들. 과연 길은 그것뿐일까.

실패를 무릅쓸 각오를 하면 어떨까. 기껏해야 죽기밖에 더하겠어. 그런 마음이면 어떨까. 모든 선택은 생을 다른 장소로 인도한다. 무언가를 포기하거나 익숙한 장소에도 벗어나도 여행은 끝나지 않는다. 단지 여행할 공간이 달라질 뿐이다. 두려워할 필요 없다. 에피쿠로스의 말처럼 죽음이 이곳에 왔을 때 나는 이곳에 없을 테니까. 죽음을 두려워하는 이유는 그것이 내가 아닌 상태이기 때문이다. 삶에서 두려워해야 하는 것도 그것뿐이다. 선택이 어디로 데려갈지 알 수 없지만 어디로 가더라도 나로 존재할 수 있다면 그걸로 괜찮지 않을까. 실수를 개의치 않고 때로 실패를 무릅써야 한다. 그러면 길을 잃는 일은 있어도 자신을 잃는 일은 없을 거다. 꽃이 지지 않고 봄이 계속된다면 열매 역시 없겠지. 실패를 두려워하면 아무것도 못하지만, 아무것도 아닌 상태를 두려워하면 실패라도 하게 된다. 일어나지도 않은 일을 걱정하고, 이미 벌어진 일을 고민하며 보내기에 인생은 너무 짧다. 마음만 쓰면 걱정이 되고 몸까지 쓰면 열정이 된다. 그래도 되는 건지 알아낼 방법은 일단 그래보는 수밖에 없다. 이걸 하다가 죽어도 좋겠다 싶은 일을 찾아내고 과감하게 저지르는 거다. 사랑이건 꿈이건 자신을 던질 무언가가 있다면 괜찮은 인생 아닐까. 결과야 어쨌든 거기에 쓴 시간만큼은 자신으로 살았다고 말할 수 있다. 그것만으로 성공이라 여긴다면 가지 못할 길은 없을 거다. 얼마나 힘든 일인지 안다. 살아남기 위해 안간힘을 써봤기에 안다. 그러나 살아있다는 사실 자체로도 기적이라는 사실도 안다. 꿈을 위해 살아 본 사람은 안다.

꿈을 이루는 건 대단한 일이지만 꿈을 계속 꾸는 것만으로도 근사한 일이라는 걸.

인생은 한 번 뿐이지만 살아볼 수 있는 삶은 하나가 아니니까. 이 사람이다 싶으면 마음을 내어주고, 이거다 싶으면 시간을 내어준다. 그때마다 새로운 삶을 살게 된다. 잘되지 않으면 어때서. 잘 살아내긴 한 거니까. 죽을 각오로 살라는 말이 꼭 무언가를 이루라는 뜻은 아닐 테니까. 죽을 각오로 대충 적당히. 온 몸을 던지되, 던지는 행위 자체를 즐길 수 있다면 인생은 근사해질 거다. 끝을 각오하면 시작해보지 못할 일은 없다. 추락을 두려워하는 새는 굶어 죽는 법이다. 시간이 없어서 못하는 사람은 넘쳐도 안 한다. 돈이 없어서 못하는 사람은 돈이 생기면 다른 일을 한다. 어려서 못한다던 사람은 나이가 들어서 못한다고 한다. 부끄러운 건 구걸하는 게 아니다. 구걸을 해서라도 살려는 각오만 있다면 가보지 못할 길이 없다. 비참함은 상황에서 비롯하지 않는다. 자신을 위해 기쁨을 찾으려는 사람에게 절망은 스며들지 않는다. 정성보다 나은 레시피가 없고 진심보다 압도적인 전략도 없다. 살아서 움직이는 한 아직 끝나지 않은 거고, 움직일 수 있는 한 다시 시작할 수 있는 거니까. 날아오를 필요까지는 없으니 그저 나아가면 된다. 넘어지면 툭툭 털고 일어나면 그만이다. 영혼이 굶주려 죽기 전에, 아직 힘이 남아 있을 때 날갯짓이라도 해봐야 한다.

좋은 비는 내릴 때를 안다지만
지혜로운 이는 때를 기다리지 않고
스스로 물결 되어 나아간다.

제멋대로 살아도 괜찮다

고등학교 진학을 위해 원서를 쓸 때였다. 담임선생은 "지금 네 성적으로는 공고밖에 갈 수 없어, 그것도 부산기공이나 좋은 공고는 못 가, 상고도 계산이 빨라야 하는데 너는 그것도 안 된다고," 말했다 당시 한 반에 5~60명 쯤 됐는데 12등 안에 들어야 A고등학교에 지원을 할 수 있었다. 지원해도 100퍼센트 합격은 아니었다. 다른 중학교 애들보다 점수가 낮으면 다른 지역으로 진학해야 했다. 남녀공학인 B 인문계고등학교는 12~25등 정도에서 지원이 가능했었다. 반에서 끝을 다투던 주제에 '그래도 인문계를 가고 싶은데요?' 'A고등학교에 갈 건데요?' 그렇게 말하는 내게 사랑의 매를 들었던 담임선생의 심정도 이해는 간다. 그도 나름대로 생각해 준 거였겠지. 매를 들어도 고집을 꺾지 않자 부모님을 모시고 오라 했다. '엄마는 일 나가셔셔 저녁이나 돼서야 오시는데요?' 그러다 또 혼이 났다. 일을 마치고 학교로 불려온 엄마에게 담임이 "이러다 애 인생 망칩니다." 어쩌고저쩌고 하니까. "내버려 두세요, 지가 알아서 하겠죠." 그러셨다. 엄마도 깊이 생각하고 말씀하신 건 아니었다. 당장 먹고 살기도 버거웠다. 우리 집 가훈은 가화만사성이었지만 실제로는 어떻게든 살아남기 혹은 어떻게든 버티기 아니었을까 싶은 시절이었다. 엄마의 말이 무책임하게 느껴지지 않았다. 오히려 멋있어 보였다. 초등학교 때 선생들 선물을 사거나 이른바 '성의 표시'를 할 돈을 모으려고 반장 어머니가 전화를 했을 때 "먹고 죽을 돈도 없어요." 말하고 끊었을 때만큼 멋져 보였다. 그때부터 안 하던 공부를 무진장 열심히 했고 턱걸이로 A고등학교에 합격했다. 물론 엄마는 A고등학교가 가까워서 차비가 들어가지 않는다는 점을 기뻐했다. 나 역시 합격한 후에는 다시 무협지나 들여다보고 여자애들과 편지나 주고받았다. 남는 시간에는 돈 벌 궁리만 했다. 하지만 '알아서 한다.'는 마음만은 잊은 적이 없다. 집에 손을 벌리지 않고 자립할 의지는 이전부터 있었다.

삼 년 뒤 수능은 무척 쉬웠다. 나에게는 좋지 않은 소식이었다. 언어는 잘하고 수학은 못해서 겨우 평균에 미치는 정도였다. 내가 언어 영역 만점이라도 평소80~100점인 애들이 100~110점이 되고, 내 수리 점수는 10점인데 평소 20~30점인 애들이 40~60점이 나왔으니 그야말로 망한 거였다. 출제위원을 욕한다고 달라질 것은 없었다. 수능 다음 날부터 대학 학비를 벌려고 주유소 알바를 했고 아버지는 배를 타러 나갔다. 어느 과로 갈지는 정해져 있었다. 고3 때 담임선생을 좋아했던 건 내가 '알아서 하는 녀석' 이란 걸 인정해 준 부분이었다. 물론 인정해 주지 않아도 알아서 했겠지만 기분 좋은 일이니까. 지금처럼 인터넷으로 접수하는 시절이 아니었다. 모집 기간 별로 가나다라 군에서 딱 하나의 대학만 골라 지원을 할 수 있었다. 지원 기간은 각 군 별로 이틀인가 삼일인가 그랬을 거다. 그래서 막판 눈치 접수니 뭐니 그런 게 있었다. 아마 돈도 시간도 많은 친구들이나 대학에 인생을 건 친구들은 그렇게 했을 거다. 끝까지 경쟁률을 살피고 치밀하게 계획하여 접수한 친구들은 훨씬 나은 삶을 살고 있을지도 모른다. 하지만 내게는 국립대가 아니면 안 된다는 규칙이 있었다. 학비가 싸니까. 국문학과가 아니면 안 갈 거라는 확신이 있었기에 3개 대학에 모두 1번으로 지원했다. 안 되면 돈을 벌면 되니까. 뜻대로 되지 않아도 생각대로 살아갈 각오가 되어 있었다. 그 이후로도 인생은 뜻대로 풀리지 않았다. 오히려 뜻대로 되지 않은 경우가 압도적으로 많았다. 성공의 단 맛보다 실패의 쓴맛을 자주 봤다. 고통스러웠지만 몸에 좋은 약이 쓰듯이 마음에 좋은 약도 쓴 법이었다. 덕분에 조금은 강한 사람이 될 수 있었다. 몇 번이고 포기하고 싶은 순간이 있었지만 그것 또한 스스로의 선택이었다. 어떻게든 '알아서 하며' 살아왔다. 그것만은 긍지로 여겨도 좋으리라. 상황은 뜻대로 흘러가지 않고 현실은 녹록치 않지만 어떤 상황이라도 어떻게든 했다. 삐딱한 인간이라서 그런 지 다른 사람들이 정답이라고 말해도 고분고분 따르기는 싫었다. 그래서 고작 이 정도의 삶밖에 살지 못하는 건지도 모르지만 그렇기에 나의 인생이 되었다. 타인의 견해에 따라 살면 노예와 다를 게 뭐가 있나. 정해진 결론을 향해 달려가면 결말을 알고 보는 영화와 다를 게 뭐가 있나. 쉽지만은 않았지만 그래도 재미있었다. 사람들의 말을 새겨듣는 건 중요하다. 그러나 자신의 마음을 따르는 건 본질적인 일이다. 길을 알기에 여기까지 온 게 아니라 나를 알기에 지금에 이를 수 있었다. 아직도 세상은 이해할 수 없는 것투성이지만 적어도 지금까지 걸어 온 길은 납득할 수 있다. 있어 보이는 곳을 향하던 때보다 있는 그대로의 나로 돌아오는 길이 훨씬 즐거웠다. 발걸음은 가벼웠고 가보지 못할 길은 없었다. 살아있으면 어떻게든 되게 되어 있다. 삶이 끝나면 어떻게 되든 상관없어진다. 그 사이의 잠깐의 여정을 어떻게 할 것인가. 버스를 잘못 탄 것 같다면 얼른 내려야 한다. 앉아 가는 게 편하다고 끝까지 갈 수는 없다. 세상이 끝나버릴 것 같아도 일단 내리면 새로운 길이 보이기 마련이다. 이 길뿐이라 생각한 곳을 벗어났었다. 도무지 길이 아닌 것 같은 장소를 걸었다. 길을 잃은 적은 헤아릴 수 없었다.

그럼에도 여기까지 온 걸 보면
내가 걸은 곳이 길이었다.
나는 길을 만드는 사람이었다.

세상은 바꾸지 못하겠지만 세상을 느끼는 방식은 변화시킬 수 있으니까. 꿈이 이루어지면 좋겠지만 꿈을 꾸며 사는 것만으로도 근사한 일이다. 무슨 일이 일어날지 모르는 게 인생이라지만 어떤 일이라도 인생이 될 것을 알고 있으니까. 때로 제 몸 하나 가눌 수 없고 마음 하나 가리지 못하는 것이 사람이지만 몸을 움직이고 마음만 따라도 빛나는 것이 인생이니까. 과연 할 수 있을까. 생각하는 순간 대부분의 일을 시작조차 못하게 되더라. 잘하지 못하면 어때서. 마음먹으니 해보지 못할 일이 없어지더라. '이래도 될까?' 싶은 일들이 내가 가진 전부였다. 마땅히 누려야 할 모든 것이었다. 이래도 될까 싶을 때 고백하고, 사랑하고, 꿈꾸고 몸을 던지지 않으면 멋진 일은 일어나지 않는다. 이래도 될까 싶은 것들이 삶이 준 선물이니까.

불행은 삶을 지배하지 못한다

태풍이 비를 토해낸다. 집 앞 도로가 흙탕물에 잠겼고 천둥소리 요란하다. 큰 피해 없이 지나가길 바랄 뿐 별 다를 거 없는 밤이다. 결국 태풍은 지나가고 일상은 계속될 테니까. 내가 자란 동네는 걸핏하면 물에 잠기는 상습 침수 지역이었다. 태풍이 오거나 폭우가 쏟아지면 동네가 통째로 떠내려가는 것 같았다. 유리가 깨지거나 집 안까지 물이 차는 일도 드물지 않았다. 장롱 위에 텔레비전을 올리고 전기 코드를 뽑고 이불로 문턱을 막았다. 다음 날이면 걸레로 흙탕물을 닦아내고 쓰레기를 버렸다. 아무 일 없던 것처럼 하루를 시작했다. 물에 빠진 사람이 비를 두려워하지 않는 것처럼 모진 일을 겪어낸 사람은 웬만한 일에는 흔들리지 않게 된다. 아버지도 그렇게 보냈는데 어떤 상실이 나를 흔들 수 있을까. 그토록 사랑한 사람과 이별하고도 살아가는데 무엇이 나를 무너뜨릴 수 있을까. 임금체불에 폭력, 감금에 협박까지 당해봤는데 뭐가 무서울까. 일하다 죽을 뻔했던 적이 몇 번이었나. 다치거나 아팠던 적은 헤아릴 수 없다. 목숨을 끊으려 할 만큼 힘겨웠던 적도 있었다. 즐거운 일은 아니었지만 고통은 내게 무언가를 남기고 갔다. 자랑스러울 것 없는 고난이었지만 나를 단단하게 만들었다. 겪지 않으면 좋았을 일이었지만 나만의 이야기를 엮기 위해서 필요했던 일이었다.

지금껏 모든 순간마다 반드시 해야 할 선택을 했다. 어떤 결과를 가져왔건 그 순간에는 그렇게 해야만 했다. 삶은 선택의 합이다. 옳고 그름이나 결과에 좌우되지 않는다. 삶은 자신의 선택을 대하는 자세에 따라 달라진다. 자신의 선택을 존중하면 운명도 그를 존중할 테지만 선택을 무시하고 의심한다면 운명 역시 그렇게 대할 것이다. 지금껏 한 선택들은 마땅히 그래야만 했던 것이다. 그 사실을 깨달아야만 마땅히 누려야 할 삶의 주인으로서의 지위를 되찾게 된다. 선택된 사람보다 위대한 존재는 자신의 선택을 믿는 이다. 그에게 군림할 수 있는 운명은 없다. 불행은 삶을 짓밟을 순 있어도 지배할 수는 없다. 선택을 믿는 건 자신을 의심하지 않는 일이다. 스스로를 확신하는 영혼은 불확실한 내일을 두려워하지 않는다. 어디에 있건 그가 있는 곳이 그가 있을 곳이다.

믿음을 받은 선택은 길을 만들어 낸다.
싸워보지 않으면 모른다.
그러니 살아보지 않으면 안 된다.

옳은 결정을 따르는 건 쉬운 일이다. 좋은 결과를 이끌어냈기에 옳은 선택이 아니라 자신의 선택이었기에 옳은 거다. 그 시점에서는 알 수 없었지만 자신의 선택을 믿어주는 순간, 그보다 옳은 선택지는 존재하지 않게 된다. 세월이 지나 의미를 갖지 못하는 사건이 없듯이 이유가 필요한 시작도 존재하지 않는다. 숫자에 매몰되면 이야기를 읽지 못하게 된다. 평균은 비교하게 만들고 통계는 사람을 지워버린다. 선택의 여지가 없는 게 아니라 당장 마음에 드는 선택지가 없을 뿐이다. 지금이 자신의 판단을 믿어줄 시간이다. 씨앗은 천 년을 살아남지만 천 년을 버틴 건 꽃을 피우기 위해서다. 주사위를 던지지 않으면 어떤 결과도 나오지 않는다. 자신을 던지지 않고 꿀 수 있는 꿈은 없다. 의심하는 건 마음을 남긴 까닭이다. 마음을 내어주지 않으면 후회가 되고 마음을 다하지 않으면 미련으로 남는다. 아무것도 남지 않았을 때 찾아오는 건 끝이지 절망이 아니다. 늦었다고 생각되는 건 아직 끝장나진 않은 거다. 생은 본래 죽음에 패배하기로 예정된 시작이 아니던가. 지금 이 순간도 누군가 세상을 떠났을 거다. 지금 이 순간도 내게서 멀어지고 있다. 오늘도 무수한 지금이 내게 왔다가 사라져갔다. 아무것도 아닌 순간은 없었다. 아무것도 남기지 않은 아픔도 없었다. 살아있는 한 아무것도 남지 않은 때는 없다. 생명을 잃지 않는 한 삶은 가라앉지 않는다. 아픔을 느끼는 한 끝나지 않은 거고 끝나고 나면 아플 일도 없겠지. 밤새 안녕하지 못했더라도 다가올 아침에 안녕이라고 말해야지.

굳이 잘하기까지 해야 할까

일로 만난 사이지만 가게에서 함께 일하던 친구들과 살갑게 지냈다. 처음 일을 시작했을 때는 직원들과 몇 살 차이 나지 않아 형 동생하며 지냈다. 가족보다 오랜 시간을 함께하니 정이 들 수밖에 없었다. 온갖 일을 같이 겪고 힘겨움을 나누고, 밥 먹고 술 마시고 어울리다 보니 가까워질 수밖에 없었다. 시험 전에는 공부를 하게 해주고 축제 때에는 돌아가며 놀다 오라 했다. 조언을 구하면 진심으로 들어주었다. 연애 상담부터 진로 상담, 가족사까지 함께 나눴다. 생일이면 미역국을 끓여주었다. 타지에서 와 자취하는 대학생이 대부분이라 케이크는 받아도 미역국 한 그릇 먹기 힘들 테니까. 일을 그만두고도 놀러 오는 이들이 많아서 내 돈 주고 커피를 마시는 날이 드물었다. 특히 취업을 하고 찾아와주는 친구들을 보면 고마웠다. 덕분이라며 명함을 건네주면 뿌듯했다. 은행에 들어간 친구, 공무원이 된 친구, 회사에 들어간 친구들이 건네준 명함은 내 기쁨이기도 했다. 위스키를 좋아하던 때라 취업한 친구들이 가져온 위스키 병이 가게 장식장을 가득 채우고도 모자랄 정도였다. 저건 누가 가져온 거, 저건 언제 마신 거 자랑스레 늘어놓았다. 어느 날인가 취업을 준비하던 동생에게 연락이 왔다. 그는 대화 끝 무렵에 잘 돼서 찾아뵙겠다고 했다. 가슴이 철렁했다. 잘되지 않아도 괜찮다고, 힘들 때 언제든 찾아오라고 입버릇처럼 말했지만 그렇게 생각할 수도 있었다. 잘 된 사람들을 이야기하니 상대적으로 위축되는 게 당연했다. 잘 되어야 찾아 올 수 있는 사람이 되어버렸던 거다. 잘되지 않으면 어때서, 다들 마음을 다해서 살고 있는데. 그 뒤로는 건강하라고 밥 잘 챙겨먹으라는 안부만 전했다. 일로 만난 사이에 불과한데도 그런 생각을 하는데 가족이나 친구, 연인에게 그런 말을 들으면 얼마나 힘들까.

우리는 '잘'에 집착하느라
삶에 집중할 시간이 없는 게 아닐까.

잘 자, 잘 가, 잘 될 거야. 잘 할 거야. 잘 먹고 잘 사는 법, 세대를 막론하고 쓴다. '잘'이라는 단어에 구속되어 사는 건 아닐까. '잘' 그러니까 옳고 바르게, 훌륭해야 하는 거다. 바르게 자야하고, 옳게 먹어야 하고, 훌륭하게 살아야 하고. 굳이 잘하기까지 해야 하는 걸까. 대충 적당히 하면 안 되는 걸까. 조금만 어긋나도 돌이킬 수 없는 선택이 되고, 한 번의 실수로 구제불능의 사람이 되는 건 강박이 아닐까. 한때 유행했던 웰빙이란 단어도 같은 맥락이 아닐까. 웰 빙 푸드를 먹지 않으면 건강하지 않은 거고 웰 메이드 제품을 쓰지 않으면 불편한 걸까. 'well' 이라는 단어는 노골적이다. 잘 사는 걸 넘어서 철저하고 완전해야 한다. 굳이 그렇게까지 살아야 할까. 제대로 균형 잡힌 식단이나 더할 나위 없이 좋은 물건이 아니라도 괜찮지 않을까. 칼로리를 따지고 영양 성분을 계산하고 어디에 좋은 음식인지 따지고 어떤 사람이 무슨 재료로 만들었는지 그렇게까지 신경 쓸 필요가 있을까. 과일이든 고기든 뭘 검색하기만 하면 효능과 부작용. 칼로리까지 따라 나온다. 그거 조금 먹는다고 뭐가 그리 건강해질까. 그거 조금 먹어봐야 뭐가 그리 나빠질까. 과하지만 않으면 칼로리가 무슨 상관일까. 대충 적당히 편하게 살고 싶다. 맛있으면 그걸로 된 거다. 잘하지 않아도 괜찮다. 어떻게 살아도 삶은 아름답다. 그런 마음으로 살고 싶다. 잘 될지 몰라도 일단 저지르며 살고 싶다. '잘'이란 단어는 타인과 비교하게 만든다. 잘하고 있는지, 잘 살고 있는지, 잘 되고 있는지 두리번거리다 길을 잃게 만든다. 그냥 대충 살아도 괜찮다. 남들처럼 살지 않아도 된다. 남들만큼 하지 않아도 괜찮다. 이제 좀 편하게 살아 보자. 어떤 하루도 반복되지 않는다. 오늘은 세상 누구도 살아보지 못한 날이다. 무사히 지속되는 일상을 기적으로 여기지 않는다면 감사한 일이란 없겠지. 감사하지 않는다면 애쓰지 않아도 주어지는 새로운 기회도, 무엇이든 시작할 수 있는 충분한 시간도, 단 한 번도 같은 적 없었던 풍경도, 아무 감흥도 없는 지겨운 일상이 되겠지. 어린아이들이 나물이나 김치 맛을 모르는 것처럼 새로운 하루를 느끼지 못한다면 인생의 깊은 맛도 알 수 없을 거다. 세상은 이미 기쁨으로 가득 차 있다. 내게 필요한 것은 놀라움을 느낄 마음과 기쁨을 음미할 시간뿐이다. 한 덩이 밥으로 하루를 살 수 있듯 한 번의 감사로 행복을 살 수 있다.

누군가로 인해 희망했고 무언가로 인해 절망했다. 희망도 절망도 충분했다. 이제 자신을 욕망하며 살려 한다. 모든 일에도 불구하고 지금까지 살아남은 데는 이유가 있을 테니까. 그것은 신의 뜻이고 운명이 이끌어준 까닭이지만. 무엇보다 내가 살아남길 원했기 때문이다. 스스로 원인이 될 수 있는데 무엇을 두려워할까. 언제 끝날지 모르는데 망설일 이유가 있을까. 끝이 언제가 되건 지금 나로 살아있으면 된다. 그것 외에는 바라는 것도 없고 그것 말고 해야 할 일도 없다. 제대로 해내야 한다는 강박이 손을 묶고 무언가 이뤄야 한다는 압박감이 발을 꼬이게 한다. 안 되면 뭐, 못하면 어때서. 일단 해보는 거다. 참가에 의의를 둔다. 시도에 의미를 준다. 가다가 아니 가면 어때서. 끝까지 해내지 못하면 어때서. 실패가 아니다. 제대로 사는 중이다. 삶을 이어가는 중이다. 나의 생을 그리는 중이다. 왜 대단한 일을 해내야 하는데, 그저 하는 걸로 특별한데. 자신으로 사는 것보다 특별한 일이 어디 있는가. 당연하지 않은 것에 감사하며, 망설이지 않고 해야 할 일을 하면 된다. 의사는 사람을 구하다 죽고 군인은 나라를 지키다 죽고 가수는 무대에서 죽는다지만 무슨 일을 하건 어디에 있건 그저 사람으로 죽을 수 있길 바란다. 무엇보다 남은 여정은 나 자신과 함께 있길 원한다. 옳음을 다투는 일에 집착하기보다 기쁨을 다루는 일에 집중하기로 하자. 이해하고 난 후에는 늦다. 봄은 끝나고 사람은 떠난다. 해는 저물어 그림자도 보이지 않고 미안하다는 말은 저 편에 닿지 않는다. 생각하느라 소중한 시간을 잃는다. 시간이 지나야 알게 되는 지혜를 사람들은 후회라고 부른다. 미련은 다음을 위해 남겨두고 지금을 그저 사랑하기만 하자. 본능을 따라가면 된다. 욕심에 휘둘리지 말고, 희망에 속지 말고, 절망에 머물지 말고 마음의 길을 따라가기로 하자. 도착지는 같아도 전혀 다른 세상을 여행하게 될 테니까.

나를 위한 소리가 들리지 않을 때

사람들 사이에서 <신호 없음>이 된 기분일 때, 노력한 일에 대한 결과가 <응답 없음>이 계속될 때, 저 앞에 무엇이 있는지, 과연 이 길이 맞는 건지 <알 수 없음> 상태일 때, 지금까지의 나를 불러 모아 회의를 할 시간이다. 고요 속으로 내려가 마음의 목소리를 듣는다. 신호 없음 상태일 때 존재는 스스로 빛을 내는 법을 찾는다. 아무런 응답도 없을 때 영혼은 필요했던 질문을 시작한다. 어디로 가야 할지 알 수 없을 때 사람은 스스로 길이 되는 법을 배운다. 오롯한 존재가 되기 위해 반드시 거쳐야 할 관문이다. 사랑했기에 겪는 일이다. 꿈을 놓지 않았기에 닿은 장소다. 아직 영혼이 살아있기에 느끼는 감정이다. 살아있는 존재만이 자신을 아파할 수 있다. 아무것도 아닌 기분이 들 때는 알이었던 것이 살아 움직이는 존재가 되려고 자신을 깨뜨리는 순간이다. 고치였던 것이 하늘을 향해 날개를 펼치는 찰나이다. 씨앗이 갈라지며 싹이 돋기 직전의 상태이다. 변화의 한가운데 서 있기에 어떤 말로도 설명할 수 없고 무엇으로도 규정될 수 없는 순간이다. 나비나 새가 그러할 진데, 새우나 게도 몇 번의 탈바꿈을 거쳐 성장하는데, 사람의 영혼이라고 다를까. 아무것도 아닌 것으로 남지 않기 위해, 다음 단계로 넘어가기 위해, 진정한 자신이 되기 위해 존재는 아무것도 아닌 기분을 허락한다. 어디에서도 나를 향한 소리가 들리지 않을 때, 자신을 위한 소리를 만들어 낼 순간이다. 뭐가 되긴 하겠지. 계속 두드리면 뭐 하나는 되겠지. 도전을 이어가면 실패에 머무르지 않겠지. 나아지지 않아도 나아가게 되겠지. 뜻대로 되는 일 하나 없어도 말한 대로 살게 되겠지. 올리브 나무는 뿌리를 내리는데 십오 년이 걸리지만 천 년 동안 열매를 맺는다. 지금 역시 그러한 순간 일 테지. 아무것도 되지 않아도 인생이 되긴 하겠지. 삽질이 될까 걱정하면 금맥을 발견하기는커녕 풀 한 포기 피우지 못하고 끝나버리고 말겠지.

죽으려고 마음먹으면 방법은 얼마든지 있듯이
살려고 하는 사람에게 길은 보이는 법이니까.

한 번이라도 자신을 위해 살아보는 거다. 낭만이 밥 먹여 주진 않지만 살아갈 이유는 되어준다. 사랑만으로 살 수 없다지만 사랑이 없다면 살아갈 이유가 없다. 아무 문제도 없는 영화 주인공을 본 적 없고 아무 사건도 일어나지 않는 소설을 읽은 적도 없다. 주인공들은 고난을 헤치고 시련에 맞서 이야기의 끝을 향해 나아간다. 영화의 정수는 엔딩 크레디트에 찍힌 이름이 아닌 러닝 타임 속에 있다. 드라마나 소설만큼 극적이진 않더라도 저마다의 삶에는 생명력이 깃들어 있다. 아무런 일도 일어나지 않는다면 삶이 아니겠지. 아무 문제도 없는 사람은 없다. 답을 찾거나 답이 되거나. 오늘 기쁨을 느낄 수 없다면 약간의 불안을 이자로 내더라도 내일의 기쁨을 오늘로 가져오는 거다. 세상 어디에도 가야만 할 장소는 없다. 삶은 저마다 자신에게 이르는 길을 만드는 과정이기에. 닭이 먼저든 달걀이 먼저든, 소리 높여 아침을 노래하면 된다. 슬픔이 아픔에 저항하는 힘에서 오듯이, 기쁨은 지금을 수용하는 마음에서 온다. 내일은 지금 결정할 만큼 사소하지도, 지금을 포기할 만큼 대단하지도 않다. 내일은 나아지겠지. 기대하기보다 오늘 어땠는지 나에게 물으며 살려 한다.

꽃병에 꽃을 꽂듯이 살아야 한다. 세상은 무엇도 요구한 적 없다. 나에게는 세상에서 무엇을 욕망할지 결정할 권리가 있다. 존재는 스스로를 선택할 자유를 지니고 태어난다. 진실을 깨달으면 삶은 아름다운 꽃병이 된다. 비닐봉투는 무언가를 담기 위해 만들어지고 소용이 다하면 버려지지만, 꽃병으로 살면 꽃이 시들어도 다음 꽃을 기다리듯 순간을 살아낼 수 있다. 뜨거운 피가 흐르는 한 다시 빚어내지 못할 삶이 있을까. 자신의 일상을 소중히 여기는 일은 세상을 지키는 일이기도 하다. 한 사람의 삶이 따뜻해지는 만큼 세상의 봄은 가까워진다. 과감함은 더하고 뺄 것을 알아 온전한 자신만 남기는 것을 말한다. 다음을 생각하는 게 나쁜 건 아니지만 지금을 삼켜버리면 안 된다. 어떻게 될지 모를 내일을 위해 오늘을 포기하지 않기로 하자. 형체가 있는 길이 사람과 사람을 이어주듯이 형체가 없는 길은 삶과 자신을 잇는다. 길은 마음 안에 있다. 그러면 이해할 수 없어도 납득할 수 있고, 때로 납득하지 못할 일이 생겨도 삶을 사랑할 수 있을 테니까. 모두의 동의를 구하느라 자신조차 공감하지 못할 삶을 살지 않을 테니까. 적당한 상황을 기다리느라 무수한 기회를 놓치지 않을 테니까. 무심코 걸어야 행운과 마주하는 법이고, 유심히 봐야 행복을 놓치지 않는 법이다. 때로 집으로 돌아가는 게 목표인 하루가 있듯이, 가끔은 내게 돌아오는 게 목적인 순간도 있는 거다. 길을 잃은 게 아니라 뜻밖의 여행을 한 거다. 세월에 담가둔 만큼 사람은 향기로워진다. 일 년 후 세상에 없어도 억울하지 않을 한 해를 살자. 내일 일어나지 못해도 납득할 수 있는 오늘을 살자. 서른 줄이다. 마흔 줄이다. 그딴 말은 신경 쓸 필요 없다. 그저 인생에 들어서는 중일뿐이니까.

인생의 하이라이트는 지금

어쩌다 고등학생이 권투선수에게 도전하는 영상을 보게 되었다. 언뜻 보면 무자비하게 두드려 맞기만 한다. 프로 복싱 챔피언에게 도전한 아마추어. 시합 잘 봤다며 스파링 한번 해보자고 온 고등학생이 챔피언 눈에는 얼마나 가소로웠을까. 고등학생은 보호구를 끼라는 챔피언의 말을 무시하고 링에 오른다. 실력 차는 어마어마하다. 문외한인 내가 봐도 저건 안 되겠는데 느낄 정도였다. 챔피언은 몇 번쯤 맞아주더니 바로 견적을 낸 듯 반격에 나선다. 연속 바디 두 번에 첫 번째 다운. 고등학생은 벌떡 일어나 씩 웃는다. 어설픈 펀치를 내면서도 계속 버텨낸다. 챔피언의 연속 콤비네이션, 사이드 잡고 다시 팡! 두 번째 다운. 고등학생은 그래도 다시 일어선다. 아직 포기하지 않았다. 챔피언은 슬쩍 맞아주며 들어간다. 도전자는 처음에는 비어있던 가드를 바짝 올린다. 그러자 묵직하게 들어가는 챔피언의 바디 샷! 도전자의 주먹을 가볍게 피해내는 챔피언. 그래도 도전자는 계속 주먹을 낸다. 일 라운드를 버텨낸 도전자. 다시 바디 콤비네이션을 맞고 도전자는 주저앉고 만다.

도전자의 기회는 이게 끝일지도 모른다. 무모하고 쓸모없는 짓인지도 모른다. 적어도 그는 도망치지 않았다. 다리가 풀렸어도 도전자는 계속해서 일어났다. 챔피언의 자질은 따로 있을지 모른다. 도전자는 영원히 챔피언이 되지 못할지도 모른다. 하지만 경기하는 동안만큼은 그들은 동등했다. 동등이란 말은 오직 그때에만 쓰일 수 있다고 믿는다. 두 사람 혹은 몇몇의 사람들이 온 힘을 다해 얽혀 드는 단 한순간에 깃드는 진실이 있다고 믿는다. 그리고 진실을 간직한 사람의 영혼이 빛을 잃는 일은 결코 없으리라 믿는다. 그렇게 달려들던 마음가짐이라면 뭐라도 해내지 않을까. 챔피언의 삶도, 도전자의 삶도 알지 못하지만, 그래도 하나는 안다. 링에 올라 진심으로 싸우는 그 순간에 그들이 살아있었다는 걸 안다. 도전자나 챔피언, 어느 위치에 있는가는 그리 중요한 일이 아니었다. 본질은 진심을 다해 싸우려는 마음뿐이었다. 생면부지의 사람과 싸우려는 마음, 그건 무언가를 가지거나 다투려는 마음은 아니었을 거다. 그저 자신의 온 힘을 다해 무언가와 부딪치려는 순수한 욕망이었을 거다. 그게 그를 일으킨 힘이었을 거다. 그러한 힘은 아직 나에게도 남아 있을 거다.

중요한 건 생각을 많이 하는 게 아니라 중요한 것에 대해 생각하는 것이다. 중요한 것에 대해 생각하고 그것을 행동으로 옮기는 순간, 대부분의 문제는 해결된다. 행동이 스스로 해답이 되기 때문이다. 제대로 모른다면 말해서는 안 되고 제대로 안다면 말할 필요가 없다. '아는' 것은 생의 본질에 닿지 못한다. 정상 비정상이 어디 있을까. 각자의 세상을 사는 거지. 늦고 빠른 걸 무엇으로 나눌까.

저마다의 계절을 사는 거지.
나이를 핑계 삼지 않고
나를 근거로 움직이는 사람이기를.

선택받지 못한 자의 기쁨

트렌드에 딱히 관심 없다. 유행하는 패션을 따라 할 생각도 들지 않고 대세라는 예능에도 관심이 없다. BTS의 국위 선양이 자랑스럽지만 그들의 음악을 듣지 않는다. 엄마도 보는 유튜브를 보지 않는다. 알고리즘을 따르는 것보다 발길 닿는 대로 걷기를 즐긴다. 신용카드는커녕 체크카드조차 쓰지 않는다. 남들 다 있는 운전면허도 없다. 마블 영화에 흥미를 갖지 못한다. 올림픽이나 월드컵에 열광하지 않은 지 오래되었다. 자동차 추격전이 나오면 채널을 돌린다. 부동산에도 관심이 없다. 집이 아무리 넓어도 살아갈 세상으로는 좁지만 몇 평짜리 집이라도 세상을 여행할 배로는 충분하니까. 강남 땅값이 얼마나 오르건 나와는 상관없는 일이다. 누이가 사는 아파트 가격이 올라도 축하해 줄 일일 뿐이다. 지금에 와서 부동산에 투자할 생각은 들지 않는다. 주식 열풍이나 암호 화폐에도 관심이 없다. 장기 투자니 단타니 하는 단어는 알아도 그걸로 돈을 벌어 볼 생각은 없다. 내가 관심을 가지는 것은 글쓰기뿐이다. 누군가 내게 집도 없고 제대로 된 직장도 없는 사람이라고 비난한다 해도 상처받지 않는다. 그건 내 관심사가 아니니까. 시대에 뒤떨어졌다고 욕해도 개의치 않는다. 적어도 나의 계절을 살고 있으니까. 그렇게 열심히 쓴 글이 형편없다고 해도 신경 쓰지 않는다. 이미 마음을 다한 일이니까. 온 힘을 다한 결과물이니까. 지나간 모든 것이 마찬가지다. 끝내 함께 할 수 없었던 인연이라도 마음을 다했으면 된 거다. 화해하지 못하고 보낸 아버지라도 진심을 전했다면 된 거다. 이루지 못한 꿈이라도 최선을 다했다면 이야기가 된 거다. 지나치게 많은 일에 관심을 가지면서 삶은 복잡해진다. 자신이 사랑하지 않는 것에 집착하면서 삶은 괴로워진다. 마음을 주지 않으면 상관없는 일이고 마음을 다했다면 그걸로 된 거다.

분모가 커질수록 자아는 초라해진다. 생각이 많아질수록 삶은 혼란스럽다. 타인의 삶에 자신을 대입시킬 필요 없다. 마주할 일 없는 바깥세상의 숫자들을 생각하느라 자신 안에서 일어나는 경이로움을 느끼지 못하면 생은 초라해진다. 행복해지기란 간단한다. 소중한 것을 찾아 집중하면 된다. 세상을 이해하는 지혜보다 자신 앞의 한 가지 일에 집중하는 힘이 우리를 행복으로 인도한다. 뇌 과학자 얼 밀러 교수는 멀티태스킹은 인간에게 가능하지 않다고 말한다. 불가능한 일을 해내려 애쓰니 힘들지 않을 도리가 없다. 지나치게 많은 것에 대해 생각하느라 무엇도 행동에 옮기지 못한다. 성공에 대한 강박 때문에 아무것도 시도하지 못하게 된다. 능력을 증명하기 위해 지나치게 많은 것들을 감당하려 한다. 무언가를 해내지 않아도 괜찮다. 능력자가 되기 위해 노력하지 않아도 된다. 달릴 때는 발을 앞으로 내미는 것 외에는 생각하지 않아야 한다. 어제의 후회와 내일에 대한 불안을 접지 않으면 지금을 향유할 수 없게 된다. 더 늦기 전에, 무언가 잘못되었다는 인식조차 사라지기 전에 시작해야 한다. 단순하게 집중하는 힘을 기르면 삶이 안온해진다. 오롯한 자신으로 사는 첫걸음이고 때로는 첫걸음이 전부다. 정체가 아닌 균형이다. 정체(停滯)되어 있는 것이 아니라 비로소 몸과 마음의 균형을 이루고 있는 거다. 나의 정체성(正體性)을 찾아낸 거다. 인생사가 그리 간단한 게 아니라면, 세상 일이 그토록 복잡하다면 그런 것들을 단순화시킬 수 있어야 진정한 지혜겠지.

선택받은 사람, 선택하는 사람 어느 쪽이 운명의 주인일까. 영겁의 시간에 비하면 살아있음은 찰나이다. 지극히 예외적이며 일시적인 현상에 불과하다. 일상이라 부르는 것이 얼마나 위태로운지. 오늘 누군가에게 일어난 사고가 내게도 일어날 수 있었다. 지금 어딘가에서 일어나는 재해가 이곳에서 일어날 수 있었다. 영원을 살 것처럼 굴지만 실은 아무것도 아닌 것이다. 언제 어떻게 어디에서 끝날지 알 수 없는 게 인생 아니겠는가. 스스로 선택할 수 있는 건 어떤 마음으로 무엇을 사랑하다 갈 것인가. 고작 그 정도가 고작이다. 짧은 여행이라도 즐거운 추억을 쌓기에 부족하지 않다. 언젠가 죽음을 맞이해야 한다면 그전에 자신을 마주하고 함께 걸을 수 있기를 바란다. 삶이 언젠가 무너질 건물 같은 거라면 한 번쯤 날아 봐도 괜찮지 않을까. 제멋대로 살면 어때서. 그러면 안 될 이유가 있을까. 마음껏 사랑하고 꿈꾸다 떠날 수 있다면 그걸로 충분하지 않을까. 정말 소름끼치는 건 아무 일도 일어나지 않는 게 아닐까. 아무것도 적혀있지 않은 책, 아무 일도 일어나지 않는 영화, 아무 소리도 들리지 않는 노래처럼. 삶에 일어나는 어떤 일도 아무것도 아닌 것보다 나은 일이 아닐까. 앞으로 일어날 일을 알지 못하면 어때서. 내일은 운명이 결정하는 게 아니라 오늘의 내가 선택하는 것이니까. 그냥 세상에 온 것만으로도 선물이라고 생각한다면, 한 번 살아보는 걸로 이득이라고 여긴다면 적어도 두려움은 없겠지.

나이에 맞춰 살거나,
나에 맞추며 살거나.

제 3 장
미식가를 위한 행복은 없다

굳이 행복까지 필요할까

망설임 없이 전화할 사람 한 명만 있어도 성공한 인생 아닐까

통화 버튼 앞에서 망설일 이름 하나만 있어도 근사한 삶 아닐까

제 손으로 밥을 버는 것만으로도 대단한 일 아닌가

누군가를 위해 상을 차려줄 수 있다면 특별한 일 아닌가

제 몸 누일 방 한 칸만 있어도 든든하지 않은가

제 몸 하나 가눌 힘만 있어도 나아갈 수 있지 않은가

나를 위해 울어줄 한 사람만 있어도 괜찮은 삶이 아니겠는가

나를 위해 울어줄 용기가 있다면 그걸로 충분하지 않은가

따라 부를 노래 한 곡만 있어도 나쁘지 않은 삶이다

오늘 읽을 책 한 권만 있어도 제법 괜찮은 삶이다

굳이 행복까지 필요할까

언젠가 오길 바라는 행복의 부피를 줄이면

기쁨을 놓을 자리가 생기지 않을까

성공의 기준을 약간만 낮춰도

감사할 일로 가득한 게 인생 아닐까

행복은 고양이를 닮아서 쫓아갈수록 멀어지지만

기쁨은 강아지 같아서 산책만 나서도 꼬리 흔들며 따라온다

누구도 행복을 가질 수 없다

기쁨을 누릴 수 있을 뿐이다

도대체 그 집에는 뭐가 있는데요

한 잔만 더하고 가라는 친구의 말은 반갑지만 그래도 돌아가야 한다. 하루만 더 있으라는 누이의 말은 고맙지만 그래도 돌아가야 한다. 스위트하진 않아도 고요한 나의 집으로 가야만 한다. 넓지 않아 즐거운, 꾸며져 있지 않아 편안한 나의 집. 반겨주는 사람도 없고 냉장고도 비어있지만 그래서 좋다. 스스로 만들어내지 않으면 아무런 소음도 없는 장소다. 굳이 뭔가를 하지 않아도 괜찮은 곳이다. 왜 하필 라오스 같은 곳에 가느냐는 질문에 라오스에 대체 뭐가 있는지 알기 위해 떠난다던 하루키처럼 집으로 돌아간다. 오후 늦게까지 햇살이 비춰 따뜻하고 여름에는 시원한 바닷바람이 불어오는 나를 위한 장소. 온전한 나로 존재할 수 있는 장소. 지친 몸을 누일 수 있는 장소. 배를 깔고 누워 책만 읽고 있어도 충만해진다. 사랑스러운 아내도 없고 귀여운 아이도 없는 작은 집에 왜 그렇게 가고 싶어 하냐고 물으면, 내세울 건 없어도 나라는 인간이 쌓아온 생활의 냄새가 있기에 간다고, 방 한 칸만 있어도 그리 나쁘지 않은 인생이 아닌가. 따지고 보면 내 집은 아니지만 세상 모든 게 그랬었고 앞으로도 그럴 것이다. 나라는 사람으로 살아낸 순간만이 내 것이다. 살아있는 동안 나만이 느낄 수 있고 누릴 수 있음을 안다. 고요한 나의 집으로 간다.

함께 있으면 즐겁지만 약간의 고요가 필요하다. 밥 먹은 뒤에 냅킨으로 입을 닦듯이 소란함 뒤에 고요를 찾는다. 고요를 따라가 자신에게 닿는다. 완벽하지 않아도 온전하다. 한마디 말도 없이 하루를 보내는 것도 그리 나쁘지 않다. 특정한 음식이 먹고 싶을 때 입이 음식에 맞춰지는 것처럼 오랫동안 홀로 지내다 보니 소란함보다 약간의 고독이 좋아져 버렸다. 쓸쓸해하거나 외로워서 힘들어하는 경우는 없다. 오히려 몸에 꼭 맞는 옷을 찾은 듯 편안함을 느낀다. 물론 예전에는 그렇지 않았다. 고독을 두려워했었다. 먹으면 큰일이라도 날 것처럼 굴었다. 고독은 씹을수록 고소하고 진한 맛이 나는 식재료였다. 한 번 제대로 맛보면 계속 생각나는 독특한 식재료였다. 새처럼 짹짹대는 아이들은 축복이고 연인의 온기로 깨는 아침이 얼마나 황홀한 경험인지 알지만, 축복이나 황홀함이 없어도 즐겁게 살아갈 수 있음을 알게 되었다. 미얀마나 타이, 태국과 별 차이 없는 나라. 라오스에 특별하다고 말할 것은 없는지 몰라도 그곳에는 그곳만이 지닌 향취가 있고 그곳에 쌓인 역사가 있다. 누가 봐도 지나가는 사람1로 보일 나라는 사람의 인생도 마찬가지겠지. 지극히 평범하지만 그렇다고 지금까지 쌓아온 이야기들이 특별하지 않은 것은 아니니까. 라오스 사람들이 스위스에서의 삶이나 이탈리아의 생활을 꿈꾸지 않듯이 타인의 삶을 부러워하지 않는다. 오직 자신만이 온전히 이해할 수 있는 이야기가 있고 그것은 포기될 수 없는 성질을 지녔다. 그러니 안아줄 수밖에. 뜨끈뜨끈한 전기장판 위에 엎드려 책을 편다. 사는 건 멋진 일이다. 사는 게 쉽지만은 않았지만 몸을 씻고 배를 채울 수 있는 자신만의 공간이 있는 한 그래도 살아볼 만한 거다.

화려하지 않아도 괜찮고
대단하지 않아도 좋다.
오롯한 기쁨에 몸을 맡긴다.

자기 집이 최고이듯 삶은 지금의 인생이 최선이다. 단지 그것을 사랑하느냐. 그렇지 않느냐의 차이일 뿐인지도 모른다. 집의 크기가 어느 정도고 가격이 얼마든, 어디에 살고 무엇을 하며 살든지 집 안에는 필요한 것만 채우기로 하자. 물건에 집착하느라 삶에 집중하지 못하게 된다. 더 큰 자극을 원하고, 더 많은 물건을 원하고, 더 자주 느끼기를 원하는 욕심은 중독자의 삶과 닮아있지 않은가. 채움으로는 채울 수 없다. 물건으로 가득한 방에서 자유롭게 움직일 수 없듯이 욕심으로 가득한 머리로는 지금을 느낄 수 없다. 비워야 나를 놓을 곳이 생긴다. 비움은 모두 버리라는 말이 아니라 자신을 위한 것만 남기라는 뜻이다. 물건은 물론 생각도 사람도 나를 위한 것으로 채우고 가진 것들을 감사의 마음으로 대하기로 하자. 사는 건 거기서 거기일지 모르지만, 노력한 만큼 이룰 수 없을지도 모르지만, 마음을 주어도 사람은 떠나지만, 적어도 삶은 사랑을 받은 만큼 기쁨으로 돌려주는 종류의 것이더라. 지금껏 살아오며 그나마 잘한 일이 있다면 언젠가 행복이란 문장을, 지금 여기서 기쁨으로 바꾼 일 정도일까. 삶은 본래 아름다운 것이다. 세상은 아름다운 것들로 가득하다. 사는 게 전쟁인 이유는 껴안을 수 없을 정도로 많은 것들을 가지려 애쓰기 때문이 아닐까. '아름답다'에서 아름은 두 팔 벌려 안을 수 있는 정도를 말한다. 아름다운 삶은 눈앞의 풍경에 마음을 내어주고 지금에 몸을 맡기는 일이다. 언젠가의 행복이란 사치보다 지금 이곳에 있는 기쁨의 가치를 아는 사람이기를 바란다.

미식가를 위한 행복은 없다

술 마신 다음 날에는 무조건 차가운 면을 먹어야 한다. 자주 가는 밀면 집에 가서 주문을 하고 온 육수를 호로록 마시고 있었다. 옆자리에 있던 어르신 한 분이 식사를 마치고 일어섰다. 계산을 하는 직원에게 쓸데없는 말을 늘어놓기 시작한다. 만두가 너무 달다. 면은 왜 가는 면을 쓰느냐. 면은 두꺼운 걸 써야지. △△ 밀면이랑 ○○ 밀면은 조금 다른데. 여기는 너무 다르다. 그의 접시는 깨끗하게 비워져 있는데 마음 그릇은 그렇지 않았다. 아무도 즐거워지지 않았던 몇 분이 흘렀다. 식사를 마치고 맛있게 먹었다고 인사하고 나왔지만 입맛이 개운하지 않았다. 미식가는 두 종류가 있다. 하나는 국이 짜니 싱겁니 재료가 어쩌고저쩌고 떠들고, 음식에 점수를 매기고 순위를 정하는 맛집 철새들이고, 다른 하나는 매끼니 식탁에 감사를 올리고 음식마다의 맛을 찾아내 기뻐하는 능력을 지닌 사람들이다. 어렸을 때부터 입맛은 예민했다. 엄했던 아버지와 가난했던 살림 덕분에 표현하지 못했을 뿐이다. 엄마는 시아버지와 남편보다 아들 입맛을 맞추는 게 어려웠다고 했으니 미식가로서의 자질은 어느 정도 있었다. 음식에 관련된 일도 오래 했다. 무수한 미식가들을 보았다. 레스토랑에서 일할 때는 외국 사람들도 군말 없이 맛있게 먹고 있는데 꼭 잠깐 외국에 나갔다 온 사람들이 불만이 많았다. 고기의 등급이 어떻고 소스가 어떻고 접대가 어떻고 분위기가 어떻고. 그들은 불만을 말하느라 음식을 즐길 시간은 없어 보였다. 차이니즈 레스토랑을 할 때는 본토 맛이 어쩌고저쩌고 떠드는 사람들이 많았다. 사천요리가 어쩌고 산동은 어떻고 상해 요리는 어떻고 떠드는 사람들 덕분에 중국 8대 요리니 4대 요리니 하는 것들을 배웠다. 음식의 기원과 중국술의 역사를 배웠다. 전가복은 떨어져 있던 딸(혹은 아내)과 헤어졌다가 우연히 식당에서 일하던 그녀와 해후하게 되어 사연을 들은 주인이 가게에 있던 온갖 재료를 넣고 만들어준 요리라던가. 팔보채는 여덟 가지 보배로운 재료를 넣어 만든 요리라던가. 탕수육은 새콤달콤한 돼지고기 요리로 영국인을 위해 만들어졌다거나, 누룽지탕은 소리가 맛있는 음식을 가져오라고 해서 만들었고, 동파육은 유명한 시인 소식(소동파)이 만들었고, 불도장은 스님도 담을 넘게 만드는 맛이고 하는 것들이었다. 고량주는 수수를 쪄서 말린 것을 고량이라 하고 중국 북방에서는 날이 추워 도수가 높은 백주를 마시고 남방에서는 황주를 마신다. 그런 소소한 지식이었다. 알고 먹어서 나쁠 것 없지만 맛을 더해주진 않았다.

시계나 차 따위에 관심이 없으니 지출의 대부분을 먹고 마시는 데 썼다. 값비싼 음식을 먹으러 다녔다. 일식집, 참치 전문점, 한우. 특히 독한 술을 좋아해서 위스키를 즐겼는데 위스키를 공부한다고 설치기도 했다. 싱글 몰트 위스키의 제조 방식은 어떻고 블렌디드 위스키는 어떻고. 글렌이란 단어가 들어가면 골짜기를 뜻하는데 그건 잉글랜드의 주류세 부과를 피하기 위한 방편이었기 때문에 유서 깊은 양조장이 많다. 뭐 그런 것들이었다. 값비싼 음식에 많은 돈을 썼으나 행복하진 않았다. 이건 이렇게 먹어야 하고, 이런 맛이 나야 하고, 음식의 기원은 어떻고, 그건 단지 허세였다. 불행을 견디기 위한 약이었을 뿐이다. 식사예절이 어떻고 주도가 어떻고 떠들기도 했다. 포크는 어떻게 들고 접시를 어떻게 놓는지 따위는 그리 중요한 일이 아니다. 식사예절의 첫 번째는 맛있게 먹는 거다. 두 번째는 즐겁게 먹는 거다. 세 번째는 감사하며 먹는 거다. 세 가지를 지키는 데도 나무라고 눈치 주는 사람이 있다면 그와 음식을 먹지 않는 것이 식사예절의 마지막 원칙이 되겠지. 나라별 식사 예절에 해박하면 뭐하나 사람에게 야박하게 구는데. 본래 식사예절은 음식에 대한 경의, 함께 하는 사람에 대한 친의, 음식을 만들고 가져다 준 사람에게 호의를 표하기 위해 만들어진 게 아니던가. 맛보는 사람이 음식을 만들어준 사람을 평가하는 것도 우스운 일 아닌가. 나물 한 번 무쳐본 적 없는 사람이 전통의 맛을 논하고, 평론가가 되어 식당에 점수를 매긴다. 자신의 입에 들어갈 음식을 선택할 권리는 있지만 등급을 매길 자격은 없지 않을까.

부부의 세계보다 복잡하고 미묘한 미식의 세계를 벗어난 뒤로 인생은 맛있어졌다. 먹방을 보지 않는다. 누가 무엇을 먹건 내 입에 들어가는 게 좋다. 예외가 있다면 고독한 미식가의 이노가시라 고로 정도일까. 배가 고파지면 제멋대로가 되는 그가 롤 모델이다. 자신이 뭘 먹고 싶은지 진지하게 묻는 자세가 좋다. 그는 선술집, 갈빗집, 모나코 음식점, 베트남 요리점 장소를 가리지 않는다. 그에게 맛없는 음식은 없다. 내 앞의 음식에서 맛을 찾아내는 게 진정한 미식이 아닐까. 천이백 원짜리 동네 막걸리에도 깊은 맛이 있다. 두부 한 모에 얼마나 많은 노고가 들어가는가. 계란 한 알이 얼마나 귀했던가. 모든 음식에서 고유한 맛을 찾아내는 기쁨을 누리고 싶다. 모든 게 다 맛있다고 하는 사람들이 있다. 급식도 괴식도 심지어 군대 밥도 맛있다고 한다. 실로 엄청난 축복이 아닌가. 맛의 기준점이 낮은 건 얼마나 기쁜 일인가. 그들도 타고난 건 아닐 것이다. 맛을 느끼는 미뢰의 수가 적거나 많거나 하진 않을 것이다. 의식의 밑바탕에 자리 잡은 자세가 다를 뿐이다. 그들이 음식을 대하는 것처럼 인생을 대할 수 있다면 삶은 훨씬 즐거워질 것이다. 추억의 맛이 어린 시절에 먹던 맛이 아닌 이유는 음식의 맛이 변한 게 아니라 감사하는 마음을 잃어버린 까닭은 아닐까. 어릴 때 엄마가 아침으로 에그 베네딕트를 해주거나 저녁으로 만한전석을 차려준 사람은 없을 거다. 엄마가 김에다 싸 준 밥 한 숟갈, 할머니가 삶아주셨던 옥수수. 그런 맛을 그리워하는 걸 거다.

엊그제 내려왔던 조카의 안색이 나빠 물었더니 속이 좋지 않아 병원에 다녀왔다고 했다. 토실하던 볼도 좀 들어간 것 같고 힘이 없어 잠만 자는 게 안쓰러웠다. 평소 먹는 것도 좋아하고 입맛이 까다로워 장금이라 불리던 아이가 아무것도 먹지 못하고 누워만 있으니 마음이 아팠다. 다음 날 아침엔 한결 나아져 누이동생이 미음을 끓여주었다. 흰죽에 간장, 씻은 김치 하나로 어찌나 맛있게 먹는지. 먹으면서도 죽 더 있어요? 엄마 더 먹어도 돼요? 묻는 조카를 비춘 햇살이 따사로웠다. 부디 오늘 먹은 흰죽의 맛을 잊지 않기를 바랐다. 나중에 국이 짜니 간이 별로니 말하는 어른이 되지 않기를 바랐다. 무엇이라도 맛있게 먹을 수 있는 사람이 되길 기원했다. 그래야 더 행복해 질 테니. 세상의 일부를 먹는 황홀함과 살아있는 것을 먹어 생을 잇는 거룩함을 알게 되기를 바랐다. 허세가 아닌 허기로 대하면 삶은 훨씬 맛있어 진다고. 비교할 수 없는 맛은 비교하지 않는 태도에서 나온다고 말해주고 싶었다. 세월이 흘러야 가능할 테지. 스스로 알아낼 일이겠지. 그래도 아이에게 그러한 삶의 태도를 보여줄 수 있다면 그것도 기쁨이겠다. 미식가보다 식도락가가 낫겠다. 여러

가지 음식을 두루 맛보고 즐기는 삶을 살려 한다. 여러 가지 음식을 맛보듯 생에서 느낄 수 있는 모든 감정을 소중히 여기려 한다.

사랑의 달콤함은 물론

이별의 짠맛과 세상의 호되게 매운 맛.

쓰디쓴 실패의 맛과

떫은 관계의 맛까지 더해

시간을 두고 끓여야 비로소 인생의 맛이 될 테니까.

버티는 삶은 그만두려고

플랭크가 효과적인 전신 운동인 건 안다. 그럼에도 시간에 쫓길 때가 아니면 하지 않는 이유는 해냈다는 기분보다 버티는 느낌이 들기 때문이다. 왠지 벌을 받는 기분이 된다. 팔굽혀펴기도 학생 때나 군인 시절 얼차려 용도로 많이 받아서인지 금방 지겨워졌다. 가장 질색인 운동은 버피테스트, 칼로리를 불살라 버리는 악마의 운동이다. 시간이 없는 현대인에게 정말 좋은 운동인 건 맞다. 그렇게까지 해야 하나. 올림픽에서 메달을 딸 것도 아닌데 버티면서까지 해야 할까. 운동하는 순간에도 효율을 따져야 하는 걸까. 몸에도 가성비를 적용해야 하는 걸까. 그냥 즐겁게 하면 안 될까. 무게를 경쟁하는 건 우습고 체지방량 경쟁을 하는 것도 싫다. 몸매 경쟁을 하는 것도 지겹다. 운동은 자신을 위해 마음을 비우는 시간이어야 한다. 스트레스를 받는다면 노동과 다를 게 뭔가. 바다를 보며 줄넘기를 하거나 철봉 한 세트를 하고 집안일을 한다거나. 자전거를 타고 동네를 한 바퀴 돈다거나. 그런 운동이 좋다. 시간은 걸리고 효율적이지 않을지도 모르지만 마음을 쉬게 하는 걸로 충분하다.

주 5회 하루 3시간씩 운동을 하는 것에 비하면 보잘것없는 몸이지만 그래도 10년 가까이 꾸준히 할 수 있었던 건 즐거웠기 때문이었다. 안 그래도 버텨야 할 것들이 많은 게 인생인데 운동할 때마저 버티고 싶진 않

다. 효율적이지 않더라도 즐겁게 하고 싶다. 애초에 운동을 시작했던 이유가 뭐였던가. 절망도 지긋지긋해서 뭐라도 해보자는 마음 아니었던가. 줄넘기를 하는 순간만큼은 아무 생각도 하지 않을 수 있었다. 텃밭에 가지나 오이가 여물고 풋고추와 호박이 자라는 걸 지켜보며 얼마나 많은 위로를 얻었던가. 머리 위로 흘러간 무수한 형태의 구름과 땀을 식혀주던 바람은 얼마나 평화로웠던가. 기록을 시작한 뒤로 달라졌다. 줄넘기 천 개만 더, 이천 개만 더, 한 시간만 더, 두 시간만 더, 팔굽혀펴기 백 개만 더, 이백 개만 더, 턱걸이 하나만 더, 스쿼트 한 세트만 더. 어느 순간부턴가 쉬는 날에도 하루 종일 운동만 했다. 태풍이 와도 줄넘기를 했다. 발을 다쳐도 다른 운동을 찾아냈다. 교통사고를 당한 다음 날에도 턱걸이를 했다. 좋게 말하면 의지력이지만 사실은 강박이었다. 이건 아니란 생각이 들었다. 몇 년 동안 하루도 빠지지 않고 운동한 이유는 나와의 약속마저 어기면 끝장이라고 여겼기 때문이었다. 자신을 돌보기 위해 시작한 일이 나를 뒤쫓는 괴물이 되었다. 운동뿐만이 아니었다. 일이 그랬고 사랑이 그랬다. 항상 붕어빵 꼬리부터 먹었다. 도시락을 싸가도 햄이나 계란 한 조각을 남겨두었다가 맨 마지막에 먹었고, 힘들고 하기 싫은 일을 먼저 해야 안심이 되었다. 늘 기쁨을 뒤로 미루며 살았다. 이를 악물고 주먹을 꽉 쥔 채 살았다. 일단 자격증부터 따면, 일단 취업에 성공하고 나면, 일단 내 집부터 구하고 나면, 결혼하고 나면, 행복은 상상 속에서만 존재했다. 나라는 인간이 좁아지다 못해 사라져버릴 것 같았다. 갖기 위해 노력한 건지 갚으려고 발버둥 친 건지 모르겠다. 더 가지기 위해 빚이라도 진 것처럼 살았다. 소유하기 위해 향유를 포기하고 행복을 찾기 위해 기쁨을 놓쳤다. 집 안에 물건을 들이기 위해 세상의 풍경을 포기했다. 물건을 들이느라 마음 둘 곳 없었고 물건 사느라 나로 살 시간이 없었다. 아등바등 애쓰는 동안 반짝이는 것들은 빛을 잃었다. 내일에 행복을 저당 잡히고 타인에게 기쁨을 대출받으니 삶이 쪼들릴 수밖에 없었다. 한순간도 자유롭지 못하다고 한탄했지만 한 번도 자유로워지려 하지 않았을 뿐이었다. 버스나 기차에서 차표를 확인하고 자리를 찾듯이 그게 유일한 방법인 것처럼 살았지만, 익숙해져서 참을 수 있게 되었을 뿐 편해진 건 아니었다. 애쓰며 사는데도 마음이 텅 비는 건 나를 위해 쓰지 않은 까닭이었다. 행복해지길 바라면서 아무것도 하지 않는 건 빈 물병을 흔들며 목마름이 해소되길 기대하는 짓이었다. 헛된 바람으로 마음을 채우니 공허해지는 게 당연했다.

삶이 힘겨워서 안간힘을 쓴 게 아니라 안간힘만 쓰니까 삶이 힘겨워지는 거였다. 잘 해내지 않으면 어때서. 피곤하면 쉬고 힘들면 멈추자. 컨디션이 좋지 않으면 무리하지 말고 하기 싫으면 하지 말자. 그런 날도 있는 거다. 이런 시간도 필요한 거다. 버티기만 하지 말자. 버티는 삶을 자랑스럽게 여기지 말자. 그냥 이대로도 괜찮다. 즐길 수 있는 정도로만 하자. 일도 사람도 할 수 있는 만큼만 하자. 할 만큼 했다면 그걸로 된 거다. 대단한 성취를 이뤄도 나를 둘 곳이 없다면 무슨 소용일까. 기쁨은 되풀이되는 출발선 위에 잠시 머물 뿐이다. 삶에서 소외된 기분이 들 수밖에 없었다. 상황이 나를 이렇게 만든 게 아니었다. 자신을 몰아붙이는 걸 존재의 증거로 삼은 까닭이었다. 버티지 않아도 될 관계를 견디고 하지 않아도 될 일을 떠맡았다. 그러고는 그걸 헌신이나 희생, 강인한 정신으로 포장했을 뿐이다. 더 이상 자신을 생의 가장자리에 두어서는 안 된다. 종량제 봉투가 되지 않으리라. 우선순위에 있는 일을 모두 처리한 뒤에야 자신을 찾는 사람이 되지 않으리라. 나를 잃지 않고 살아갈 수 있다면 많은 것을 갖지 못해도 좋다.

버티기 위한 근육은 지긋지긋할 만큼 써오지 않았나. 이제 나를 위해 근육을 써보는 거다. 사소한 것부터 시작해 보는 거다. 자신을 위해 몸을 쓰고 시간을 내어준다. 굳이 운동일 필요는 없겠지. 기타를 배우거나 맛집을 탐방하거나 주말마다 사진을 찍거나. 자신만을 위한 시간을 확보하는 일이라면 뭐든 좋겠지. 대단한 일이 아니라고 특별하지 않은 건 아니니까. 다 쓰지도 못할 돈을 모으는 것과 자신을 위해 시간을 쓰는 것 어느 쪽이 실현 가능성이 높을까. 어느 쪽이 만족스러울까. 과연 어느 쪽이 즐거울까. 삶은 쉽게 무너지지 않는다. 무너지는 것은 모래성이나 건물처럼 살아있지 않은 것들이다. 살아있는 존재는 무너지지 않는다. 잠시 멈춰도 된다. 조금 돌아가도 괜찮다. 모든 길은 나에게서 시작된다. 단순한 것부터 시작하는 거다. 어렵게 말하는 건 온전히 이해하지 못했다는 거다. 복잡한 걸 단순화시키는 게 현명함이다. 단순하게 살자. 해석까지 하려면 피곤하지 않나. 그딴 거 하지 않아도 사는데 지장 없다. 지장이 있어도 단순함이 주는 즐거움보다 크지 않다. 그냥 즐겁게 한다. 즐거움보다 강력한 동기는 없다. 그냥보다 확실한 설명은 없다. 자신에게 다정한 사람이기를 바란다. 생을 열기로 대하고 사람은 온기로 대하는 사람. 세상의 향기를 온전히 느끼는 사람. 가끔 목적 없는 발걸음을 자신에게 선물하는 사람이 좋겠다. 이유를 묻기보다 여유롭게 답해주는 사람이 좋겠다. 잎을 붉게 물들이는 시간과 푸른 잎이 떨어지는 순간이 모여 생을 보랏빛으로 물들이는 과정을 온전히 느끼는 사람이면 좋겠다. 많은 것을 꿈꾸는 대신 꿈을 위해 모든 걸 해주어야지.

나에게 다정한 하루를 선물해야지.

부디 견뎌내기를. 하지만 버티는 것만이 삶이 아니기를.

우리는 타인을 상상할 수 있을 뿐이다

호준이가 광주에서 오기로 한 날. 아침부터 겨울과 봄을 잇는 비가 내렸다. 빗길을 운전해 올 그를 염려하다가 문득 운전면허가 없는 나는 빗속을 운전하는 기분을 영영 모르겠다는 생각이 들었다. 앞날은 알 수 없는 거라지만 이 나이쯤 되면 자신이 어떤 사람인지 대략적으로는 알게 된다. 호준이는 버스나 기차 안에서 책을 읽다 비 내리는 차창을 바라본 적이 없을 것이다. 그에게 여행의 풍경은 활자와 터널 속 불빛으로 이루어지지 않았을 것이다. 그가 경험하는 것들을 생각할 수 있지만 느낄 수는 없다. 타인에 대해 온전히 알 수 없는 게 그것뿐일까. 이틀 전 누이동생이 조카들을 데리고 와 하룻밤 자고 갔다. 내가 조카들에게 느끼는 감정을 누이는 알지 못한다. 그녀에게 사랑만 주고 책임은 지지 않아도 될 존재를 선물해 줄 수 없을 것이다. 나는 부모로 사는 것이 어떤 느낌인지 알지 못할 것이다. 자라나는 아이를 보며 자신의 나이 듦을 체감하지 못할 것이다. 힘들고 지쳐 잠시라도 자신만의 시간을 갖길 원하면서도 동시에 아이들이 자라기 전에 조금이라도 시간을 함께 보내려는 복합적인 감정을 상상만 할 수 있을 뿐이다. 며칠 동안 아픈 언니를 돌보기로 한 엄마의 마음을 납득할 뿐 그렇게 하지 못할 것이다. 오래전 함께 즐기던 게임을 다시 시작하려는 친구의 기분을 이해하면서도 실제로 그러지는 못할 것이다. 가까운 이들의 마음조차 온전히 알 수 없다. 사람의 마음은 들여다보기엔 너무나 깊다. 한 사람의 마음은 지금껏 살아온 세월만큼 깊고 앞으로 살아갈 시간만큼 멀다. 다만 우리는 타인을 상상할 수 있을 뿐이다. 25시간, 375일 같이 있어도 나는 그가 될 수 없고 그는 내가 될 수 없다. 거기에서 대부분의 슬픔이 태어난다. 그래서 타인의 머릿속을 들여다보는 능력을 소망하거나 마음속 소리를 들을 수 있길 바라게 된다. 타인의 머릿속을 들여다본다고 그를 온전히 이해한다고 말할 수 있을까. 생각을 본다고 진정 안다고 말할 수 있을까. 언어는 일부에 불과하다. 말로는 본질적인 것을 전할 수 없는데 말하지 않으면 마음을 전할 수 없다. 언어를 사용하는 존재의 슬픔이다. 마음을 읽을 수 있다고 그를 안다고 말할 수는 없을 것이다. 삶은 오직 그 사람 안에서만 이해되고 온전히 받아들여질 수 있다. 매 순간 느끼는 감촉과 냄새. 보고 듣는 것들의 총합. 그러한 경험들이 상호적으로 작용해 만들어내는 무한에 가까운 고리들. 사람이 하나의 우주란 말은 과장이 아니다.

때로 자신조차 이해할 수 없는데 어찌 사람을 안다 말할까. 사람들이 보내는 신호를 겨우 해석할 수 있을 뿐이다. 나의 해석은 타인을 둘러싼 무수한 행성 중 하나일 뿐이다. 우리는 타인을 상상할 수 있을 뿐이지만 상상이 사람 사이를 잇는다. 상상은 지금 내리는 비를 닮았다. 겨울비도 아니며 봄비도 아닌 모호한 것이다. 감촉은 싸늘하나 소리는 부드럽다. 상상은 사람과 사람을 잇는 비가 된다. 타인을 알지 못하는 것은 슬픔이 아니다. 계란끼리 부딪혀 깨지고 섞이면 요리할 수 없듯이 마음과 마음이 제멋대로 섞여 버리면 존재는 오롯할 수 없다. 저마다의 마음은 따로 있기에 온전한 형태를 유지할 수 있다. 그렇기에 다른 마음을 그리워할 수 있다. 그립기에 다른 마음을 상상하게 된다. 타인의 마음을 알지 못한다고 해서 그를 사랑할 수 없는 것은 아니니까. 그래서 우리는 만날 수 있는 거니까. 나이 좀 먹었다고, 세상을 좀 겪었다고 사람을 안다고 말하는 인간만은 되지 않으리라. 사람을 제멋대로 정의내리는 오만한 사람만은 되지 않으리라. 나의 해석이 타인의 전부라 생각하지 않을 것이다. 당연하지 않은 이름들을 조심스레 부르며 지금 느끼는 감정에 충실할 것이다. 해석하려 애쓰지 않고 안아줄 것이다. 우리는 타인을 알 수 없으니까. 다만 사랑한 만큼 볼 수 있을 따름이니까. '만큼'이란 단어는 변치 않는 질량을 의미하지 않는다. 마음을 내어주는 순간에만 잠시 머물 수 있을 뿐이다. 아직 사람을 모르지만 그 사실이 부끄럽지는 않다. 사람을 모르기에 평가하지 않을 수 있다. 적어도 사람을 아끼는 방법은 알게 되었다. 내가 그리 좋은 사람이 아니란 건 알지만 좋은 사람을 어떻게 대해야 하는지는 알고 있다. 독이 든 열매보다 부패한 음식이 많은 사람을 상하게 하고 날카로운 칼보다 녹슨 칼이 위험하다. 사람의 말도 다르지 않다. 돈을 써서 산 환심은 거품처럼 꺼지지만 마음을 담아 보낸 인심은 사위는 일이 없다. 잘한다. 잘한다. 칭찬을 반복하면 더 잘하게 되고, 예쁘다. 예쁘다 진심으로 말해주면 더 예뻐지고, 괜찮다. 괜찮다 긍정을 거듭하면 더 괜찮아진다. 따뜻한 말은 때로 새로운 세계의 문을 연다. 그를 마중 나갈 시간이다. 나에게 오라. 마음껏 어지럽혀도 좋다. 소란함도 기쁨이 될 테니.

마음을 헤집어 놓고 떠나도 좋다.
흔적은 우리였던 순간을 증명할 테니.

우리는 타인을 사랑할 수 있을 뿐이다

그에게는 뜻밖의 일행이 있었다. 멀리서 보고 그의 여자 친구인 줄 알고 고개 숙여 인사했다. 소형이었다. 사실 혹시나 하고 바라기는 했었다. 몇 년 동안 보지 못하고 지낸 걸 생각하면 망상에 가까운 기대였다. 같이 볼 수 있다면 얼마나 좋을까 상상은 했었다. 간절한 바람은 대개 헛된 기대로 끝나기 마련인데 이번에는 아니었다. 호준은 담배를 끊은 탓에 살이 좀 붙었다. 그는 힘들 때 나를 지켜준 사람이었다. 비오는 날 작은 화분 54개를 가져다준 사람이었다. 아버지가 돌아가셨을 때 먼 길을 마다하지 않고 손을 잡아준 사람이었다. 운전면허를 땄다는 소형이는 여전히 예뻤고 이야기를 잘 들어주는 사람이었다. 내가 최악의 상태를 벗어나지 못했을 때 만났지만 내게서 좋은 것을 발견해 준 사람들이었다. 생각해 보면 그런 사람들이 얼마나 많았는지, 늘 좋은 일만 있진 않았지만 좋은 사람은 항상 곁에 있었다. 우리는 바닷가를 걷고 회와 생선구이를 먹었다. 나눌 이야기가 너무 많아서 화장실에 갈 때조차 같이 갔다. 일분일초가 아까웠다. 선물 같은 순간을 놓칠까 두려웠다. 풋풋한 대학생이던 그들도 어느새 서른이다. '즐겁게 살 수 있다면 철 따위 들지 않아도 괜찮다.' '이상하다니, 그건 특별한 거야. 평범하다니, 그건 대단한 거야. 결핍됐다니, 그건 동기가 될 거야.' '어떻게든 버텨내니까. 슬픈 영화 같던 삶도 돌아보니 아름다운 동화가 되더라.' 웃고 떠들며 즐거웠다. 몇 년 만에 잃어버린 조각을 찾아 퍼즐을 완성한 기분이었다.

남는 건 사진뿐이라지만 사진을 찍진 않았다. 대신 두 눈에 모든 풍경을 새겼다. 비 온 뒤 바닷바람을 담았고 끊이지 않던 웃음소리를 넣었다. 별거 아닌 사소한 대화에 사람을 구하는 치유의 힘이 깃들어 있다. 사소한 것들은 세월이 흘러도 빛을 잃지 않는다. 사랑스럽고 소중한 순간이 모여 생을 지탱한다. 함께하던 공간은 사라졌지만 추억은 남았다. 세월은 따로 흘렀지만 우리는 그날 밤 같이 있었다. 하룻밤을 같이 보내고 그들을 배웅했다. 가슴이 텅 빈 것 같았다. 모처럼 느끼는 희열이었기에 쓸쓸함은 컸다. 설거지와 집 정리까지 해버리고 가버려 할 일이 없었다. 차라리 좀 어지르고 가지. 그러면 이렇게까지 어지럽진 않았을 텐데. 술잔과 접시들. 과자 봉지와 초콜릿 부스러기 같은 것들을 그냥 놔두고 갔으면 좋았을 텐데. 하룻밤 정도는 그대로 두고 그 순간을 음미하고 싶었다. 모처럼 좋은 꿈을 꾸었는데 왜 가슴이 아픈 걸까. 도대체 사랑 같은 건 어떻게 했던 걸까. 이별이나 상실을 어떻게 견뎌낸 걸까. 홀로 일 때는 괜찮았는데 다시 혼자가 되는 건 여전히 아팠다. 부풀었던 가슴이 새어나온 한숨에 쭈글쭈글해졌다. 머리카락 한 올, 부끄러움을 참고 썼던 고깔모자에도 그리움을 투영했다. 유난스럽게 느껴졌지만 몇 년 동안 쌓인 그리움인데 이 정도는 당연한 거지. 가끔 유난스러우면 어때서. 소중하지 않으면 유난 떨 일도 없는데, 타인을 해치지 않는 일이라면 얼마든지 유난 떨어도 좋다. 영영 보지 못할 거라 여긴 사람을 만났는데 이래야 하는 거지. 서러움, 그리움, 기쁨, 이름 붙일 수 없는 미묘한 감정은 감히 이름 붙여서는 안 될 이름이겠지. 눈물로 흘려보내서는 안 될 소중한 것이다. 가끔이라도 좋으니 오래 볼 수 있길 바라지만 앞날이 어찌 될지 모른다는 걸 안다. 그러나 그들이 찾아와 함께 한 밤을 잊지 않을 것도 알고 있다. 텅 빈 가슴은 마음을 모두 내어준 까닭이겠지. 아릿한 통증은 다정했던 순간이 꿈이 아니었음을 느끼기 위함이다. 통증이 아직 마음이 살아있음을 느끼게 한다. 마음이 살아있다면 아직 희망은 있는 거다. 파도가 어딘가로 데려다 줄 거다. 모조리 닳아버린 게 아니라면 굳게 닫힌 마음도 언젠가 열리기 마련이다. 마음이 살아있는 한 누군가를 그리워하게 되어 있다. 사람은 살아있는 한 사랑을 해야 한다. 밤이 있는 한 사람은 그리움을 버릴 수 없다.

서로를 바라보는 것도 같은 곳을 보는 것도 사랑이겠지. 사람을 소유하려 하지 않으면. 같은 곳을 바라보도록 요구하지 않으면 사랑은 어디에든 있다. 가끔 서로가 보았던 풍경을 나눌 수 있다면 그걸로 좋다. 각자가 걷는 길을 응원할 수 있다면 된 거다. 이따금 함께 걸을 수 있다면 그 순간이 기적인 거다. 그러니 이 순간의 감정을 슬픔이나 허무로 규정하지 않겠다. 잠깐의 여운을 소중히 여길 테다. 여운(餘韻) 아직 가시지 않고 남아 있는 운치. 소리가 멈추어도 울리는 떨림. 이토록 멋진 말이 있을까. 사라진 뒤에도 남아있는 감정을 꼭꼭 씹어 삼켜야 한다. 그래야 단조로운 인생에 잠시 들러준 사람들이, 남은 생 내내 들려줄 이야기가 될 테니까. 호준이와 소형이가 생일이라며 챙겨온 고깔모자. 주홍빛 얼굴에 하얀 귀가 그려진 고양이 고깔모자에 야리라는 이름을 붙여 주었다. 톰행크스에게 윌슨이 무인도의 생활을 견디게 해준 친구였듯이, 야리를 아직 누군가와 이어질 수 있다는 증거로 삼기로 했다. 벽시계 위에 자리 잡은 고양이는 행복했었던 순간을 음미하게 해주고 다시 행복해질 자격이 있음을 알려주는 마스코트 역할도 하게 될 거다. 사람들이 놀러오면 집을 치우거나 일을 하지 못하게 한다. 즐겁고 편안하게 머물다 가길 바라는 마음도 있지만 그들이 떠난 다음 허전한 기분을 달래려는 이유도 있다. 그들이 마신 컵과 그릇을 씻고 이불을 개고 집을 정리하면서 그들과 함께한 순간을 온전한 내 것으로 소화시킨다. 모든 순간을 다시 한번 음미한다. 우리 집에 놀러온 사람들을 대하듯 내 생에 들른 인연을 맞이하려 한다. 남은 시간 아낌없이 내어줄 것이다. 그들이 남긴 아픔까지 기쁨으로 삼을 것이다. 어질러진 집을 치울 때처럼 콧노래는 나오지 않더라도, 떠나간 사람들이 남긴 온기도 노래가 될 것을 안다. 소중한 사람이 절망만을 남기고 가거나 사랑이 고통으로 변질된다고 생각하지 않는다. 상실이란 아픔을 통해 흔적을 새기는 과정이다. 그들이 남긴 흔적들이 내가 살아있던 순간을 증명하고 계속해서 살아갈 이유가 된다. 좋은 사람과의 한때에 마음을 아끼지 않고 즐거웠던 순간을 사탕을 아껴먹듯 오래도록 음미한다. 그것이 내가 삶을 아끼는 방식이다.

삶을 대하는 방법도 다르지 않다.
완벽하지 않아도 좋으니
온전히 쏟아낼 수 있기를 바랄 뿐이다.

프레임에 갇히지 않는다

금수저니 흙수저니 하는 말을 들어 봤으나 써 본 적 없다. 요즘은 다이아몬드 수저나 쇠수저란 말까지 있다고 한다. 무슨 시계를 차며, 연소득이 세전 얼마이고, 부동산을 포함한 자산, 자동차의 종류, 학벌까지 세부적으로 구별하는 도표도 있는 모양이다. 사회적 불평등이나 부의 세습에 대한 자조적인 표현인 모양인데 그건 예전부터 그랬다. 현대판 신분제라고 하지만 그래도 양반이 노비를 때려죽이고 귀족들이 물건처럼 노예를 대하던 시대보단 나아졌다. 그런 걸 들여다본다고 뭐가 달라질까. 경제적 능력에 따라 부모에게 등급이나 매기는 사람이 인생에서 변화를 이끌어 낼 확률은 그리 높지 않을 듯하다. 그들 식으로 말하자면 진흙수저쯤 될까. 어릴 때 스케치북 한 권, 리코더 하나 가져본 적 없다. 색색 크레파스로 꿈을 그려본 적도 없다. 셋방살이를 전전했으며 해안저지대에 살아 태풍이나 해일에 잠겨 수재민이 되는 일도 빈번했다. 국제 구제 금융 이후로 빚이 쌓였고 빚에 깔려 재능은 발휘해 볼 기회도 없이 사라졌다.

중학교 3학년 때부터 온갖 잡일을 다했다. 쌀을 사고 보일러에 기름을 넣으면 뿌듯했다. 가난은 서글펐으나 부끄러운 일은 아니었다. 제대 후 모은 대학교 학비가 집안 빚을 갚는데 들어갔을 때는 아버지를 원망했지만, 세월이 흐른 뒤에는 그도 그러고 싶었던 것은 아니었음을 이해할 수 있었다. 사연을 말하자면 한도 끝도 없을 거다. 하지만 그러한 일들이 나의 생을 설명하는 문장이 되었다. 모든 것이 나의 이야기가 되었다. 가난했으나 가정은 화목했다. 늘 웃음소리가 들려 옆집에서 궁금해 들여다볼 정도였다. 소박한 밥상이었으나 감사와 기쁨이 깃들어 있었다. 엄마가 힘들게 일해 벌어 차려낸 밥상을 수저 따위로 나눈다면 모욕이다. 스스로를 패배주의자로 만들고 자신을 배금주의에 굴복한 인간으로 규정하는 데 불과할 것이다. 사회적 불평등은 해소해야 될 문제고 경제적 불균형은 건강한 사회에 저해될지도 모른다. 불법적인 탈세나 증여는 법적으로 규제해야 하지만 어느 정도의 격차는 존재할 수밖에 없다. 세상 모두가 똑같은 자산을 갖고 똑같은 수준의 일상을 영위하면 행복해질까. 마르크스가 꿈꾸던 세상이 허상임은 지난 세기에 이미 밝혀졌다. 물론 의료나 교육, 복지는 보장해야 한다. 모두가 힘을 합쳐 더 나은 것으로 만들어야 한다. 그것을 제외한 부분에 대해서는 글쎄. 그리 중요한 일일까. 단순히 경제적 지표로 계급을 나누는 게 과연 누구에게 도움이 되는 걸까. 금수저는 뿌듯하겠지. 계급론은 누가 만들어낸 걸까. 프레임에 구속되어 살라고 가르친 건 누구였을까. 주체적으로 살아낼 힘이 누구에게나 있음을 숨기고 싶은 사람 아니었을까.

스물넷이 될 때까지 일했으나 돈을 모으지 못했다. 스물넷의 어느 날, 아버지와 작은 조선소에 함께 일을 하러 간 적이 있다. 유람선 밑 풍선처럼 부풀어 오르는 고무패드 부분을 수리하는 일이었다. 각자의 방법으로 목숨을 끊으려 했던 아버지와 아들은 기름으로 번들거리는 거대한 타이어 속에서 나사를 조였다. 그때는 절망스러웠으나 그래도 어떻게든 견뎌냈다. 이제는 그 시절마저 그리운 추억이 되었다. 불과 몇 달 뒤부터 저축을 시작하게 되었고 몇 년 뒤에는 적지 않은 돈을 모았다. 열심히 일하니 연봉으로 따져도 제법 괜찮았다. 사장님 소리를 들으면서 큰 돈을 벌 기회도 있었다. 누군가에겐 대학 졸업장도 없는 흙수저에 불과할지 모르지만 그 정도는 가능했다. 성실함만 있어도 그 정도는 가능했다. 부모를 원망할 시간에 자신에게 최선을 다했다. 부모는 세상을 구경할 기회를 준 것으로 할 일을 다 한 거라고 믿는다. 그것만으로도 감사한 일이다. 그들의 사랑만으로도 충분했다. 지금 세대가 더 힘들다느니, 예전 세대는 꿀을 빨았다느니 하는 말들도 사람들을 편가르는 헛소리에 불과하다. 대학교 입학을 앞두고 팬데믹 사태를 겪는 그들의 힘겨움이 있듯이 대학교 입학을 앞두고 국가 부도의 날을 맞은 이들의 힘겨움도 있었다. 공감이란 걸 할 줄 안다면 당시 부모의 힘겨움을 생각하겠지. 지금 젊은이들을 보며 안타까워하겠지. 세대와 세대가 모여 시대를 이루는 것 아니겠는가. 성별로 나뉘어 혐오를 쏟아 내고 세대로 나뉘어 싸우지 않는다면, 거기에 쓸 에너지를 세상을 더 나은 곳으로 만드는 데 쓸 수 있지 않을까.

부모를 수저로 나누는 순간 자신 역시 같은 프레임에 가두는 거다. 부모의 노고와 애정을 돈으로 환산해봤자 달라지는 것은 아무것도 없다. 손흥민이 부자라서 성공했던가. 빌게이츠나 스티브잡스 같은 이들은 금수저라서 세계적인 부자가 되었나. 물론 잘 알지 못한다. 꼭 알아야 한다고 생각하지도 않는다. 그들은 그들의 생을 살게 내버려두면 그만이다. 자신의 생을 살아가는데 집중하면 된다. 나의 삶에도 무한한 가능성이 깃들어 있다. 단지 그것을 실험해보지 않았을 뿐이다. 신의 시험에 들지 않기 위해서는 생을 실험해야 한다. 주인공으로 살고 싶다면 자신만의 이야기를 써야 한다. 운명이 갖고 놀게 하지 않으려면 생을 여행으로 여겨야 한다. 수저 따위가 자신의 손으로 돈을 버는 자의 긍지, 미래를 꿈꾸며 공부하는 자의 희망, 지금에 감사하는 자의 행복보다 본질적인 것이었던 적은 단 한 번도 없었다. 뭐 부모 탓을 할 수도 있겠지. 타인을 부러워할 수도 있고 세상을 욕할 수도 있지, 그건 죄악은 아니니까. 하지만 생의 주인으로 살지 못하는 건 자신에게 저지르는 가장 큰 범죄다. 남 탓하는 사람은 자신을 돌아보지 않는다. 세상을 탓하는 사람은 세상을 바꾸려 하지 않는다. 아무것도 하지 않으니 불만에 쓸 에너지가 넘친다. 타인의 결점은 귀신같이 찾아내지만 자신이 지닌 가능성은 보지 못한다. 누구도 그를 위해 세상을 바꿔주지 않고 아무도 그를 구원하지 못한다. 어쩔 수 없다 말하면서 어떻게든 되길 바라는 모순. 타인이 바꾼 세상이 마음에 들 리도 없다. 생에 늦은 때는 없는데 경계를 한계로 만들어 절망한다. 탓하는 한 택할 수 없다. 생의 주인이 되지 못한다. 걸을 수 있는 한 인간은 무엇이든 할 수 있다. 살아있는 한 인간은 무엇이든 될 수 있다. 남들만큼 살면서 자신으로 살길 바라는 모순에서 벗어나야 한다. 선택할 수 있는 한 희망은 있다. 선택하는 한 인간은 스스로 희망이 되고 이야기의 주인으로 산다. 삶을 더 나은 것으로 만들 힘은 누구에게나 있다. 민들레 씨앗이 바람을 탓하던가. 사막의 꽃이 모래를 비난하던가. 소나무 뿌리는 절벽을 딛고 서고 대나무는 너비에 구애받지 않는다. 타인을 원망하면 자신에게서 희망을 찾는 방법을 잊게 된다. 상황을 변명거리 삼으면 변화할 힘을 잃게 된다. 물건은 쓸모를 위해 만들어지지만 생은 시간을 재료 삼아 의미를 만들어 낸다.

입 밖에 내지 않아도 좋을 말은 있어도,

이야기가 되지 못할 생은 없으니까.

나를 상상하는 힘을 잃지 않는다. 일어나지도 않은 일을 생각하는 걸 망상이라 부른다. 일어날 일 없는 일에 대해 생각하는 걸 공상이라 부른다. 지금 일어나 시작할 일에 대한 계획을 상상이라 부른다. 상상은 행동을 부른다. 상상은 생각과 행동을 연결하는 다리다. 새로운 요리를 만들다 망치면 어때서, 자신을 위해 요리해 보지 않고 끝내는 것보다 낫지 않을까. 마지막 기회인 것처럼 굴어야 두 번째 기회가 오고 오늘이 마지막인 듯 살아야 내일이 기대되겠지. 어떤 가능성을 갖고 있건 열어보지 않으면 놀랄 일 역시 없으니까. 재료는 항상 준비되어 있었다. 나를 위해 요리 할 생각을 못했을 뿐이다. 인생은 요리를 거듭하며 조금씩 맛을 찾아가는 과정이다. '반드시' 보다 불확실한 단어는 없다. 결코 일어나지 않는 일도 없고 상황은 생각대로 풀리지 않는다. 확신하는 순간 불확실해진다. 불확실함을 감수하고 행동하는 사람이 있을 뿐이다. 지금부터 어디까지 갈 수 있을까. 덧없는 질문이다. 지금 여기서부터 시작해 볼까. 더할 나위 없는 대답이다. 모두가 외면해도 자신을 직시할 수 있다면, 모든 게 불투명해도 지금에 진심일 수 있다면, 하나부터 열까지 똑같은 취급을 당하면 억울할 테고 하나부터 열까지 다른 대우를 받아도 속상할 테지. 중요한 건 타인이 어떻게 대하느냐가 아니다. '하나부터 열까지' 그 자체다.

과거를 바꿔 지금을 변화시킬 수 있길 바라는 대신, 지금을 바꿔 과거를 재정의 하는 것도 가능할 테지. 과거로 돌아가는 건 환상의 영역이지만 지금을 바꿔 과거를 변화시키는 건 행동의 영역에 속하니까. 지금 해야 할 일은 지금을 돌아가지 않아도 좋을 과거로 만드는 일이다. 실패나 상실을 지금에 이르기 위해 필수적인 과정으로 만들 수 있다. 행동은 거기에 그치지 않고 미래에 이르는 길을 잇는다. 계속해서 움직이는 사람은 과거와 현재, 미래를 꿰뚫는 화살이 된다. 의지가 깃든 화살을 막아낼 수 있는 운명의 방패는 없다. 눈을 뜨고 꾸는 꿈은 현실을 바꾸고 미래를 변화시키고 과거를 다시 세울 수 있다. 오늘에게 어떤 이야기를 써 보내는지에 따라 내일 받을 답장도 바뀌겠지. 오늘 밤은 별들도 설렘으로 두근거리겠지. 답장이 없어도 슬프진 않겠다. 세상에 보낸 편지가 나의 이야기다. 응답이 늦어져도, 기대했던 반응이 아니어도, 생각대로 흘러가지 않아도, 이야기를 남기는 것보다 근사한 일은 없으니까. 눈앞의 일에 핑계 대며 도망치지 않은 사람은 등 뒤의 일이라도 변명할 필요가 없다. 어디에 닿을지 알 수 없지만 어디로 향하는지를 잊지 않았다면 길을 잃은 건 아니니까. 완벽은 달성 불가능한 목표다. 인생은 미완일 수밖에 없다. 아무도 완벽할 수 없지만 누구든 저마다의 방식으로 생을 완성하게 되어 있다. 시간이 다할 때까지 얼마나 온전한 자신으로 살았는가. 그게 생의 본질이겠지. 별빛을 삼킬 어둠은 없다. 파도를 멈출 바람은 없다. 초록을 막을 벽은 없다. 운명은 생명을 이길 수 없다.

누구나 사연이 있다

석호(누이동생의 남편)가 회사를 그만두기로 했다. 주변에서 걱정이 많았다. 왜 잘나가는 회사에서 나오느냐, 그 연봉을 포기하기에는 아깝지 않느냐, 조금만 더 버텨보지, 앞으로 뭐 해서 먹고 살려고 그러느냐, 나이도 있는데 어떻게 하려고 그러느냐. 물론 아끼는 마음에서 나온 말이겠지만 일단 본인이 결정했는데 주위에서 계속해서 왈가왈부 떠드는 것은 누구에게도 도움이 되지 않는다. 오죽했으면 그런 선택을 했을까. 믿어주고 이해해주어야 한다. 그러다 과로사라도 하면 어떻게 할까. 버티다 넘어져 일어서지 못할 수도 있다. 본인의 인생인데 얼마나 많이 생각했을까. 다 잘 될 거라고, 잘 하지 않아도 괜찮으니 건강부터 챙기라고 말해주었다. 설사 가족이라 해도 대신 살아줄 수는 없다. 사람은 어떻게든 살아지는 법이다.

조언이나 충고의 유통기한은 상대가 결정하기 전까지다. 선택하고 난 후에는 오직 응원만이 유효하다. 아끼는 이가 철학과를 졸업하고 새로운 공부를 시작할 때 생에 늦은 때는 없다고 응원해 주었다. 오랜만에 만난 사촌 동생이 학교를 그만두고 검정고시를 준비하기에, 나는 삼십 대 후반이 되어서야 길을 선택했는데 이십 년은 빠르니 멋지다고 말해주었다. 어제 모르는 번호로 영상통화가 걸려왔다. 뒷자리 번호가 낯이 익어 다시 전화를 걸었더니 아홉 살 조카였다. 가능하면 스마트폰은 늦게 사주는 편이 낫다고 생각하지만 내 아이가 아니니까. 이미 일어난 일이라면 축하해주는 편이 낫다. 이미 선택한 일이라면 응원해 주고 이미 결정된 일이라면 박수 보내면 된다. 따뜻한 말보다 옳은 말은 없다. 귀를 기울이는 것보다 멋진 설득은 없다. 그들에게는 그들의 사정이 있다. 그런 선택을 해야만 했던 당위와 그에 상응하는 고민이 있었을 거다. 그들이 할 수 있는 최선의 선택을 했을 테니 타인의 결정에 대한 정당한 반응은 존중뿐이다. 아무런 이해관계가 없는 사람이라면 사연을 묻는 건 몰지각한 일이고 가까운 사람이라면 믿어주면 그만이다. 타인을 남으로 한정 짓지 않는다. 가족 역시 타인임을 잊지 않는다. 타인은 자신이 아닌 모든 사람을 이르는 말이다. 나도 나를 모를 때가 있는데 타인을 자신의 기준에 맞춰 평가하는 건 폭력이다. 다른 존재를 존중하는 이만이 자신을 온전히 인정할 수 있다. 도움을 청하지 않는다면 있는 그대로 받아들인다. 어떤 조언보다 마음 깊이 닿을 것이며 실제로 도움을 줄 수 있는 유일한 대응이다.

타인의 사연을 캐묻는 건 무례한 일이다. 타인의 상처를 파헤치지 않는다. 인생은 미스터리 소설이 아니니까. 범인이나 범행도구를 찾을 필요 없으니까. 타인에게 간섭해서 그의 이야기를 망치지 않는다. 어쩌다 그런 일이 생겼는지. 어떤 기분인지 묻지 않는다. 아물지 않은 상처를 건드려 덧나게 하지 않는다. 함께 겪는 아픔이 아니라면 그래서는 안 된다. 자초지종을 알아내려 하지 않고 배려에서 그친다. 아픔을 나눌 위치에 있어도 당사자가 아닌 이상 각자의 고통을 존중해야 한다. 섣불리 다가서지 않고 그에게 시간을 준다. 혼자가 아님을 확신시키되 서두르지 않는다. 다정함으로 그의 곁을 지키기만 한다. 이야기를 나누고 싶어질 때까지 그곳에 머무른다. 누구에게나 저마다의 사정이 있으니 사연을 알아내려 애쓰지 않는다. 누구나 사연이 있음을 받아들인 사람만이 타인의 이야기를 해치지 않고 함께 이야기를 만들어 갈 수 있다. 삶에 어떤 일이 일어나도 그것이 이야기의 일부임을 받아들이고 나아갈 수 있다.

마흔이고 미혼입니다만

목말라하면 물 주고, 배고프기 전에 밥 주고, 함께 놀아주기만 해도 상으로 여기지만 그 상을 멈추지 않고 지칠 때까지 주기를 바라는 존재가 있다. 어디에 있어도 즐거움을 찾고 달라고 하지 않아도 사랑을 줄 수 밖에 없는 존재가 있다. 조카들이 햇살 쨍쨍한 놀이터에서 뛰놀고 있다. 한 시간에 열두 번은 엄마를 부르고, 쉴 만하면 울음을 터뜨린다. 더없이 소중하지만 번거로운 행복을 입에 넣고 가만히 굴려본다. 작고 말랑말랑한 그들을 사랑하지만 아이를 위해 살아갈 자신은 없다. 어쩌면 사람마다 적절한 생의 형태가 있는 게 아닐까. 어느 정도 나이 들기 전에는 어떤 형태의 삶이 자신에게 적합한 지 깨닫지 못하는 게 아닐까. 사람은 어떤 환경이든 적응할 수 있지만 너무 동떨어진 타입에 맞추려면 에너지를 소모하게 된다. 자신에게 적합한 생의 형태를 깨닫지 못하거나, 지금 자신이 영위하는 삶을 사랑하지 못하면, 매 순간이 지옥이 된다.

비혼 주의를 신경 쓰지 않듯이 결혼에 대해서도 깊이 생각하지 않는다. 결혼에 대한 조언 중에 공감하는 건 이왕 하려면 결혼은 일찍 할수록 좋다는 어른들 말씀뿐이다. 사람에 따라 다르겠지만 특정한 분기점에 이르면 굳이 결혼을 하지 않아도 잘 살아갈 수 있음을 깨닫게 된다. 결혼은 축복이지만 축복이 없어도 사는데 별 지장이 없다. 깨가 쏟아지는 시기가 지나면 깨를 주워 담아야 하는 순간이 온다. 그러니까 일찍 결혼하지 않으면 못한다는 게 아니라, 과도기가 지나고 나면 결혼을 안 하고도 충분히 살아갈 수 있음을 깨닫는 순간이 온다는 거다. 남들 다하는 거니까. 외로우니까. 그딴 마음으로 시작할 바에야 다른 사람까지 힘들게 할 것 없이 혼자서 마무리 하는 편이 낫다. 해도 후회 안 해도 후회라지만 후회할 삶에 한때 사랑했던 사람을 끌어들일 필요는 없다. 귀감이 될 만한 결혼생활을 하는 분들은 너는 결혼을 안 해봤으니까 뭘 모른다는 말 같은 건 하지 않으시더라. 결혼이 좋거나 나쁘다는 말을 하려는 게 아니다. 저마다의 삶의 방식이 있는 거니까. 강요하지 않아도 할 사람은 하고 강요해도 하지 않을 사람은 안 한다.

어릴 때는 혼자서도 잘해야 어른이 된다고 가르치더니 나이 들어 혼자 살면 어른이 되지 못한다고 한다. 결혼이나 출산, 육아와 같은 것들이 엄청난 희생을 필요로 하고, 관문을 통과하며 성장할 수 있음은 알겠으나, 관문을 통과하기만 하면 어른이 되는 건 아니더라. 살아보지 않아도 좋을 인생이 없다는 건 알겠는데, 갔다 오더라도 해보는 편이 낫다는 말은 도대체 무슨 말인지 모르겠다. 결혼 여부에 관계없이 홀로 오롯할 수 있고 함께 일 땐 즐길 수 있는 사람, 자신의 선택을 감당할 수 있는 사람이 어른 아닐까. 유난히 으스대는 기혼자들은 야행성 인간을 무시하는 아침형 인간과 다르지 않다. 자랑할 게 그것밖에 없을까. 자신을 사랑하는 인간은 타인에게 자랑 따윈 할 필요도 없지 않을까. 종이 다양할수록 생태계가 건강하듯이 선택할 수 있는 인생의 길이 다양해야 사회도 건강해지지 않을까. 자연의 섭리니 신의 뜻이니 그런 식으로 말해서는 안 되지 않을까. 결혼, 출산, 육아는 위대한 일이지만 그게 유일한 위대함은 아니니까. 지금 눈앞의 생을 사랑할 뿐이다. 무엇이 옳고 그른지가 중요할까. 민트와 초코가 만나 오묘한 맛을 만들어 내듯이 각기 다른 사람들이 모여 세상을 이루는 거니까. 큰 그릇도 작은 그릇도 쓸모가 있는 법이니까.

계절을 받아들인 숲이 푸름과 붉음.
온갖 색으로 무늬를 짜듯이
세월을 들인 저마다의 생도
아름다운 무늬를 이루는 거겠지.

좋은 것, 나쁘지 않은 것, 결국 괜찮아질 것

술집에서 인권에 대해 논하고 정의가 무엇인지 목소리를 높이다가 직원들에게 함부로 굴고 하인 부리듯이 행동하는 사람을 보았다. 식당에서 민주주의를 논하고 대의를 말하다가도 주차장이 아닌 길에 차를 대어 놓고서는 견인차를 부르면 고소한다며 노발대발 떠드는 사람도 보았다. 말로 전해지는 정의나 대의를 믿지 않는다. 정의나 대의를 말한다고 그가 옳은 사람인 것을 증명하지 않는다. 사람의 됨됨이는 오직 행동으로 드러난다. 페미니즘은 훌륭하지만 페미니스트라고 정의로운 인간인 것은 아니다. 종교는 위대하지만 종교인이라고 그가 선한 인간인 것은 아니다. 애국자는 훌륭하지만 애국자라고 해서 그가 인격자임을 증명하지는 못한다. 세계와 인생을 논하면서 자신조차 다스리지 못하는 사람만은 되고 싶지 않다. 옳음을 논하기란 정말 쉽다. 세상에 얼마나 많은 옳음이 존재하는가. 옳음을 말하기는 쉽지만 좋은 것을 행하기는 어렵다. 세상을 바꾸는 힘은 정의나 대의가 아니다. 사람이 사람에게 전하는 사소한 선의다. 가게에서 공손히 말하는 사람. 애정을 표현하는 데 망설이지 않는 사람. 길을 묻는 이에게 웃으며 답할 여유를 잃지 않는 사람. 경비원 분이나 버스 기사님에게 감사합니다. 인사를 건넬 수 있는 사람이면 된다. 사소한 선의가 세상을 지탱하는 힘이라 믿는다.

흑과 백, 선과 악으로 나누기엔 세상의 복잡함이 만만치 않다. 다투면 끝이 없다. 사형제도나 난민 문제, 정치적 이슈, 공개된 자리에서 하면 토론이 되고 사석에서 하면 언쟁이 된다. 토론을 지켜보고 있노라면 처음에 지지했던 쪽의 말도 반드시 옳은 것만은 아니라는 걸 알게 된다. 언쟁을 하고 나면 가까운 사람과의 소중한 시간을 왜 그따위 문제로 낭비한 걸까 후회된다. 예전에는 무조건 이기고 싶었다. 무언가를 주장하다 보면 막히는 부분이 있기 마련이니 주장을 뒷받침하는 근거를 찾았다. 타인의 견해와 책에서 읽은 지식을 조합해 논리 정연한 이야기를 만들어냈다. 공작새와 꾀꼬리, 앵무새의 깃털을 붙인 까마귀와 다를 바 없었다. 타인의 문장을 가져다 내 것 인양 잘난체했다. 끼워 맞춘 이야기를 신념이라 착각했다. 이겼다고 속이 후련해지는가 하면 또 그건 아니었다. 언성을 높이며 낭비한 에너지가 아까웠다. 불쾌함을 느꼈을 상대에게 미안해졌다. 늘 찝찝한 마음으로 돌아서야 했다. 그렇다고 삶이 나아졌는가 하면 그것도 아니었다. 처음 떠올린 자연스럽고 인간적인 생각은 온갖 논리가 범벅된 오물이 되어버렸다. 절대적 선이 어디 있고 보편적인 정의가 어디 있겠나. 정의로 싸우기보다 작은 선의를 베푸는 편이 낫지 않을까. 올바름은 잘못을 저지르지 않은 상태가 아니라 잘못을 바로잡으려는 몸짓이 아닐까. 옳음을 주장하기보다 그릇됨을 인정하는 사람이고 싶다.

누군가가 무시해도 타인의 권위를 빌려오지 않기로 했다. 누군가가 의심해도 증명하려 애쓰지 않는다. 상대를 흠집 내려는 말에는 아무런 힘이 없다. 옳음은 저급한 방식으로 이야기되지 않는다. 존재는 해명을 필요로 하지 않는다. 타인의 말이 나를 정의하도록 허락하지 않는다. 행동만이 나를 증거한다. 타인이 보는 건 그림자일 뿐이다. 살아있는 영혼을 설명하는 문장은 없다. 삶을 좋은 것과 나쁜 것으로 나누는 것도 극단적이다. 좋은 것은 그냥 좋은 것이다. 무사히 아침에 일어날 수 있어서 좋고 아직까지 그럭저럭 작동해주는 몸이 있어 좋다. 매일 다른 풍경을 보여주는 하늘이 좋고 바다가 좋다. 가족과 함께 하는 시간이 좋고 찾아갈 친구가 있는 것도 좋은 일이다. 좋은 것을 느끼는 데 집중할 뿐 이유를 따지지 않는다. 물론 좋지 않은 일도 일어나지만 그게 꼭 나쁜 일이라고 생각하지 않는다. 뭐 이런 것도 나쁘지 않네, 입맛에 맞지 않아도 먹지 못할 정도는 아닌 걸, 이왕 들이켜야 한다면 시원하게 마셔버린다. 간혹 견디기 힘든 일도 일어나지만 결국은 괜찮아질 것을 알고 있다. 어떻게든 살아있기만 하면 지나간다. 때로 죽을 만큼 힘들 때도 있지만 그걸로 죽지는 않는다. 일단 죽고 나면 더 이상 괴로울 일도 없을 테지. 그런 마음으로 산다.

사람도 마찬가지다. 좋은 사람은 좋은 마음으로 대한다. 유쾌하게 대화를 나누고 맛있는 음식을 나누어 먹고 감사와 그리움을 전한다. 결이 맞지 않는 사람도 있지만 그렇다고 그를 단정 지을 필요는 없다. 세상에 이런 사람도 있구나. 뭐 자주 볼 사이는 아니니까. 그저 일로 만난 사이일 뿐이니까. 이 사람에게도 뭔가 사연이 있겠지. 무심히 흘려보낸다. 타인이 영향을 미치는 건 내가 허락했을 때뿐이다. 도저히 이해할 수 없는 불쾌한 인간도 있지만 그들은 내 삶과는 무관하다. 가까이하지 않으면 그만이다. 그가 어떤 행동을 하건 나와는 상관없는 일이다. 악영향을 끼치더라도 일시적인 상황에 불과하다. 결국 지나고 나면 괜찮아진다. 오히려 그와 같은 사람이 되지 않기 위해 노력해서 더 나은 사람이 된다. 지금 누리고 있는 일상에 감사하게 된다. 사랑하는 이에게 마음을 내어주기에도 바쁜 세상 아닌가. 좋아하는 것에 마음을 주기에도 부족한 게 시간 아닌가.

틀린 그림 찾기에서 보물찾기로

어렸을 때 누이와 나는 남녀가 바뀌었단 말을 자주 들었다. 지금이야 그런 건 성 평등에 어긋난다느니 잘못된 편견이라느니 할지 몰라도 그땐 그랬다. 누이는 손이 야무졌고 계산도 빨랐으며 내 것과 아닌 것을 구분하는 데도 능숙했다. 공상을 좋아하고 내성적인 나보다 훨씬 나은 사람이었다. 친구라고는 하나뿐인데 그와도 정반대였다. 사교적인 그와 달리 김절교니 김정색이니 하는 별명으로 불릴 만큼 성격이 예민했다. 친구는 자신의 온화함을 잃지 않고 무사히 제대로 된 어른이 되었다. 누이와 다니면 남편으로 의심받을 만큼 살갑고 친구와도 사이를 의심하는 사람이 있을 만큼 가깝게 지낸다. 하나부터 열까지 전혀 어울리지 않는 그들과 사이좋게 지낼 수 있는 이유는 무엇이었을까. 우리는 적어도 서로를 납득하는 마음만은 같았다. 백 가지 중에 아흔 아홉 가지가 달랐지만 다른 서로를 받아들이려는 하나의 마음으로 관계 맺었다. 누이와 다른 길을 걸었고 친구와는 엇갈리는 생활을 하면서도 좋은 관계를 유지한 비결이 있다면 그것뿐이다. 서로가 같은 마음 안에 있다면 색깔이 다른 건 문제 되지 않는다. 중요한 건 색깔이 아니라 온도였다. 물론 같은 온도 안에 있다가 멀어진 사람들도 있다. 그러면 어때서, 한때 그들과 같은 시간을 살고 함께 공간을 쓰다가 멀어졌을 뿐이다. 그들이 아니면 가볼 수 없었을 길을 즐거운 마음으로 걷다가, 멋진 이야기를 갖고 돌아왔을 뿐이다. 누군가를 잃은 게 아니다. 함께했던 만큼 풍성해진 거다. 나와 완벽하게 맞는 사람을 만나기란 어려운 일이다. 자기와 다른 것을 찾아내려 하면 끝이 없다. 다른 것을 찾아낸다고 행복해지는가 하면 또 그건 아니다. 눈에 거슬리는 것이 많아지고 언짢은 일만 늘어난다. 엄마는 왜 그리 걱정이 많으실까. 누이는 왜 저리 물건을 많이 살까. 저 아이는 모기를 없애주는 잠자리를 왜 잡으려는 걸까. 저 사람은 왜 강아지에게 목줄을 채우지 않는 걸까. 저 운전자는 깜빡이가 어디 있는지 모르는 걸까. 공원에서 음식을 먹고 치우지 않는 이유는 영역 표시를 위해서일까. 틀린 그림을 찾을수록 괴로움만 더한다. 마음에 생채기만 늘어날 뿐이다. 누구도 즐거워지지 않는다. 다름을 인정하면 편안해진다. 바꾸려 하지 않으면 행복해진다. 살면서 온전히 좋은 사람을 만나기란 어렵지만 누구에게나 좋은 면이 있음을 받아들이는 일은 어렵지 않다. 실제로도 좋은 점 하나 가지지 않은 사람은 없었다. 색깔이 같은 사람만 고집하면 거기서 거기인 삶을 살게 될 뿐이다. 색깔이 다르더라도 같은 마음 안에 살 수 있다면 그걸로 된 거다. 타인을 완전히 알 수 없듯이 자신을 완벽하게 안다고 생각하는 것도 자만이 아닐까. 자신을 지키기 위해 꽁꽁 닫아 놓은 마음 때문에 다른 색깔과 어우러져 근사해질 기회를 놓칠 수도 있는 거니까. 무지개가 어디서 시작되는지 알 수 없듯이, 어떤 색으로 삶을 물들여야 아름다운지 우리는 알지 못하니까.

사람을 소유하려 들지 않고
함께 순간을 향유하려는 마음만 남긴다면
우리의 생은 지금보다 훨씬
근사한 빛으로 물들어 갈 테지.

내 곁의 사람이 가진, 나와 결이 맞지 않는 부분을 포기하는 것도 지혜가 아닐까. 이때의 포기는 소극적 인정이며 관계를 놓아버리지 않기 위한 간격이 된다. 아무리 가까워도, 아무리 사랑해도, 아무리 오래 만났어도 맞지 않는 부분이 있기 마련이다. 어긋난 곳을 그대로 내버려 두면 편해진다. 어떤 말과 행동으로도 사람을 바꿀 수 없다. 세상을 보는 자신의 시선을 변화시킬 수 있을 뿐이다. 그 순간 그는 다른 세상을 살게 된다. 일상은 전쟁터에서 놀이동산으로 변한다. 틀린 그림 찾기가 보물찾기가 된다. 사람은 타인을 가르칠 수 없고 자신의 삶을 배워나갈 수 있을 뿐이다. 세상은 이해할 수 없는 50%와 이해하지 않아도 괜찮은 49% 마음을 다해 사랑해야 할 1%로 이루어져 있다. 이해가 알려는 마음이라면 납득은 몰라도 괜찮다는 자세다. 세상 대부분의 일은 납득으로 충분하다. 자신만의 오리지널리티를 확보했다면 타인의 오리지널리티를 논할 필요가 없다. 나다움을 고집하지 않는 것이 가장 나다운 일이기를 바랄 뿐이다.

때로 잘못 탄 기차가 목적지로 데려다준다

아버지는 아들이 튼튼하게 자라길 바라며 매일 아침 나가서 줄넘기를 하도록 했다. 운동하기가 너무 싫어서 바람을 막아주는 곳으로 가 숨어 있었다. 왜 이런 걸 시키는지 이해할 수 없었고 아버지가 확인하러 나올까 봐 무서웠다. 줄넘기 따윈 하지 않은 채로 이십 년이 흘렀다. 오랜 연인이 줄넘기를 하는 모습을 몇 년간 지켜봤다. 내게도 해보라고 했지만 코트를 입고 어떻게 하냐며 거절했었다. 몇 년 뒤 그녀가 떠나며 남긴 물건 중에 치킨 가게 사은품으로 받은 줄넘기가 있었다. 이거라도 해볼까. 그렇게 줄넘기를 시작한 지 벌써 팔 년째다. 이제 줄넘기는 일상이고 하루를 여는 시작이다. 오늘도 제자리에서 뛰면서 생각한다. 만약 아버지가 시켰을 때 줄넘기를 시작했다면 어땠을까. 그녀가 같이 하자고 했을 때 함께했다면 달라졌을까. 어쩌면 그랬을 거다. 조금 나은 내가 되었을지도 모른다. 줄넘기뿐일까. 너무 늦은 선택도, 지나보니 잘못된 선택도 있었다. 시도조차 못하고 사라진 선택도 있었다. 하지만 그 모든 선택이 나를 이곳으로 데리고 왔다.

그녀를 붙잡아 예정대로 결혼했다면 행복해졌을까. 물론 그랬을 수도 있다. 하지만 그녀를 불행하게 만들거나 더 큰 상처를 입은 채 헤어졌을지도 모른다. 아버지가 아무리 밀어내도 찾아갔어야 했을까. 그랬다면 아쉬움 없이 보낼 수 있었을까. 또 다른 자신과 이야기할 수 있다면 어떨까. 평행 우주의 나를 만날 수 있다면 어떨까. 생의 기로에 섰을 때 어떻게 해야 할지 결정하는 데 도움이 되지 않을까. 이직이나 퇴사, 결혼이나 출산 같은 중대한 문제를 또 다른 나와 이야기 할 수 있다면 어떨까. 가보지 못한 길을 두 눈으로 보면 어떤 기분이 들까. 나만큼 나를 잘 아는 사람과 대화하면 어떤 기분이 들까. 결혼해 행복한 가정을 꾸린 그를 부러워할까. 직장을 다니며 안정적인 생활을 하는 그를 질투하게 될까. 그때 기회를 잡아 성공한 그를 시기하게 될까. 아무리 생각해도 그럴 것 같진 않다. 어떤 삶의 형태라 해도 지금과 바꾸고 싶진 않다.

지금의 나는 지금까지 쌓아온 선택의 합이니까. 여태까지 내린 선택을 모욕하고 싶지 않다. 어쨌든 내 인생이니까. 여기까지 오는 것도 보통 일이 아니었다. 지금의 내가 되기 위해 지불한 대가는 결코 가볍지 않았다. 어쩌면 지금의 모습이 최선일지도 모른다. 아니, 분명 지금의 모습이 최선일 거다. 결혼한 나는 홀가분하게 하고 싶은 일을 하며 사는 나를 시기할지도 모른다. 안정적으로 직장을 다니는 나는 자유로운 나를 질투할지도 모른다. 사업에 실패해서 쫄딱 망한 나는 세상에 없을지도 모른다. 저쪽 세상의 나도 이쪽의 나를 부러워하지 않으리라 믿는다. 이쪽의 삶을 소중히 여겨야 한다. 앞으로도 얼마든지 달라질 수 있다. 중대한 결정이 아니라도 생을 바꾸는 전환점이 될 수 있다는 걸 안다. 바깥으로 나가 걷기로 결정한 일, 보잘것없는 글이라도 쓰기로 결정한 일, 나를 위해 밥을 지어주기로 한 일, 사소한 선택이 쌓여 내가 되었다. 지금껏 내린 모든 결정은 나의 일부가 되었고 사랑한 모든 이들이 삶의 일부가 되었다. 모든 걸 책임질 필요 없다. 모든 걸 통제할 수 없으니까. 지금 당장 의미를 찾을 필요 없다. 모든 게 장대한 서사의 일부라서 아직 의미를 깨닫지 못했을 뿐이니까.

그저 선택을 이어가면 된다.

기회를 놓치는 일은 없다. 붙잡지 않았을 뿐이다. 가졌으나 사용하지 않았을 뿐이다. 상황을 탓하면 상황을 바꿀 수 없다. 한계점을 경계선으로 확장해야 한다. 경계선을 출발점으로 전환할 힘은 누구에게나 있다. 단지 그것을 사용하느냐 그렇지 않은가의 차이다. 지금은 이미 늦었다고 생각하는 사람에게 다음은 오지 않는다. 아직 늦지 않았다고 믿고 움직이는 이에게 운명은 다음 무대를 준비해준다. 욕망하되 욕심내지 않으며, 집중하되 집착하지 않는다. 진심을 다했다면 그걸로 된 거다. 결과를 확신할 수 없지만 적어도 노력이 부족하지 않았다는 사실만은 확실히 알게 되겠지.

진심을 다하면 진실이 된다. 서사를 특별하게 만드는 힘이 여기에 있다. 어떤 일이 있었는지는 중요하지 않다. 어떤 이야기로 해석하는지에 따라 서사는 달라진다. 진심이 언제나 통하진 않지만 진심은 항상 행동하게 만든다. 마음을 다해 쏟아낸 순간에 진실이 깃들지 않는 경우는 없다. '인생은 쓰다', '인생을 쓰다' 같은 상황이라도 어떻게 대하는지에 따라 생은 전혀 다른 풍경이 된다. 고통조차 자신에게 충실한 순간이었다. 어떤 행운을 준다 해도 지금과 바꾸지 않겠다. 더 나은 삶을 살게 해준다 해도 나를 포기하지 않겠다. 소중히 여긴 지금에 진실이 깃든다. 우주 어딘가, 이쪽의 내가 선택하지 못한 길을 걷고 있는 내가 있다고 생각하면 왠지 안심이 된다. 저쪽의 내가 선택하지 못한 길을 온 힘을 다해 살아가야 할 이유가 된다. 밤하늘의 별이 반짝이는 이유는 그 때문일 테지.

가보지 못한 길은 분명 좋았을 거라 제멋대로 상상하면서, 지금 걷고 있는 길을 사랑하지 않는다면 남은 날은 괴롭기만 할 테지. 잘못된 길을 걸어온 것이 아니다. 이 길이 나의 길이었다. 여기까지 오기 위해 반드시 돌아와야만 했던 길이었다. 어둡고 구불구불하고 험난했던 길이 있었기에 조금은 나은 사람이 될 수 있었다. 적어도 지금의 내가 될 수 있었다. 우리는 사랑하는 사람에게 만날 수밖에 없는 운명이었다고 이야기한다. 어떻게든 만날 인연이었음을 믿는다. 삶도 마찬가지 아닐까. 잘못된 선택이라 생각했지만 인생에 틀린 선택은 없었다. 생에 정답은 없다. 시험 시간에 끙끙대며 풀다가도 막상 답을 알고 나면 이렇게 간단한 거였어. 별거 아닌 것처럼 느껴진다. 지금 이 순간도 마찬가지 아닐까. 답을 알고 있다면 별거 아닌 순간이 되어버릴 테지. 그러니 내가 선택한 해답을 믿어주는 수밖에 없다. 길을 잃으면 어때서, 여행할 때 자유로워지는 건 사람들이 말하는 길에서 잠시 벗어났기 때문 아니던가. 어떤 길을 가건 여행이라 생각하면 그만이다. 생을 여행으로 삼지 못할 이유가 어디 있을까. 최선이라 믿었던 선택이 지난 후에는 그렇지 않았을 때가 있듯이, 잘못된 선택이 항상 잘못된 것만은 아니었다. 중요한 건 자신의 선택을 믿어주는 일이다. 우리에게 필요한 것은 자신의 선택이 데려다 준 풍경을 사랑해주는 일이 아닐까. 이곳은 마땅히 와야만 했던 장소가 분명하니까.

맞춤법 따위 틀려도 괜찮아

조카들은 잘 놀아주는 삼촌을 좋아하지만 그래서 먼저 지친다. 스무고개에 끝말잇기에 보드 게임에 동화 이야기에 몸 쓰는 놀이까지 하고 나면 새삼 부모들이 위대해 보인다. 잠시라도 쉬어갈 방법을 생각하다 조카들에게 종이를 한 장씩 갖고 오라 했다. 기역부터 히읗까지 세로로 써놓고 거기에 맞춰 생각나는 단어를 하나씩 써보라 했다. 어린이집에 다니는 둘째 조카는 초성 같은 거 모르겠다고 칭얼대기에 자음부터 모음까지 가르친다. 왼쪽에서 오른쪽으로. 위에서 아래로. 그렇지 잘한다. 잘 모르겠어요. 너무 어려워요. 하는 걸 박수치고 추켜세우며 가르친다. 첫째는 기역부터 히읗까지 모두 썼다. 가지를 먹었습니다. 나비가 납니다. 두더지가 땅을 팝니다. 라디오가 노래를 합니다. 모자를 습니다. 바지를 입습니다. 사자가 달려갑니다. 오리가 뒤뚱뒤뚱 걸어 갑니다. 자동차가 부릉부릉 달려 갑니다. 치즈를 먹습니다. 키위를 먹습니다. 타조가 달립니다. 파리가 날아다닙니다. 하마가 지늑탕으로 드러 갑니다. 잘 썼다고 칭찬하고 맞춤법도 한 번 같이 보자고 하니 싫어한다. 이렇게 글을 쓴 것도 대단한 일이라 칭찬하고 다른 걸 써보라고 하니 신나서 또 쓴다. 라임이가 노래를 부릅니다. 엄마가 샐러드를 먹습니다. 아빠가 운전을 합니다. 동생이 매달리기를 합니다. 삼촌이 집에 갑니다. 할머니가 양치질을 합니다. 종이 한 장을 빼곡 채우며 즐거워한다.

틀리는 걸 부끄러워하지 않아도 괜찮아, 모르면 배우면 되는 거야, 맞춤법 같은 건 중요하지 않아, 조카에게 말해주다 보면 어느새 내 마음도 함께 귀를 기울이고 있다. 이것만은 부끄럽게 여기기로 한 것이 사람으로 남는 마지막 보루였다면, 이것에 대해서만은 부끄러워하지 않기로 결정한 일이 새로운 삶을 향한 첫걸음이었다. 부끄러움을 아는 사람이기를 바란다. 지켜야 할 가치를 잃지 않았으면 한다. 그러나 한 가지 정도는 부끄러움을 무릅쓰는 삶이기를 바란다. 꿈을 위해 하지 못할 일은 없다고, 사랑을 위해 체면 따윈 상관없다고, 살아남기 위해 부끄러운 일은 없다고 자신에게 말해줄 수 있기를 소망한다. 구걸 따위 하지 않고 제 힘으로 살아온 게 자신감이라면, 살아남기 위해서라면 구걸조차 부끄러운 일이 아니라는 마음가짐이 자존감이 아닐까. 어릴 때부터 제 손으로 돈을 벌었다. 스케치북 하나 사달라고 떼쓰지 않는 아이였다. 동전 하나까지 모두 내 손으로 벌었다는 자부심이 있었다. 이제는 그러지 않는다. 나이는 먹었지만 내게 건네주는 호의를 거절하지 않는다. 엄마가 주는 용돈을 받고 누이가 건네는 물건을 받는다. 친구가 챙겨준 음식을 먹는다.

무엇이 옳고 그른지 고민할 필요 없다. 다양하게 맛보며 자신에게 맞는 것을 찾아가면 된다. 나를 주어로 계속해서 써나가면 된다. 맞춤법이나 문법 같은 건 부수적인 일에 불과하니까. 누구보다 나은 사람이 되지 않아도 좋다. 누구라도 존중할 수 있는 사람이면 된다. 마주한 이들에게 다정한 온기를 나눠주는 사람이면 된다. 멀리 가지 않아도 기쁨은 가까이 있으니까. 세탁기에서 힘찬 파도 소리가 들리고 밥솥에서 세찬 생명의 기운이 뿜어져 나온다. 가스레인지 불꽃은 황홀하고 수도만 틀면 깨끗한 물이 콸콸 쏟아진다. 별 다른 노력 없이도 얻을 수 있는 것들의 소중함을 아는 사람이 되면 좋겠다. 별거 아닌 듯해도 누군가에겐 꿈만 같은 일들이다. 감사하는 만큼 기쁨이 차오를 테니. 대단하지 않아도 특별한 것이 얼마나 많은지. 사소한 것의 특별함을 느낄 수 있으면 애쓰지 않아도 행복할 테니까. 내 맘대로 자라지 않아도 좋다. 무엇이 맞고 틀린 지 점수 매기는 일이 늘어나겠지. 누가 많고 적은지 다투는 세상을 보게 되겠지. 지금은 세상에서 제일 멋진 삼촌이지만, 언젠가 왜 저러고 사는지 이해할 수 없을 때가 오겠지. 삶에 지치고 흔들릴 때도 있겠지. 그래도 괜찮다. 반복해서 들려준 말들이 여리고 작은 몸 어딘가에 남아 있을 테니. 무엇이 맞고 틀린 지는 아무도 모르는 일이니까. 맞고 틀린 건 중요한 게 아니니까. 틀렸다고 잘못된 것은 아니니까. 옳은 일만 하려다 보면 두려워지고 좋은 것만 가지려 하면 실망하게 된다. 잘 쓰지 않아도 좋으니까. 계속해서 이야기를 이어가. 띄어쓰기를 몰라도 괜찮아. 계속 나아가면 되니까. 맞춤법을 몰라도 괜찮아. 생각대로 되지 않은 일이 상상도 못한 멋진 장소로 데려가기도 하니까. 아이들의 엎드린 작은 등과 연필을 움직이는 부드러운 손을 보며 그저 내키는 대로 자신만의 이야기를 계속 써나가기를 바랐다. 진심 어린 내 말도 한 귀로 흘려듣고 온전히 자신의 길을 걸어가기를 소망했다.

강박과 함께 살아가는 기쁨

독신으로 살면 5리터 이상의 종량제 봉투를 쓸 일이 없다. 5리터를 채우는 것도 쉽지 않아서 여름이면 냄새 때문에 곤란해진다. 얼마 전 누이가 마트에서 먹을 반찬을 사면서 20리터 종량제 봉투에 담아 왔다. 아무것도 아닌 걸 알지만 신경이 쓰이기 시작한다. 20리터 봉투를 꼭 써야 한다는 강박이 생기기 시작한다. 이런 증상을 소모 강박이라 이름 붙였다. 냉장고 안에 쉬이 상하는 음식이 있으면 어떻게든 꾸역꾸역 먹어치워야 한다. 두부나 우유는 유통기한이 되기 전에 해치워야 하고 치약을 끝까지 짜고 또 짜다가 나오지 않으면 잘라서 화장실 청소를 해야 한다. 누군가에게 선물을 받으면 그걸 잘 써야 한다는 강박도 함께 온다. 지금은 나아졌지만 음식을 남기지 않아야 한다는 강박도 심해서 음식점에 가면 남은 요리를 꼭 포장해 와야 했다. 아무것도 아닌 것 같지만 심각한 상황에서도 그러니 문제였다. 가까웠던 사람과 절교를 하네 마네 하는 상황에서도 음식을 포장해 온 적이 있었고, 그 기억은 몇 년간 이불을 차게 만들었다. 절약 정신이라 부를 수도 있고 살림꾼이라 말할 수도 있지만 내게는 가난에서 비롯한 천성처럼 느껴졌었다. 원인이 무엇이든지 스스로 과하다고 생각하는 데도 쉽게 고쳐지지 않는 게 문제다. 확인 강박도 있었는데 집을 나서기 전이나 잠들기 전에 가스 밸브를 열 번 스무 번은 확인해야 했다. 문이 닫혀 있는 걸 수십 번 확인하고도 다시 확인하고,

그러고도 불안해서 또 확인하러 돌아가고, 돌아가서 그걸 사진으로 찍어야 했다. 강박은 자신은 그러고 싶지 않은데도 생각이 계속 떠오르고 행동하게 되는 것이다. 물론 정도의 차이가 있을 뿐 대부분의 사람이 강박증을 갖고 있다. 흔히 보이는 게 결벽증. 다른 사람이 만진 물건을 소독해야만 만질 수 있고 손을 몇 번이고 씻어야 한다. 정돈 강박이라고 상표가 모두 한 방향을 바라보게 만들고 간격을 일치시켜야 하는 강박도 있다. 저장 강박이라고 사용하지 않거나 필요하지 않은 물건들을 과도하게 쌓아놓고 모으는 강박이 있다. 정말 정도의 차이일 뿐이다. 사람에 따라 달라지고 뭐라고 부르는지에 따라 달라지는 거다. 어떤 사람에게는 무엇이 들어있는지도 알 수 없을 만큼 빼곡한 냉동고가 이상해 보일 거다. 어떤 사람에게는 입지도 않을 옷이나 물건을 계속 사는 사람이 이상해 보일 거다. 이상해 보이면 어때서, 일상에 지장만 없으면 된다. 일상에 문제가 있으면 어떤가. 강박은 병이 아닌 나라는 인간이 지닌 성질이다. 강박은 나의 정체성을 이루는 일억 오천만 가지 성질 중 하나에 불과하다. 굳이 고칠 필요 없다. 누르면 반동 또한 강해진다. 잘못되었다고 고치려 하면 증상만 심해진다. 그냥 이것도 나를 이루는 부분이라 생각하면 그만이다. 병원에 갈 정도로 심각해지면 어때서, 그때는 약을 먹거나 상담을 받아 충분히 해결할 수 있을 거다. 강박이 지닌 장점도 분명 있다. 정돈 강박은 음식을 플레이팅 하는 데 쓰거나 편의점이나 가게, 행사장에서 물건을 멋지게 정리하는 데 쓸 수 있다. 결벽증은 위생적인 작업을 해야 하는 직업에 큰 도움이 될 거다. 쉽게 단순화하는 것 같지만 분명 길은 있을 거다. 정말 문제가 되는 것은 지나치게 심각하게 받아들이는 마음이 아닐까. 이미 틀렸다고, 자신이 잘못되었다고, 고칠 수 없는 병이라고 생각하기 때문이 아닐까.

완벽해야 한다는 강박에서 벗어나기로 한다. 완벽에 대한 오해가 생을 갉아먹는다. 완벽은 전국시대 조나라 인상여가 화씨벽이라는 구슬을 빼앗기지 않고 무사히 돌아왔다는 고사에서 비롯한다. 완벽의 기원은 완전무결이 아닌 완벽귀조이다. 언제부터 완벽의 뜻이 결점이 없다는 뜻으로 변질되었는지는 모르겠으나 완벽은 본래 존재하지 않는 것이다. 오래전 깨진 구슬 하나가 지금도 무수한 사람들이 불완전한 꿈을 좇도록 만든다. 형태가 있는 것은 사라지고 미완만이 온전히 생명을 담아낼 수 있다. 인간에게 허락된 완벽한 상태는 죽음뿐이다. 누구나 살아있는 한 완벽하지 못한 미완의 존재다. 아름다움은 미완에 깃든다. 해야 할 일은 이야기를 무사히 완결해내는 것뿐이다. 남을 해치는 것도 아니지 않은가. 나와 같은 강박을 지닌 사람도 세상에 얼마든지 있을 거다. 강박이 자신을 이루는 성질이듯 다른 단점도 마찬가지다. 밤에 쉽게 잠들지 못하는 증상이 운동이나 약으로도 고쳐지지 않는다면 아예 밤에 일하는 직업을 구하면 그만이다. 복잡한 상황을 단순하게 풀어내는 게 삶의 지혜 아닐까. 자신을 이루는 성질 중 하나로 받아들이면 마음이 편안해진다. 타인에 대한 존중이 다름을 인정하는 데서 오듯이 자신을 존중하기 위해서는 지금의 자신을 인정해야 한다. 이것 역시 나라고 쿨하게 인정해야 한다. 그것이 전부는 아니니까. 강박이건 결점이건 질병이건 그것으로 본질을 논할 순 없다. 그러기에는 인간은 너무나 복잡한 존재니까. 그저 그러한 특성을 가진 보통의 사람일 뿐이다. 무엇을 가졌는지가 행복을 결정하지 못한다. 행복은 가진 것을 사랑하는가. 그렇지 않은가에 따라 좌우된다. 사람은 정상이니 비정상이니 하는 기준으로 나눠지지 않는다. 삶은 있는 그대로의 자신을 인정하는 사람과 그렇지 않은 사람으로 나뉜다. 이왕이면 가진 것을 사랑하면 좋겠지만 굳이 사랑까지 하지 않아도 괜찮다. 썩

맘에 들지 않지만 어쨌든 내가 가진 거니까. 아무리 뛰어난 것이라도 '가진 것일 뿐' 한 사람을 온전히 설명할 수 없듯이 최악의 것도 마찬가지다. 내가 가진 무수한 것들 중 하나일 뿐 그것이 나라는 인간을 규정하진 못하니까.

어떻게든 살아갈 수 있으면
그걸로 된 거니까.

타인을 부러워하지 않기 위해서

남들이 한정판 운동화를 자랑해도 개의치 않는 건
구멍 난 운동화를 신고 오늘도 달리기 때문이다
남들이 명품 옷을 자랑해도 신경 쓰지 않는 건
땀의 무늬를 몸에 새기고 있기 때문이다

남들이 외제차를 자랑해도 신경 쓰지 않는 건
제 발로 걷는 것보다 큰 기쁨은 없음을 아는 까닭이다
남들이 넓은 집을 자랑해도 무덤덤한 건
채우는 건 모자라기 때문임을 아는 까닭이다

삶은 얼마나 가지는 지로 좌우되지 않고
어떻게 대하는 지로 결정됨을 아는 까닭이다
남들이 무엇을 자랑하건 개의치 않는 건
나의 삶을 사랑하는 덕분이다

거센 강물도 한 줄기 시냇물에서 시작되듯이
아름드리 숲도 도토리 한 알에서 시작되듯이
누구의 생도 부러워하지 않는 마음은
나에게 부끄럽지 않은 하루에서 비롯한다

나를 막아서는 건 나였고 쫓아내는 것도 나였다

그러니 먼저 안아주는 사람도 내가 되어야 한다

나를 위한 순간에 집중하는 사람은

타인에게 집착할 시간이 없다

물건도 오래 쓰면 마음이 깃드는 데

삶에 마음이 깃들지 않는 이유는

자신을 위해 쓸 시간이 없기 때문이다

너라는 존재를 필요로 하지만

나라는 존재로 충분한 사람이기를

누군가를 꿈꾸는 동안

누군가가 꿈꾸는 사람은

되지 못하니까

내 것이 아닌 기쁨

생일은 설렘과 멀어진지 오래고 나이 먹는 건 즐겁지 않지만 삶은 여전히 선물이다. 가족들을 배웅하고 돌아와 받은 선물을 정리한다. 누이가 준 운동용 배낭, 엄마가 준 편지와 용돈, 조카들이 써준 엽서와 젤리, 몇몇 사람들이 보내준 축하의 말과 그 안에 담긴 온기도 선물이었다. 뜻밖의 선물도 있었다. 경애하는 분이 보내주신 힐링베어. 독서용 쿠션과 베개. 노트북 거치까지 되는 신비한 물건이었다. 친구의 누이동생에게 몇 년 만에 연락이 오기도 했다. 글 쓸 때 도움이 됐으면 좋겠다며 티백 세트를 보내주었다. 사촌 누이가 보내준 아이스크림 케이크는 물론이고 냉장고를 가득 채운 반찬도 선물이다. 냉동만두와 나물. 소고기국과 미역국. 전자레인지 위 카누 커피 티백은 명품보다 귀하다. 나라면 결코 살 일 없었을 미용 티슈가 일상을 고급스럽게 만든다. 제과점에서 사온 빵 몇 개가 마음의 허기까지 채운다. 제주에서 사 온 디퓨저가 매일을 향기롭게 만들 것이다. 선물은 그것만은 아니다. 잔뜩 나온 수건. 한가득 쌓인 설거지거리와 쓰레기도 선물이다. 욕실 바닥의 머리카락들. 먹다 남긴 슬라이스 치즈도 선물이다. 함께 나눈 시간을 증명하는 전리품이다. 재활용품을 분류하고 냉장고를 정리하며 마음은 서서히 일상으로 돌아온다.

선물의 범위를 어디까지로 정해두는가. 그건 인생의 방향을 결정하는 중대한 질문인지도 모른다. 선물을 바라지 않으면 모든 것이 선물이 된다. 모든 것을 선물이라 여기면 삶이 선물이 된다. 지금까지 얼마나 많은 선물을 받았던가. 돌아보면 좋은 일도 많았고 지나고 나면 힘겨웠던 일도 나쁜 것만은 아니었다. 버텨낸 모든 순간이 기적이었다. 사람들을 떠나보냈지만 그만큼의 추억이 남았다. 그들과 함께한 순간들은 빛을 잃지 않게 되었다. 한 번 살아보는 것보다 귀한 선물이 있을까. 삶에서 마주하는 모든 것들을 선물로 삼지 않을 까닭이 있을까. 인생은 사는 건데 왜 자신을 팔아치우기 위해 애를 썼던 걸까. 자꾸 뒤를 돌아보게 만드는 건, 노력해도 안 되는 일일까. 노력조차 안 해본 일일까. 해도 후회 안 해도 후회하는 게 삶이라면 미련만은 남기지 말아야지. 내게 부지런한 사람이 되어야지. 부지런함을 기쁨을 위한 도구로 써야지. 온기를 담은 말이 그러하듯 마음을 다한 순간은 아무리 쌓여도 발걸음을 무겁게 하지 않을 테니까. 눈 밝은 사람의 밤하늘엔 별이 더 많이 떠 있듯이 마음 밝은 사람의 하루엔 감사할 일이 끊이지 않는 법이니까.

내 것이 아닌 것들이 주는 기쁨이 있다. 나 아닌 모든 것이 선물이다. 매 순간을 꼭꼭 씹어 먹으리라. 받지 못한 선물을 생각하느라 낭비하기에는 너무 소중한 순간들이다. 오늘의 신곡을 플레이리스트에 담아 눈부신 햇살과 함께 하루를 시작한다. 설렘은 무뎌진 지 오래지만 감사하는 마음은 갈수록 선명해진다. 살아보지 않으면 열어볼 수 없는 선물이 인생 아닐까. 살림은 풍요로워도 마음이 가난한 삶보다, 부족해도 마음만은 궁핍하지 않은 삶이 낫겠다. 내 것이 아닌 것들이 주는 행복을 나를 위한 선물로 느끼며 사는 것도 좋겠다. 부족했던 건 물질이 아니라 시간이었으니까. 욕심에 휘둘리느라 마땅히 가져야 할 기쁨을 누리지 못했을 뿐이니까. 나이 좀 들면 어때서 세상이 이리 매력적인데. 삶은 생각만 해도 좋은 것들과 생각만 하지 않으면 좋을 것들로 이루어져 있다.

생은 마음만 줘도 충분한 일들과
마음만 주지 않으면
괜찮을 일들로 이루어져 있다.

어떤 결과든 스스로 결정한 일이 아니었던가. 선택을 받아들여 사랑해주지 않았을 뿐이다. 한 번 살아볼 기회보다 귀한 선물이 어디 있을까. 그렇게 생각하니 마음이 가벼워진다. 그냥 한 번 살아보는 거라고 마음먹으면 가지 못할 길이 없다. 많은 것을 바라지 않으니 바라는 대로 살게 되고, 많은 것을 원하지 않으니 원망할 일도 없더라. 원래 내 것인 게 어디 있을까. 마음만 남기고 갈 수 있으면 그뿐이지. 왜 이런 일이 생기냐고 슬퍼할 이유도 없고, 이렇게까지 애쓰는데 마음먹은 대로 되지 않는다고 화낼 필요도 없었다. 그런 일들이 있었기에 내가 되었다. 있는 그대로의 나와 지금 여기가 만나 멋진 하루가 된다. 가족들이 남기고 간 달걀을 삶아 먹는 동안 건강할 거다. 엄마가 만들어 준 달래간장에 밥을 비비며 기뻐할 거다. 시시때때로 다가오는 기쁨을 미련 없이 사랑할 테다. 마음이 담긴 물건은 아무리 사소해도 선물이 되고, 마음을 담은 순간은 아무리 짧아도 특별한 추억이 될 테니까.

핑크도 좋지만 민트도 나쁘지 않다

사람이 생각하는 건 거기서 거기일지도 모르지만 행동은 다르다. 행동에는 여기에서 저기로 데려다주는 힘이 있다. 별거 아닌 차이가 삶을 특별하게 만든다. 일상이 지겹다고 말했지만 언제든 세상 어디로도 갈 수 있었다. 숨 가쁜 하루라도 몇 번이고 나를 찾을 기회가 있었다. 가고 싶지 않은 길은 있어도 세상에 멋지지 않은 장소는 없었다. 버티기 힘든 시절은 있어도 근사하지 않은 순간은 없었다. 세상은 우리말로 온 누리인데 그것은 세상이 온전히 누릴 장소로 존재한다는 뜻이다. 다음 장면이 궁금해 읽지 않고는 못 배길 소설처럼 지금을 살아야 한다. 무례한 사람들 때문에 오늘의 유쾌함을 잃지 않아야 한다. 벽에 부딪힌 사람들이 내뱉은 한숨이 세계를 확장시켜왔듯이 하염없이 흔들리던 순간들이 영혼을 깊게 만들었다. 타인에게 인정받는 건 쉽지 않지만 자신을 납득할 수 있다면 사는데 문제없다. 다른 사람이 할 수 없는 일을 해내는 게 전문가라면, 나의 삶을 나보다 잘 해낼 수 있는 사람은 없다. 꿈은 이룬 사람은 멋지지만 꿈을 놓지 않은 사람은 아름답다. 내가 그려온 삶보다 근사한 건 없다. 마음을 다해 살았다면 다음 생을 기약할 필요가 있을까. 다시 태어나지 않아도 다른 삶을 선택할 기회가 여기에 있다. 내일 무슨 일이 생길지 알 수 없기에 두렵지만, 오늘 어떤 일을 할지 선택할 수 있기에 절망에 맞설 수 있다. 선택받길 바랄 것인가. 선택하는 사람으로 남을 것인가. 선택받은 종족이라 여긴 사람들이 무슨 일을 겪고 또 무슨 일을 저질렀던가. 신에게 선택받았다고 주장한 이들이 무슨 짓을 했던가. 누군가에게 선택받으려 애쓰지 않는다. 쓸 만한 존재가 되려 발버둥치지 않는다. 사람으로 태어났으니 사람으로 살면 그만이다. 선택받았다며 우쭐거려도 결국 타인과의 비교일 뿐이다. 신에게 선택받길 원하고, 누군가에게 선택되길 소망하고, 조직에 선택되려 안간힘 쓰며 허비하기엔 한 번 뿐인 인생이 아깝다. 선택하는 사람으로 남길 바란다. 선택이 일으킨 파도를 넘으며 나아가길 바란다.

> 자신의 선택을 믿어주면 운명이 된다.
> 자신의 선택을 사랑해주면 인생이 된다.

한 점 부끄럼 없이 살아오진 못했지만 부끄러운 모습까지 안아주려 애쓰며 살지 않았는가. 무너지려는 나를 일으켜 여기까지 오지 않았는가. 잘 살아냈는지는 모르지만 그래도 나로 살아남았지 않은가. 무슨 잘못을 했건 나를 사랑해야만 한다. 지난날이 오류로 가득해도 괜찮다. 사람이기에 그런 것이니까. 바쁘게 사느라 낯설어진 나와 마주할 시간이다. 조금 어색하지만 이 시간은 지난날을 돌아보게 만들고 돌아봄은 자신을 돌볼 각오를 다지게 할 거다. 오롯한 나로 머무는 순간은 스스로에게 내리는 축복이 된다. 루크레티우스는 청춘의 힘과 정기는 점점 쇠약해지고 우리는 나이와 함께 늙어간다고 했지만, 젊으니까 도전하는 게 아니다. 꿈을 꾸고 사랑을 하는 한 여전히 청춘이다. 나이와 함께 늙지 않고 나와 함께 걸어가는 것이다. 생의 내리막길을 걸을 것인지 아니면 한 걸음씩 내가 되어 갈 것인지. 그것 역시 선택의 영역에 포함되어 있다. 세월에 자신을 잃어가는 것 같았지만 사실은 시간과 더불어 내가 되어가는 중이었다. 별거 아닌 일도 영혼을 자라게 했고 사소한 선택도 나를 맞추기 위한 조각이었다. 핑크도 좋지만 민트도 나쁘지 않다. 알콩달콩 함께도 좋고 홀가분한 자유도 괜찮다. 둥글둥글한 것도 좋지만 뾰족해도 잘못된 건 아니니까. 세상에는 양귀비처럼 붉은 것도 대나무처럼 푸른 것도 필요하니까. 옳은 색깔이 없고 바른 모양이 없듯 삶에는 정답이 없다. 이런 삶도 저런 삶도 있는 거다. 이러할 때도 저러할 때도 있는 거다. 이것도 저것도 모두 삶이 될 거다. 그렇게 각자의 사연을 만들어 가는 거다. 사연들이 모여 세상을 이룬다. 다르면 다른 대로 나름의 방식으로 살아가는 거다. 스스로 선택해서 자신을 만들어갈 뿐이다. 자신이 결정한 사람이 되어가는 거다. 마음을 남기지 않고 나아갈 수밖에 없다. 잘하지 않아도 괜찮으니까. 잘되지 않아도 마음은 자라고 이야기는 계속되니까. 누구의 인생도 그래서 행복하게 잘 살았다고 동화처럼 끝나지 않으니까. 누구의 삶도 아무 감흥도 없이 그렇게 끝나서는 안 되니까.

나를 해고하지 않기로 하자. 자신을 잃어가는 기분이 드는 건 마땅히 내어주어야 할 마음을 내버려 두었기 때문이다. 마음만 먹고 실행하지 않으면 정신적 비만 상태가 된다. 제대로 생각하기 어려울 때는 차라리 아무 생각 않고 움직이는 편이 낫다. 아무리 좋은 생각이라도 쌓이면 짐이 되지만 아무리 사소한 행동이라도 계속되면 길이 될 테니까. 아름다운 것들은 이해를 필요로 하지 않는다.

이토록 인생이 이해하기 어려운 것은
삶에 말로 표현할 수 없는 아름다움이
깃들어 있기 때문이겠지.

제 4 장
유서를 쓰고 밥을 짓는다

매일을 봄처럼 산다

모두를 꽃처럼 본다

집중하되 집착하지 않으며

향유하되 미련 두지 않고

봄과 밤이 만난 것처럼

숨결이 어우러지듯

살결이 맞대어지듯

체취는 사라져도

온기는 남는다

온기마저 흩어지면

반짝이는 별이 되겠지

잘 먹고 잘 사는 법

톨스토이 영감님은 행복한 가정은 모두 비슷한 반면 불행한 가정은 제각각의 이유로 불행하다고 말씀하셨지만 그보다는 부유함은 모두가 바라볼 수 있지만 가난은 저마다의 경험일 수밖에 없는 것이 아닐까. 빈곤은 각자의 내밀한 경험이라 공유되지 못한다. 부유해지는 방법을 배울 순 있어도 가난의 상처를 치유하는 방법은 가르칠 수 없다. 어린 시절 숨막히게 가난했으나 이제는 그 시절도 그리움이 되었다. 엄마가 차려온 밥상에 네 식구가 둘러앉아 먹던 밥상은 다시 마주할 수 없다. 궁핍한 살림을 쥐어짜 차려내는 밥상이 풍족할 리 없었다. 계란은 귀했고 햄이나 고기반찬은 구경하기 어려웠다. 꽈리고추 멸치볶음이라던가 미끄덩거리는 가지무침, 삭힌 젓갈이 어찌나 싫던지. 어린아이의 입맛에 맞을 리 없었다. 늘 거기서 거기인 반찬에 질릴 때가 많았다. 밥상머리에서 반찬 투정이나 편식을 결코 용납하지 않았던 아버지가 무서워 겨우 삼키던 밥 한 숟갈. 어느 날인가 아버지는 몇 종류의 반찬을 한 숟갈에 올려 먹는 법을 보여주셨다. 짜고 달고 매운 것들이 입안에서 어우러져 근사한 요리가 되었다. 나는 그걸 한 술 비빔밥이라 불렀다. 따로 놓고 보면 초라해 보이는 반찬일지라도 여러 가지 맛이 모이면 어떤 귀한 요리보다 맛있어진다는 걸 알았다.

나이 들면서 알게 되는 인생의 맛이 있다. 예전에는 알지 못했던 가지무침의 깊은 맛, 꽈리고추 멸치볶음의 고소한 맛, 담백한 나물의 맛, 푸른 잎에서 전해지는 생기뿐만 아니라 계절의 맛도 알게 된다. 새콤한 매화의 맛, 달콤한 동백의 맛. 쌉쌀한 낙엽 맛. 다채로운 맛의 향연은 아버지가 보여준 한 술 비빔밥에 깃들어 있었다. 아버지는 말 한마디 남기지 않고 세상을 떠났다. 몇 년간 얼굴 한 번 보지 못하고 목소리 한 번 듣지 못했지만 그래도 아들의 작은 몸을 수건으로 씻기던 따뜻한 손이 전한 말이 있다. 작은 밥상을 마주하고 앉은 순간 온기로 전해진 이야기가 있다. 얘야, 꼭꼭 씹어 먹어라. 기쁜 일 하나 없는 하루는 없단다. 순간을 소중히 여겨라. 체할라, 천천히 먹어라. 모든 걸 알 필요는 없고 지금 당장 이해할 필요도 없단다. 세월이 들이는 맛이 있듯이 시간이 지나야 알게 되는 맛도 있단다. 골고루 먹어야 건강해진단다. 짜고 쓰고 차갑고 뜨겁고 매운 맛도 건강한 삶을 위해 필요한 맛이란다. 하늘 아래 먹지 못할 음식이 없듯이 생에 일어나는 일 중에 의미 없는 것은 없단다. 얘야, 세상에 멋지지 않은 삶은 없단다. 충분히 맛볼 시간이 없을 뿐이란다. 살아있는 것을 먹으면 피가 되고 살이 되듯이 살아있는 동안 겪은 일은 경험이 되고 추억이 된단다. 사람은 맛볼 수 있는 최상의 기쁨이란다. 마음을 주고 시간을 들여라. 식은 음식을 데워 먹을 순 있어도 지나간 순간을 데려올 순 없으니 지금을 사랑하여라. 귀 기울여 마음을 맛보고 세심하게 살펴 감사를 느껴라.

삶에 일어나는 일들을 이야기로 여기면 인생이 맛있어진다. 맛있게 먹으면 0 칼로리고 맛있게 살면 미련은 0그램이다. 어떻게 먹어야 옳은지 정답은 없다. 마음껏 맛보면 된다. 날씨를 맛보고 계절을 맛보고 사랑을 맛보리라. 먹어서 몸을 이롭게 하지 않는 것이 없듯이 살면서 겪는 일 중에 해롭기만 한 것이 없다. 모든 일이 있기에 삶은 맛있어진다. 칼로리를 계산하지 않고 에너지를 흡수한다고 여기리라. 콜레스테롤 수치 따위에 얽매이지 않듯이 다른 사람과 비교하느라 인생을 피곤하게 만들지 않겠다. 오래 사는 것보다 건강하게 사는 게 중요하다. 잘 사는 것보다 즐겁게 사는 게 낫다. 예전에 화제가 된 수상소감이 있었다. 배우는 스태프들이 정성 들여 차려준 밥상을 자신은 맛있게 먹었을 뿐이라고 했다. 세상도 멋진 밥상이고 우리는 단지 그것을 맛있게 먹기만 하면 된다. 연기를 잘해 주연상을 받는 건 아무나 할 수 없는 일인지도 모르지만 삶의 주인공이 되어 밥상을 받는 건 감사한 마음으로 충분하니까.

인생에 레시피가 따로 있을까. 음식을 할 때는 레시피를 따라야 맛이 나지만 인생은 마음을 따라야 맛이 난다. 지금은 일상적인 레시피도 누군가의 도전으로 만들어진 게 아니던가. 음식은 숙달되면 늘지만 인생은 한 번뿐이니까. 사람을 들이기 위해서 시간을 내어주듯 세월을 들이기 위해서는 마음을 내어주어야 한다. 뜨거웠던 순간은 기쁨이 된다. 다정했던 시절은 추억이 되어 영혼에 새겨진다. 우리는 남들에게 꿀리지 않는 사람이 되기 위해 자신을 함부로 굴리고 있는 건 아닐까. 어쩔 수 없었다며 핑계를 대고 있는 건 아닐까. 변명에 너무 많은 에너지를 쓰면 그만큼의 시간을 후회로 보내게 된다. '지금의 생활을 얼마나 계속해야 할까.' 숨 막혀하는 것보다 '지금의 생활을 얼마나 계속할 수 있을까' 불안해하는 편이 낫다. 하고 싶은 일을 한다는 건 그런 거다. 불안은 살아있는 존재의 숙명이니까. 타고난 것은 없어도 타고 남은 것이 없도록 살아갈 수 있다면, 대단한 건 이루지 못할지라도 그만하면 괜찮은 인생이겠지.

나는 아직 쓸 만한 사람이다. 자신을 위해 시간을 쓸 기회는 얼마든지 남아 있다.

아직 쓸 만한 물건을
쉽게 버리지 않는 것처럼
충분히 살아볼 만한 인생을
가볍게 포기할 필요는 없겠지.

그것 또한 기쁨이었다

그것 또한 기쁨이라는 마음으로 산다. 산더미처럼 쌓인 설거지거리, 하루 사이에 나온 열흘 치 빨래, 소란한 하루 뒤에 찾아온 정적. 한참 치워야겠다는 엄마 말씀에 이것 또한 기쁨이라고 답한다. 더없이 평화로운 고요 속에서 차곡차곡 집안일을 하는 즐거움이 여기에 있다. 그릇을 포개고 빨래를 널고 쓰레기를 정리하며 조금씩 나로 돌아오는 희열이 있다. 지금껏 사람을 떠나보낼 때 상실을 실패로 받아들였다. 이 사람도 나를 떠나고 말 텐데, 이런 나에게 실망하고 말 텐데, 결국 아무것도 아닌 일이 되고 말 텐데, 새로운 인연을 두려워하고 스스로를 믿지 못하는 사람이 되어버렸다. 생각대로 이루지 못한 일들에 대해서도 마찬가지였다. 역시 나는 이것밖에 안되나 봐. 이게 내 한계인 가봐. 제멋대로 자신을 정의해 버렸고 스스로를 패배자로 규정해버렸다. 실패였던 인연은 없었다. 기적 같은 한때가 있었고 마음을 모두 내어준 순간이 있었다. 다만 시간이 다했을 뿐이다. 서로에게 기쁨이던 두 사람이 서로의 행복을 비는 사이가 되었을 뿐이다. 아직 패배하지 않았다. 실패라고 부르는 건 모두 과거형이다. 이미 지나갔기에 내려놓으면 아무것도 아닐 일들이다. 마음을 다했으면 그걸로 된 거다. 온 힘을 다해 살아낸 순간이 있었을 뿐이다. 여기까지 오기 위해 반드시 통과해야 했던 관문이었다. 그렇게 생각하니 편안해졌다. 아무것도 아닌 일은 없었다. 아무것도 아닌 인연은 없었다. 그런 사람을 만나고 그런 일들을 겪으면서 나라는 존재로 성장해왔다. 잘못된 일 같은 건 없다. 지금 통과하는 이곳을 기쁨으로 느낄 수 있다면 생은 환희가 되겠지.

타인이 어떻게 부르는지에 관계없이,
삶을 무엇으로 채울지 결정할 권리는 나에게 있다.
생을 이름 짓는 건 천천히 해도 늦지 않으니까.

쉽게 감동하는 값싼 사람으로 사는 것도 나쁘지 않다. 새 수세미를 꺼내면서 설레고, 솔잎 향기 폴폴 나는 세제로 그릇을 씻어 차곡차곡 쌓으며 유쾌해진다. 갓 끓인 보리차를 홀짝홀짝 마시며 감사하고, 갓 지은 밥에 생선 한 토막만 있어도 기쁘다. 철마다 피는 꽃을 보며 즐거워하고 날마다 다른 하늘에 감격한다. 조카들이 접어준 색종이 하나에 눈물 흘리고 먼 나라에서 안부를 물어온 이가 있어 며칠 내내 따뜻하다. 걸을 수 있어 기쁘고 아직 뜻대로 움직여주는 몸이 있어 기쁘다. 감동의 문턱을 낮추면 인생은 즐거워진다. 정신 승리라 불러도 좋고 자기 합리화라고 해도 괜찮다. 까짓거 자기 합리화 좀 하면 어때서, 세상일은 뜻대로 풀리지 않는다. 생각대로 되는 때보다 그렇지 않은 경우가 훨씬 많다. 그럴 때마다 역시 나는 안 되는 사람인 걸까, 이 정도가 고작인 걸까, 사는 게 왜 이런 걸까, 자기 부정에 휩싸이거나 패배주의에 물드는 것보다 낫다. 자기 합리화라고 하면 이기적이고 유치한 행동처럼 생각하는 데 전혀 그렇지 않다. 자기 합리화는 자신을 변호하는 일이다. 거울 속 자신을 보며, 그래도 최선을 다했다고 말해주는 일은 중요하다. 편들어주는 사람이 있어도 결국 최후 변론은 자신의 몫이다. 유치한 변명에 불과할지라도 해야만 하는 일이다. 지금 이해할 수 있는 방식으로 현실을 받아들이는 과정이다. 세상 탓 좀 하면 어때서.

남들 욕 좀 하면 어때서. 어차피 세상은 명확한 인과에 따라 흘러가지 않는데. 살인하고 사기치고 폭력을 저지르고도 고개 빳빳이 들고 사는 사람도 있다. 심지어 그런 인간들도 변호를 받을 권리가 있다. 타인을 해치는 것도 아니고 자신을 지키겠다는데 누가 뭐라 할 수 있을까. 먼 나라에서 아파하는 아이에게도 연민을 느끼고, 드라마 속 주인공에게도 공감하면서, 자신에게만 냉정하게 굴 필요 없지 않을까. 시간 낭비 좀 하면 어때서 자신의 인생인데. 실패 좀 하면 어때서 아직 끝난 게 아닌데. 자책감에서 벗어날 수 있다면 무엇이든 해도 된다. 실제로 잘못한 건 아무것도 없으니까. 부끄러워할 쪽은 타인을 심판할 권리가 있는 것처럼 구는 인간들이다. 다시 일어나기 위해 자신의 손을 잡아주는 일은 살아있는 존재의 본질적인 의무다. 귀가 두 개인 건 양쪽의 이야기를 들으라는 거다. 머리 옆에 위치한 건 곁의 사람에게 귀를 기울이라는 거다. 앞쪽을 향해 열려있는 건 뒤에서 하는 말은 의미 없다는 거다. 타인이 어떻게 해석하든 본질은 변하지 않는다. 악취가 진동하는 재래식 화장실에는 더 이상 가지 않아도 되니까. 태풍이 올 때마다 물에 잠긴 골목길로 들어가지 않아도 되니까. 빚쟁이가 문을 두드리던 시절로 돌아가지 않아도 되니까. 당장 내일 먹을 끼니를 걱정하지 않아 다행이다. 가끔 아플 때는 있어도 예전처럼 허리가 돌아가 걷지 못하거나 누워서 대소변을 볼 만큼 심각하지는 않으니까. 가끔 절뚝거리더라도 아직 걸을 수 있으니까. 예전 같진 않지만 아직은 쓸 만하니까.

행복을 갈망했기에 늘 목이 말랐다. 더 나은 삶의 기준은 타인이었다. 인제나 기쁨을 뒤로 미루기만 했다. 굳이 행복까지 필요할까. 그토록 애매모호한 것에 인생을 걸 필요까지 있을까. 자신을 망가뜨리면서까지 쟁취할 가치가 있는 걸까. 행복을 놓아버려야 자신을 붙잡는 기쁨을 느낄 수 있다. 진정으로 자신이 원하는 것을 깨닫게 된다. 눈앞의 사소한 기쁨을 누리며 살게 된다. 눈이 두 개인 이유는 하나로 담기에 세상에 아름다운 것이 지나치게 많은 까닭이었다. 코에 구멍이 두 개인 이유는 들숨 날숨도 쉬어가며 하라는 뜻이었다. 손이 두 개인 까닭은 하나는 사람을 위해 다른 하나는 삶을 위해 쓰라는 이유였다. 어차피 한 번 사는 인생 아닌가. 한 번 살아보는 것도 나쁘지 않네. 그런 마음으로 살면 쉽게 흔들리지 않는다. 행복에 집착하지 않으면 지금에 집중하게 된다. 얼마나 좋은 계절인가. 한 번이라도 좋지 않은 계절이 있었던가. 살면서 온갖 일들이 일어나지만 지금을 고통으로만 채울 필요는 없다. 나쁜 일은 나쁜 일이고 좋은 건 좋은 거니까. 이런 일도 저런 일도 있는 거지. 그런 순간이 모여 삶을 이루는 거니까. 저마다의 사연이 모여 세상을 이루는 거니 의미 없는 순간은 없다. 경이로움으로 세상을 바라볼 때 자신의 지금을 존중할 수 있다. 그러한 지금이 축적된 인간은 운명이 불운으로 이끌어도 불행에 머물지 않는다. 사랑하는 이와 함께한 추억이 생을 데우는 열기가 되듯 기쁨으로 채운 순간은 생을 지속할 연료가 된다. 대단한 일을 하지 않아도 존재는 특별하듯 커다란 행복이 아니라도 생은 빛난다. 어차피 한 번 사는 인생인데. 행복을 좇으며 쫓기듯 살기엔 아깝다. 언젠가 올 행복을 내려놓고 오늘을 산다. 오래된 것들에 대한 사랑만큼은 매일 새롭다. 가진 것은 많지 않으나 감사만큼은 잊지 않는다. 애쓰지 않아도 다가와 준 매 순간을 껴안아 주는 일만으로도 하루가 분주하다. 기쁨은 주머니에 넣을 수 없다. 즐거움은 상자에 담을 수 없다. 행복은 온몸으로 맛보는 것이다.

만약 오늘이 선물이 아니었다면

오늘은 내게 선물을 주어야 하는 날이란 뜻이겠지.

아무것도 아닌 지금, 누구의 것도 아닐 푸름

단골 식당이 문을 닫았다. 서운한 마음은 들지만 오랜만의 외식, 이대로 돌아갈 수는 없다. 새로운 가게를 찾는다. 새로운 식당으로 들어가 새로운 음식을 주문하고 기다린다. 당연한 것처럼 여기지만 일상은 쉽게 사라진다. 단골이던 식당이 문을 닫는다. 좋아하던 아이스크림이 더 이상 나오지 않게 된다. 십 년 넘게 주말을 즐겁게 하던 프로그램이 끝나 버린다. 매일 타던 자전거가 망가져 버린다. 영원할 것 같던 인연이 얼마나 쉽게 끊어지던가. 그래도 괜찮다. 결국엔 괜찮아질 것을 안다. 몸에 꼭 맞는 옷 같은 지금의 일상도 원래 내 것은 아니었으니까. 지금 쓰는 노트북도 언젠가 낡아 쓰지 못하게 될 테지. 매일 아침 운동하는 공원도 언젠가 사라지겠지. 몸을 다치거나 나이가 들어 더 이상 뛸 수 없게 될지도 모른다. 지금 살고 있는 집을 떠나 다른 곳으로 가게 될지도 모른다. 인생은 알 수 없는 것이다. 인생에서 확실한 것은 영원한 것은 없다는 사실뿐이다. 인생은 풀기 힘든 수수께끼다. 그러니 영원하지 않을 지금을 사랑해야 한다. 재미있는 책을 찾는 것도 기쁨이고 지금 읽고 있는 책에서 의미를 찾아내는 것도 즐거움이다. 지금 여기에서 감사를 찾아낸다면 어디에서도 행복을 마주할 수 있겠지. 생각이 바늘이라면 행동은 실이다. 생각에 행동이 따르면 모든 게 이야기가 된다. 이야기는 세상과 삶을 이어 아름다운 무늬를 자아낸다. 일상에 일어나는 변화는 생을 새로운 색으로 물들이라는 계시가 아닐까. 영원히 계속되는 건 없다. 인생도 영원하지 않은데 어떻게 지금이 영원하길 바랄까. 살아있는 한 여행은 계속된다. 이왕이면 즐거운 여행을 해야지. 지나쳐 볼 수 없게 될 풍경을 사랑해야지. 다시는 오지 못할 지금을 세게 껴안아 줘야지. 민들레는 두 번 피어난다. 샛노란 꽃으로 한 번 피고 바람에 몸을 맡길 때 한 번 더 피어난다.

> 언제 어떤 방식으로 끝날지는 알 수 없지만
> 변화에 몸을 맡기고 지금에 마음을 내어주면
> 순간은 아름다운 꽃으로 피어날 테지.

말이 씨가 된 걸까. 불과 며칠 뒤부터 몹시 아팠다. 지난 십 년간 무엇도 운동하는 걸 막지 못했었다. 태풍이 불어도 줄넘기를 했다. 교통사고를 당한 날에도 철봉을 했다. 어떤 일이 일어나도 개의치 않았다. 눈에 보이지도 않는 상처에서 시작된 염증이 기나긴 여정을 멈췄다. 하룻밤 자고 나면 괜찮아지겠지. 진통제면 충분하겠지. 세상에는 골절이나 사고보다 염증으로 죽는 사람이 더 많은데도 자만으로 병을 키우고 말았다. 오만의 대가로 창문 밖으로 세월을 흘려보내야 했다. 집 안에서도 마음대로 다니지 못했다. 운동을 못하니 스트레스가 쌓이고 산책을 못하니 노래를 들을 일이 없어지고, 입맛이 떨어지니 삶의 기쁨이 줄어들고, 사람을 만나도 즐겁지 않고 일에 집중하기도 어렵다. 일을 하지 못하니 자존감이 떨어지고 활동량이 적어지니 불면증이 심해진다. 숨이 턱턱 막히고 앞날을 생각하면 우울해진다. 모든 것이 작은 상처 하나에서 비롯되었다. 사람을 망가뜨리는 건 지극히 사소한 일이다. 통증은 지극히 정교한 삶의 메커니즘을 살피게 만든다. 아픈 곳을 보살피며 자신을 돌보는 방법을 배우게 만든다. 얼마나 많은 부품이 모여 몸을 움직이는지 느낀다. 무수한 기적이 모여 일상을 지탱하고 있음을 깨닫게 된다. 사소한 상처가 일상을 망가뜨리지만 사소한 행위가 일상을 구원할 수도 있다. 약을 챙겨먹고 꾸준히 치료를 받고 음식을 가려 먹고 무리하지 않는다. 나을 듯 낫지 않아도 조급해하지 않는다. 당연하다고 여긴 일이 용기를 내야만 할 수 있는 일이 되고, 힘을 내어도 하지 못하는 일이 되면서 당연한 것들의 소중함을 절실히 느낀다. 반란군을 달래는 왕처럼 몸의 목소리에 귀를 기울인다. 몸의 요구가 합당하며 그것이 나를 위한 일임을 깨닫는다. 미끄러지는 건 한순간이지만 다시 올라가는 데는 한 세월이 걸리는 이유는 삶을 온전히 느끼게 만들기 위해서다. 식탁에 앉고, 샤워를 하고, 마트에 가는, 사소한 일들이 얼마나 대단한 것인지 알게 된다. 몇 주 만에 양말을 신으니 교양인이 된 것 같았다. 다시 신발을 신은 날에는 문명 세계로 돌아온 것 같았다. 한 칸씩 올라가며 얼마나 많은 것들을 당연한 듯 누리고 있었는지를 깨닫는다. 재활은 다시 사는 일이다. 회복은 행복을 되찾는 일이다. 일상은 취급주의 표시가 된 상자 같은 거다. 깨지기 쉽지만 그래서 더욱 소중한 선물상자다. 바깥으로 나갈 때면 무탈한 세상에 인사를 한다. 집으로 돌아올 때마다 무사했던 오늘에 감사를 표한다. 지금 기쁨을 미루는 건 삶에서 자신을 소외시키기로 결정하는 일이다. 기쁨을 뺀 자리에 욕심을 채우는 건 꽃을 꺾어 거름을 만드는 거다.

두 달 만에 자전거를 타고 나왔다. 수국은 시들었고 옥수수는 사라졌다. 긴 장마 사이에 잠시 난 햇살이 눈부시다. 일주일에 몇 번씩 자전거를 타고 돌던 동네 풍경이 새삼스럽다. 해초를 뜯거나 조개를 파는 할머니들, 산책하는 가족들과 벤치에 앉아 사진을 찍는 연인들. 모르는 사이

인데도 반갑다. 작은 상처에서 시작된 병이 일상을 뒤흔들었다. 두 발을 딛고 몸을 씻을 수 없었다. 경련 때문에 잠들지 못하고 아파서 잠에서 깼다. 아무것도 아닌 것처럼 흘려보낸 일상이 얼마나 대단한 일인지 몸으로 느꼈다. 매일 신곡을 담아 들으며 공원을 걷는 게 얼마나 호사스러운 일인지 몰랐다. 일주일에 한두 번 장을 보는 게 얼마나 특별한 일인지 몰랐다. 버스를 타거나 도서관에 가는 게 그렇게 힘든 일인지 알지 못했다. 아무 노력 없이 꽃을 보고 구름을 보고 바람을 느꼈다. 애쓰지 않고도 걸을 수 있었고 진통제를 먹지 않고도 잠들 수 있었다. 무사히 집으로 돌아온 것도 무수한 행운 덕분이었다. 그토록 많은 것을 누리고 있으면서도 아무것도 아니라고 여겼다. 낮은 곳에서 올려다본 세상은 찬란하다. 아무것도 아닌 지금은 누구의 것도 아니게 될 푸름이었다. 오늘의 푸름은 오늘까지다. 모두에게 시간은 공평하게 흐르지만 각자가 사는 계절은 저마다의 풍경을 갖고 있다. 감사로 보는 세상은 아름답다. 사랑으로 느끼는 세계는 온전하다. 당연하다고 여기면 위대한 일도 아무것도 아닌 게 된다. 살아있음보다 위대한 일이 있을까. 수국은 졌지만 벼는 여전히 싱그러운 초록으로 일렁인다. 생명이 깃든 초록도 사랑하지 않으면 아무것도 아닌 것이 된다. 눈부신 아침 햇살도, 따스하게 안아주는 연인도, 걱정해주는 가족도 모두 아무것도 아닌 것이 된다. 아무것도 아닌 지금은 누구의 것도 아니란 말이다. 지금을 사랑하는 사람의 것이란 말이다. 나이 들며 잃어가는 게 많아지겠지. 사람도, 건강도, 청춘도 내어주며 나아가야 할 테지. 그러나 감사를 잊지 않은 마음은 늙지 않을 테니까.

당연한 게 어디 있을까.

마땅히 사랑해야 할 지금이 여기에 있을 뿐이다.

유서를 쓰고 밥을 짓는다

방금 올해의 유서를 써서 봉투에 넣었다. 봉투는 작년과 그대로다. '고맙습니다.' 다섯 글자가 인쇄되어 있는 하얀 봉투. 몇 년째 쓰고 있기에 내용은 별 다를 것 없다. 자산이라 하기에도 민망하지만 어떻게 나눌지 쓴다. 얼마 되지 않는 물건을 처리할 방식을 쓴다. '이 자리를 빌려 말씀드립니다. 자리를 빛내주신 분들에게 감사드립니다. 곁을 지켜준 사람들은 물론 떠나간 사람들에게도, 삶을 찬란하게 만들어준 모든 분들에게 다시 한번 감사드립니다.' 고작 이 정도 내용이 전부다. 초록 잎사귀가 그려진 편지지는 누이에게 받았다. 매해 유서를 쓰는 걸 알기에 가족들도 개의치 않는다. 지금껏 수십 번 유서를 썼다. 첫해에 썼던 유서 내용과 오늘 쓴 유서 내용이 달라진 만큼 나 역시 변했다. 처음 쓴 유서는 미련과 후회, 절망으로 가득했었다. 이루지 못한 꿈에 대한 아쉬움과 놓지 못한 인연에 대한 슬픔으로 빼곡하게 채워졌었다. 세월이 흐르면서 유서는 간결해졌고 마음은 가벼워졌다. 죽음을 생각할 때 삶은 진실해진다. 끝을 생각할 때 무언가가 시작된다. 진정 소중한 이름이 아니라면 유서에 적히지 않는다. 정말 절실한 일이 아니라면 유서에 쓰지 않는다. 뒤집어보면 유서에 적힌 사람에게 마음을 주고 후회로 남을 일에 시간을 주면 충실한 생을 살게 된다는 뜻이다. 유서는 겉멋으로 채운 버킷리스트와는 다르다. 죽을 각오를 하고서 하지 못할 일은 없다. 언젠가 죽을 것을 아는데 두려울 것도 없다. 아파본 적 없는 사람이 건강의 소중함을 모르듯 죽음을 생각하지 않고서 온전하게 살 수 없는 거였다. 유서는 죽으려고 쓰는 게 아니라 살려고 쓰는 거였다. 절망의 순간에 필요한 것은 정의나 진실 따위가 아니라 고요 속에서 들리는 목소리다. 지금부터 남은 시간이 일 년뿐이라고 생각하면 시도하지 못할 일이 없었다. 새로운 일을 시작했고, 직장을 그만두었고, 이사를 했다. 죽음과 마주한 이보다 간절히 삶을 갈구하는 사람이 있을까. 죽음이 뜻하는 바를 깨달을 때 삶이 얼마나 찬란한지 느끼게 된다. 죽음에 대한 두려움만이 삶을 마땅히 가야만 할 장소로 이끈다. 죽음 앞에서 거짓된 사람은 없다. 죽음을 구체화하면 삶은 실체가 된다. 끝을 각오해야만 열리는 무대가 있다. 유서를 마주하면 어떤 삶을 원했는지 깨닫게 된다. 어떤 부분을 후회하는지 알게 된다. 평소 당연하다고 여긴 것들이 얼마나 감사한 일인지 느끼게 된다. 소중한 사람을 어떻게 대했는지 생각하게 된다. 현실을 핑계로 미룬 꿈을 떠올리게 된다. 막연히 계속될 거라 믿는 지금의 일상이 언젠가 끝난다는 사실을 실감하게 된다. 삶이 끝나도 세상은 그대로일 테지만 끝을 각오하고 사는 인생은 다르다. 누구나 새로운 이야기를 쓸 수 있다. 나만의 서사를 시작할 수 있다. 온전히 나를 위해 살아갈 용기를 얻는다. 지금에 이르기 위해 그 모든 선택이 필요했으며 이곳은 무수한 지금이 모여들어 만든 바다임을 깨닫게 된다. 돌아보면 뜨겁게 살아낸 순간은 꽃을 피우고 마음을 다해 사랑한 이름들이 별처럼 반짝이고 있다. 유서를 쓴다고 인생이 극적으로 바뀌지는 않지만 다른 시선으로 세상을 바라보게 된다. 한결 가벼워진 마음으로 삶을 대하게 된다. 어제의 나를 묻은 자리에 오늘의 내가 피어난다. 고쳐쓰기는 불가능해도 다시 쓰기는 가능하다. 두려움을 알지 못하는 건 소중함을 모른다는 말이다. 두려움이 없으면 용기도 없다. 두려울 때마다 유서를 쓰며 한해살이 풀꽃처럼 살 것을 다짐한다.

식물처럼 생각하고 동물처럼 살려한다. 식물은 탓하지 않는다. 민들레가 말할 수 있다고 자신을 짓이기는 발걸음을 원망할 것 같지는 않다. 동백꽃이 추운 겨울에 피는 신세를 한탄하리라고는 생각되지 않는다. 위태롭게 바위를 붙들고 선 해송이 스스로의 처지를 불행하다고 여기지는 않을 것이다. 식물은 자리를 가리지 않는다. 폐선 위에 떨어진 씨앗도 빗물만 있으면 싹을 틔운다. 사람들이 흉가라 부르는 무너진 지붕 위라도 개의치 않는다. 어디라도 자리 잡았으면 싹을 틔우고 햇살을 향해 몸을 뻗는다. 꽃은 지는 것을 두려워 않고 뿌리는 꽃의 화려함을 부러워하지 않는다. 용문사 대웅전 앞을 지키는 은행나무도 씨앗을 내릴 때부터 천 년을 살겠다고 생각하지는 않았을 거고 레드우드 국립공원에 있다는 아메리카 삼나무도 백 미터쯤 클 거라 다짐하진 않았을 거다. 꽃은 계산하지 않는다. 나무는 계획하지 않는다. 화려한 꽃을 피운 동료를 시기하지 않고 열매를 많이 맺지 못했다고 미련을 남기지 않는다. 식물은 오직 지금을 살 뿐이다. 한 방울의 물을 빨아들이기 위해 바위를 뚫고 한 뼘 햇살을 받기 위해 잎을 펼친다. 동물은 탐하지 않는다. 사자에게 쫓기는 영양은 포식자의 송곳니를 부러워하지 않는다. 바다에 살지만 염분을 배출할 수 없어 일 년에 절반을 탈수상태로 버틴다는 바다뱀도 자신의 신세를 한탄하지 않는다. 배고픔에 쓰레기봉투를 뒤지는 길고양이도 따뜻한 방안에서 가르랑거리는 집고양이의 자리를 탐하지 않는다. 동물들은 저 너머를 생각하지 않기에 불행에 빠지지 않는다. 동물들은 아무렇지도 않다는 거짓말로 자신을 상처 입히지 않는다. 자신의 자리에서 살아남기 위해 할 수 있는 모든 것을 할 뿐이다. 그들에게는 오직 여기뿐이기에 자책하거나 질투하지 않는다. 식물처럼 생각하고 동물처럼 움직이려 한다. 잡념을 생각이라 착각하지 않고 생존을 위한 일에 쓸데없이 의미를 부여하지 않는다. 지금만 생각하고 여기서 할 수 있는 일을 한다. 그거면 된다. 법정 스님은 마음이 불안하고 만족할 줄 모르는 이유는 자신이 살고 있는 세상과 조화를 이루지 못하기 때문이라고 말씀하셨다. 배움은 어디에든 있었다. 배우려는 마음을 품지 않았을 뿐이다. 보도블록 사이 제멋대로 핀 민들레에게 배운다. 바닷바람에 낙엽을 날려 보내는 느티나무에게 배운다. 봄 햇살에 몸을 맡긴 얼룩 고양이에게 배운다. 유서를 쓰고 쌀을 씻는다. 손안에서 춤추는 쌀알의 단단함을 음미한다. 전기밥솥이 뿜어내는 생명의 열기를 느낀다. 살아있는 것을 먹어 살아있음을 지속하는 거룩한 순간이다.

집으로 돌아와야 하루가 끝나듯
본래의 나로 돌아와야
시작되는 삶이 여기에 있다.

잊어버린 건 잊어버려야 살기 때문이다

일 년에 절반은 레깅스에 반바지. 반팔 위에 슬리브리스 집업 후드를 입고 지낸다. 급하게 나갈 일이 있어 서둘러 옷을 입고 짐을 챙겨 나갔다. 기사에게 꾸벅 인사를 하고 버스 맨 뒷자리에 앉을 때까지 이상함을 느끼지 못했다. 반바지가 말려 올라간 건가 싶어 옷을 내리려는데 아무것도 없었다. 레깅스만 입고 나온 거였다. 다음 정거장에서 바로 내려서 서둘러 집으로 돌아왔다. 온 몸이 땀에 흠뻑 젖어 있었다. 오래 입어 늘어진 후드 티셔츠가 이렇게 든든한 적이 있었던가. 이런 일은 한 번도 없었는데. 이게 무슨 일인가 싶었다. 약속에 늦은 것 따위 아무것도 아니었다. 이런 일이 처음일 뿐 비슷한 경우는 얼마든지 있었다. 나이 들면서 물건을 잊어버리는 일이 잦아진다. 냉장고에 휴대폰을 넣거나 택시에 지갑을 놓고 내리는 것만이 아니다. 재미있게 봤던 영화에 나온 주인공의 이름이라던가. 외우고 다니던 시의 제목이라던가. 제법 괜찮다고 생각한 식당에 와본 적이 있는지 헷갈린다던가. 노화가 진행됨에 따라 기억을 잃어가는 건 아닌지 두려울 때도 있다. 그럴 때마다 소중한 것은 사라지지 않는다. 그렇게 속삭인다. 인생에는 너무나 다양한 일이 일어난다. 제아무리 마음 그릇이 커도 남을 수 없을 만큼 많은 일이 일어난다. 하루에도 얼마나 많은 사람과 마주치는가. 지나치게 많은 일을 하는 동안 지나치게 많은 정보가 쏟아져 들어온다. 세계 곳곳에서 일어나는 일들. 뉴스에서 전하는 사건 사고들. 친구. 가족. 지인들의 경조사. 망각은 정보가 범람하는 시대에서 살아남기 위해 마음이 선택한 생존수단인지도 모른다. 모든 걸 생생하게 기억한다면 얼마나 끔찍할까. 고통스러운 기억이 매 순간 되풀이 된다면 얼마나 견딜 수 있을까. 도저히 감당할 수 없을 만큼 기억이 쌓이면 마음은 잃어버려서는 안 될 추억만 남기기로 결정한다. 잊어버리는 건 잊어버릴 수 있기 때문이다. 잊어버린 건 잊어도 될 기억이다. 영화배우의 이름 따위 기억하지 않아도 괜찮다. 식당에 와본 적이 있는지 기억하지 못해도 사는데 지장 없다. 기억하지 않고 싶어도 기억되는 순간들이 있다. 마음 맨 밑바닥에서 순식간에 수면으로 솟구치는 장면들이 있다. 어떤 장면은 사소하고 어떤 순간은 무겁다. 처음 만난 날 그가 입고 있던 노란색 나이키 티셔츠나 관에 넣기 위해 안았던 아버지의 몸. 어떤 것들은 숫자로 기억된다. 휴대폰 번호도 제대로 외우지 못하지만 애써 지우려 해도 지워지지 않는 숫자들이 있다. 아버지가 세상을 떠난 날짜, 그를 처음 만난 날과 그의 생일, 입대일과 제대날짜, 군번과 총기 번호 같은 숫자들은 몸에 새겨져 있다.

기억된 순간들은 별 볼 일 없는 인생이라고 생각될 때에 살아갈 이유가 되어주었다. 보잘 것 없는 인생을 이쯤에서 끝내는 것이 나을 것 같을 때에도, 삶을 붙잡을 변명이 되어주었다. 그래도 아무 일도 없었던 것은 아니었다고. 내 생에도 분명 소중한 순간들이 있었다고. 온 힘을 다해 살아왔다고 말해주었다. 우리는 만나야 했기에 만났다고 말했던 것처럼, 우리는 헤어질 수 있어서 헤어진 거다. 멀어진 사람들은 주어진 시간이 다했을 뿐이다. 그러니 잊어버린 건 잊어버려도 살 수 있었기 때문이다. 소중한 것은 마음을 떠나지 못한다. 소중한 것들은 마음을 떠나지 않는다. 그러니 아무리 사소한 기억이라 해도 쓸모없는 것이라 불러선 안 될 테지. 고무호스를 잘라 만든 윷에 달력 뒷면에 그린 윷판으로 놀던 단칸방의 기억이 마음을 떠나지 않은 건 그것이 기억되어야만 하기 때문이다. 아무리 고통스러운 기억이라도 의미 없는 것이라 여겨선 안 된다. 사랑하는 이를 아프게 했던 기억이나 누군가를 다치게 하거나 스스로를 해친 기억이라도 마음에 남아 있는 건 그것이 필요하기 때문이다. 아마 앞으로는 더 많은 것을 잊어버리며 살게 될 테지. 잊어버리고 손해를 보거나 망신을 당하는 일도 있을지 모른다. 그게 뭐였더라. 그때는 어땠더라. 내가 왜 이러지. 그런 말을 하게 될지도 모른다. 그러나 살기 위해 필요한 기억은 사라지지 않으리라. 어쩌면 기억 전부를 잃을 수도 있다. 아니면 갑작스런 사고로 세상을 떠나게 될지도 모른다. 그건 어떻게 할 수 있는 일이 아니니까. 어떤 일이 일어날지 알 수 없으니 부지런히 소중한 기억을 만들어야 할 테지. 사랑하는 이들과 소중한 추억을 만들어야 할 테지. 나로 존재하는 동안에는 반짝반짝 빛나는 추억들을 품고 살아야 한다. 세상을 떠나기 전에 사랑하는 이들에게 마음을 듬뿍 남겨야 한다. 이 마음만은 잊지 않도록 매 순간 내게 속삭여야 한다.

세상은 조금씩 나은 곳이 되어간다. 적어도 새로운 곳으로 나아가고 있다. 인생 역시 그렇다. 생각대로 되지만은 않았지만 그래서 생각보다 멋진 일이었다. 때로 현실을 잊기 위해 여행을 떠났지만 삶이 자신을 찾아가는 여행이었다. 그렇지만 여전히, 잘 가라는 말은 쉽지 않다. 나이가 들고 이별의 경험이 쌓이지만 오히려 어려워지는 것만 같다. 사랑했던 사람을 떠나보내고 가까운 사람을 잃으면서 상처는 계속 늘어만 간다. 세월이 흐를수록 오래된 것들과 이별하게 된다. 상처 입지 않게 되는 게 아니라 상처를 품고도 살 수 있다는 사실을 깨달았을 뿐이다. 마음에 입은 상처는 쉽게 아물지 않지만 그래도 기억은 상처보다 오래 간다는 걸 알게 되었다. 흉터는 한때 소중했던 것들을 기억하게 만든다. 상처 입는 걸 두려워하면 좋은 기억이란 없을 테니까. 끝내 작별할 것을 알기에 좋은 것들을 건네줘야 한다. 사랑한다고 고맙다고 덕분에 행복하다고 온기를 담아 전하는 수밖에 없다. 말로 전해질 수 없는 것들이 있다는 걸 안다. 하지만 그것들이 말로 전해야 할 유일한 것이라는 것도 안다.

작별 인사는 여전히 쉽지 않지만
사랑했던 것들이 떠나가면서
사라지지 않는 무언가가 된다는 건 알고 있다.

내게 돌아오기 위한 밤

지난날을 돌아보면 후회나 미련. 상실 따위가 뿌옇게 시야를 가리고 있었다. 시선을 앞으로 돌려도 희망이 보이지 않았다. 항상 무언가를 위해 살았다. 열심히 해도 성과를 얻지 못하면 자책했고 스스로를 채찍질해 나아갔다. 나태가 실패보다 두려웠다. 권태에 빠져 쓸모없어 질까 봐 무서웠다. 그래서 쉬지 않고 일했다. 보기 싫은 얼굴을 참아냈다. 머릿속으로 계산기를 두드리며 살았다. 항상 사람들에게 친절하려 애썼다. 자신을 위한 시간은 뒤로, 다시 뒤로, 끝없이 미루기만 했다. 나 아니면 안 될 거라 믿은 일은 누구라도 대체할 수 있는 일이었다. 인연이라 믿은 사람들은 조금씩 멀어지다 끝내 눈앞에서 사라졌다. 텅 빈 물결만 일렁일 뿐 남은 것은 없었다. 거울에 비친 나이 들어버린 몸. 주름이 새겨진 눈가. 충혈된 눈. 처진 가슴과 두툼한 옆구리 살. 빠진 채 내버려 둔 어금니 같은 인생이었다. 무엇을 위해 살아온 걸까. 뭐 그리 대단한 일을 한다고 애쓴 걸까. 분명 뜻대로 살기 위해 돈이 필요했는데 돈을 벌기 위해 나를 버리며 살고 있었다.

오랫동안 침묵했다. 때로 나아갈 수 있는 유일한 방법이 멈춤 일 때가 있다. 이길 수 있는 단 하나의 전략이 싸우지 않는 것일 때가 있다. 스스로를 안아주기 위해 자신에 대해 생각하지 않아야 할 때가 있다. 아무 생각 없이 걸었다. 나를 망가뜨리고 싶어질 때면 뛰었다. 심장 소리 외에는 듣지 않았고 흘러가는 구름 외에는 보지 않았다. 비가 오면 빗속을 걸었고 눈 덮인 산을 올랐다. 아무런 판단도 하지 않았다. 누구의 평가도 개의치 않았다. 억지로 마음을 바로잡으려 애쓰지 않았다. 너무 늦기 전에 되돌려야 한다며 아우성치는 이성의 목소리에 귀 기울이지 않았다. 그저 발걸음만 옮겼다. 무수한 풍경들이 나를 통과해 지나가도록 허락해주었다. 나로 살아낸 순간이 소복소복 쌓이기 시작했다. 몇 번의 계절이 왔다가 멀어지는 동안 축적된 시간의 조각들. 세월의 흐름에서 잠시 벗어나 온전한 나로 존재했었다. 어느 순간 홀로 있어도 오롯했다. 나를 통과해 간 풍경들이 스스로 그러한 것들이었듯 나 역시 그러한 존재임을 알게 되었다. 생은 실패나 성공으로 나눠지지 않았다. 상실로 쌓아올린 처참한 무덤이 아니었다. 이미 충분히 사랑한 저녁이 있었을 뿐이다. 선택한 것에 시간을 주었고 사랑한 이들에게 마음을 주었다. 단지 그뿐이다. 잃은 것은 아무것도 없었다. 소중한 것은 사라지지 않았다. 저 편에 남겨두고 온 것들은 반짝반짝 빛나는 무언가가 되어 있었다. 손에 닿지 않는 곳에 있기에 훼손될 수 없는 추억이 되었다. 비로소 마음에 머물게 된 이름들. 이별은 이름 하나를 반짝이게 만드는 일이었다. 오랜 시간에 걸쳐 일어나건. 교통사고처럼 한순간에 벌어지건. 상실은 반드시 일어난다. 아무 일도 일어나지 않았다면 아무 이야기도 쓰이지 않았을 거다. 아름다운 이야기는 날카로운 펜으로 쓰인다. 원래 내 것이 아니었던 것을 주었다가 다시 가져갔을 뿐이다. 조우와 부재 사이에서 존재는 증명된다.

열심히 살아낸 순간들에 경의 외의 감상은 필요치 않다. 나를 속삭이는 밤이 있었기에 비로소 알게 된 것들이 있다. 너무 늦어버린 때란 없었다. 밤의 한가운데서 하루가 시작되듯이, 생의 중심에 선 사람에게 새롭게 시작하기에 늦은 때란 없는 거였다. 아직 사랑해보지 않은 아침이 기다리고 있었다. 사랑한 것에 마음을 내어주고 선택한 것에 시간을 내어준다. 그거면 된다. 완벽한 사람이길 포기해야 삶이 온전해진다. 있는 그대로의 나를 사랑하기 위해, 내가 나와 친해지기 위해 나를 속삭이는 밤이 있어야 했다. 내게 시간을 내어주고 다정하게 안아준 밤들이 있었다. 때로는 고요 속에서 가장 많은 대화가 오간다. 이야기를 들어주는 것이 누군가와 가까워지는 가장 확실한 방법이다. 무엇을 원하는지, 무엇을 원하지 않는지, 귀를 기울이는 만큼 마음은 자신의 편이 된다. 마음이 자신을 지지해 줄 때 어떤 변화가 일어나는지 느끼게 된다. 의미를 찾는 일은 시간에게 내어주고. 판단은 사람들에게 맡겨두고. 내게 다정한 하루를 살아내기를 바란다. 때때로 나를 속삭이는 밤을 잊지 않을 것이다. 나를 웃게 하는 일에 시간을 내어주고 자신을 기쁘게 만든 순간으로 생을 평가할 것이다. 이해할 수 없어도 스스로 납득할 수 있는 선택을 축적할 것이다. 그게 오늘의 할 일. 판단하기 시작하면 행동이 멈추고, 평가하기 시작하면 선택지가 줄어든다. 타인에게 이해받기를 원하면, 납득하지 못할 일을 떠맡게 된다. 자신이 원하는 것을 선택하고. 그저 하고 싶은 대로 행동하면 된다. 자신의 선택에 납득할 만한 시간을 내어주면 된다. 나를 속삭이는 밤을 경계로 다른 세상을 살게 되었다. 어떻게든 버텨내던 삶에서 어떤 선택도 옳은 것이 되는 세상으로 이동했다.

매일 아침 세상을 향해 떠났다가

밤이면 내게로 돌아오는 일.

그것만으로도 기적이 아니겠는가.

자신을 위한 소리를 만든다

난생처음 비행기를 타고 제주까지 간 이유는 자전거를 타기 위해서였다. 십수 년간 온 힘을 다해 나아가려 애썼지만 나에게서 멀어져갈 뿐이었다. 무언가를 이룬다는 건 불가능한 목표로 보였고 행복은 잡을 수 없는 신기루 같았다. 사흘간 한 일은 겨울바람에 맞서 페달을 밟은 것뿐이었지만 내내 충실한 기분이었다. 무엇도 계획하지 않았다. 다리에 힘이 풀릴 때까지 달리고 내게 맛있는 음식과 멋진 풍경을 선물해 주었을 뿐이다. 열매를 맺지 못하고 멋없이 키만 자라 휘청거리던 지난날과 달랐다. 먼 미래의 무언가를 상상하는 것보다 오늘을 실감하며 사는 편이 즐겁다는 걸 느꼈다. 큰 그림을 그리기보다 작은 동그라미를 만들어 채우는 삶이 내게 어울린다는 걸 깨달았다. 섬은 길을 잃을 염려가 없는 장소였다. 섬이라는 공간이 지닌 한정성을 사랑하게 되었다. 하루를 사는 일도 마찬가지다. 오늘을 온전히 살아내는 일에 집중하면 나를 잃을 걱정이 없다. 내일이 없는 것처럼 산다. 오늘만 남은 것처럼 산다. 진실한 하루가 축적되면 생은 단단해진다. 섬은 고립된 장소가 아니라 대양을 향해 열려있는 공간이다. 하루가 생에서 차지하는 역할도 다르지 않다. 하루를 일 년처럼. 일 년을 일생처럼 여기면 감당하지 못할 일이 없다. 어떤 고통이라도 하루를 못 견딜까. 버티지 못할 관계도 없다. 오늘 보고 말 사람 따위 신경 쓸 필요 없다. 한해살이 풀꽃처럼 산다. 지금이 아니면 맡지 못할 향기가 여기에 있다. 이곳이 아니면 느끼지 못할 온기가 곁에 있다. 화려하지 않아도 화창하게, 외롭다는 말보다 오롯하게, 혼자가 고통스러운 사람은 타인을 위해 버거운 일도 감당해야 한다. 오롯한 자신만의 시간이 얼마나 평온한지. 아무도 없는 삶보다 자신이 없는 생이 무서운 거다.

이리저리 채널을 돌리던 리모컨 소리는 구조를 바라는 모스 신호였다. 자신을 향한 소리가 없다면, 자신을 위한 소리를 만들어내야 하는 거였다. 마음속 소리를 따라 움직여야 할 시간이었다. 타인의 생을 두리번거리는 건 그만두고 자신을 두근거리게 할 일을 시작할 시간이다. 누구 연락해 줄 사람 없나. 어디 전화 걸 데는 없나. 하루를 흘려보내기보다, 자신을 위해 무언가를 하는 편이 나은 일이었다. 뿌린 씨앗 꽃이 되지 못해도 조금은 비옥해진 땅에서 살게 되는 거였다. 제한된 다양성은 구체화된 가능성이 된다. 막연한 인생 대신 한정된 오늘을 산다. 분산된 마음을 한 곳에 모은다. 빛은 퍼지며 강렬해지고, 꿈은 모여야 강력해진다. 물줄기를 한 곳으로 향하게 한다.

내게 온 날들을 기쁨으로 맞아들여
내가 된 하루를
기꺼이 보내주는 일을 반복한다.

참가에 의의를 둔다

참가하는 것으로 충분하니까. 해볼 수 있는 건 다 해보고 죽어야 한다. 사랑해야 할 것들을 사랑하다 끝내려 한다. 저 편에 두고 온 이름 중에 사랑하지 않은 것이 없었고, 떠나간 사람 중에 소중하지 않은 인연이 없었다. 그 또한 운 좋게 얻은 것에 불과하다고 생각하면 얼마나 가벼워지는지. 이렇게 쉬운 거였다. 공짜로 얻은 인생을 아낌없이 쓰다가 갈 뿐이다. 아무것도 없던 상태에서, 아무런 노력 없이, 무엇도 투자하지 않고도 삶을 얻었다. 그러니 살아있는 한 손해 보는 일은 없다. 실패로 끝난 이야기는 없다. 이야기는 각자의 선택대로 흘러갈 뿐이다. 원래 내 것이었던 것은 아무것도 없으니 물건을 탐하지 않는다. 십 년 된 중고 노트북, 수천 킬로미터를 달린 낡은 자전거, 뒤꿈치가 닳은 운동화. 불편해도 적당히 맞춰가며 산다. 애지중지하지 않는다. 도저히 쓸 수 없게 될 때까지 막 쓴다. 본전을 뽑아낼 때까지 함부로 쓴다. 인생을 사용하는 자세도 본질은 다르지 않다. 닳아 없어진 마음에 미련이 남을 리가 있을까. 남김없이 태워버린 순간에 후회가 머물 수가 있을까.

이 정도면 괜찮은 순간과 이래도 되나 싶을 순간이 만나 온전한 하루를 이룬다. 간혹 힘들고 아프고 때로 슬픔을 시간에 담가두어야 할지라도, 기쁨을 음미할 의무가 있음을 잊지 않는다. 여유가 생겨 달을 보는 게 아니라. 달이 가진 여유를 들이는 거다. 식탁을 가득 채우지 않아도 이렇게 살아서 먹을 수 있는 게 이득이라 생각하면 풍요롭지 않은 끼니가 없다. 나의 것을 채우느라 눈이 팔리면 내 것이 아닌 것이 주는 행복을 보지 못한다, 나로 가득 찬 마음에는 세상을 들일 공간이 없다. 비운 자리에 바람이 머물고. 계절이 들어오고. 가끔 사람도 쉬어간다. 선선한 유월의 바람. 오늘도 좋은 날이었다. 산다는 건 역시 근사한 거였다. 걱정하지 않아도 된다. 몸이 기억할 거다. 마음이 기록할 거다. 소중한 건 잃어버릴 수 없다. 아무 의미 없이 사라지는 건 없다. 몸으로 기록한 것들은 잃어버릴 수 없다. 마음에 기억된 것들은 사라지지 않는다.

죽고 싶었던 순간도, 죽지 못해 살았던 날도 여기까지 오기 위해 필요했던 걸음이었다. 죽고 싶었던 게 아니라 나로 살고 싶었던 거였다. 일어나지 않았으면 좋았을 일들이 없었다면 지금의 나도 사라질 테지. 시간의 줄 위에 늘어선 무수한 그때의 나를 부정하지 않는다. 존재와 시간이 하나로 맞물려 지금의 순간을 지탱한다. 늙을 기회가 주어졌다는 것도 행운이 아니겠는가. 어떻게든 죽지 않고 여기까지 온 것만으로도 근사한 일이 아니겠는가. 찬란한 청춘도 가슴 뛰는 사랑도 이제 내 안에 있지 않은가. 조금씩 내가 되어가는 기쁨이다. 세상을 위해 자신을 소모하는 일방적인 관계에 복종하지 않는다. 세월을 마음에 들여 스스로를 희망으로 삼는다. 흠집이 난 보석은 가격이 떨어지지만 영혼은 상처 입을수록 가치를 더한다. 쓸모를 다한 물건은 버려지지만 쓸모를 다한 마음은 영혼을 벼린다.

나이 드는 게 아니라
내가 되어가는 중이다.
다시 태어나진 못해도
모든 걸 태우는 오늘을 살 수 있다.

무명가수나 배우로 살아왔다고 눈물 콧물 있는 대로 짜내가며 불행하다 말하는 사람에게 공감하지 못한다. 지난날을 꿈을 위해 살아볼 수 있었던 게 얼마나 다행한 일인가. 남들이 말하는 성공이 아니라고 실패한 인생이라 여기지 않았으면 한다. 다들 저마다의 불행을 감당하며 산다. 사연 없는 무덤이 어디 있고 전쟁 아닌 삶이 어디 있을까. 꿈을 위해. 사랑하는 사람을 위해. 자신이 선택한 길을 걸어본 것만으로도 성공한 인생이다. 지난날을 사랑해주지 않는다면 찬란한 순간은 다가오지 않을 거다. 90년대에 사춘기를 보낼 수 있었던 것, 밀레니엄과 함께 청춘을 시작할 수 있었던 것, 내 아버지와 어머니의 자식으로 태어난 것, 사계절이 존재하는 나라에 태어난 것, 죽을 고비를 무사히 넘긴 것, 노력하지 않고 누린 모든 것들이 행운이었다. 땅 파봐야 십 원짜리 하나 나오지 않는다고 말하지만 두 발 딛고 선 걸로 충분하다. 공짜는 없다지만 보기만 해도 멋진 하늘이다. 구름을 위해 해준 것도 없고 바다를 위해 한 일도 없다. 그저 태어나서 한 번 살아보는 것만으로도 행운은 충분하지 않은가.

누군가를 만난 것도 행운이었고 꿈에게 시간을 내어줄 수 있는 것도 행운이다. 운 좋게 만난 좋은 사람들에게 내어줄 마음이 있어 다행이다. 선물 받은 행운을 마음껏 누리고 기쁨으로 돌려준다. 생에 이룰 것은 그것뿐이다. 지금까지 걸어온 길. 먹고 마신 모든 것들. 누군가가 두고 간 마음. 따뜻한 말과 체온. 보고 듣고 느낀 모든 게 행운이었다. 좋은 날만 있지 않았지만 이토록 좋은 것들과 마주하기 위함이라면 감당하지 못할 일은 없었다. 살아있음을 느끼게 해 준 고통이었고 여기까지 오기 위해 필요했던 절망이었다. 아픔도 이야기를 자아내기 위한 씨실이었다. 행운에 감사로 답해야 한다. 마땅한 듯 누리는 것들이 누군가가 목숨을 걸고 지켜낸 가치였음을 잊어버리지 않는다. 당연한 듯 누리는 것들이 누군가에겐 목숨을 걸어도 얻기 힘든 권리임을 망각하지 않는다. 뿌리 잘린 꽃은 쉬이 시들고 만다. 먼저 나아간 이들이 있어 더 나은 삶을 살게 되었듯, 지나간 날들이 있어 나인 삶을 살게 되었음을 잊지 않는다. 아무리 어두운 밤에도 빛나는 무언가가 있었다. 빛을 잃지 않는 무언가가 내 안에도 있었다. 이루어야 할 일이 무엇이건 지금을 누리지 못할 만큼 중요한 일일까. 생각 따위 내려놓기로 하자. 앞으로 어떻게 될지 생각하느라 눈앞의 기쁨을 놓치지 않기로 하자. 지금 필요한 건 여기 모두 있으니까. 지금을 지켜야 할 순간으로 만들자. 지금이 앞으로의 날들을 지켜줄 테니까. 인생이 영화라면 지금 역시 다시는 누릴 수 없는 장면이겠지. 마음을 다해 사랑해야만 두고두고 돌려볼 장면이 되겠지. 사랑할 시간도. 살아갈 공간도 오직 지금뿐이다. 무언가가 되어야만 꿈은 아니겠지. 자신을 위해 무언가를 하는 것도 꿈이니까. 누군가를 가져야만 사랑인 것은 아니니까. 사랑은 그를 위해 무언가를 해주는 것만으로도 기쁨이니까. 꿈과 사랑은 같은 속성을 지녔다. 꿈꾸는 대로 살면 삶을 사랑하게 되고 삶을 사랑하려면 인생이 한바탕 꿈임을 깨달아야 하니까.

삶은 언제나 반짝이고 있었다. 어둠에 뒤덮이기 전에는 보이지 않았을 뿐이다. 길은 항상 내 안에 있었다. 길을 잃기 전에는 찾을 필요가 없었을 뿐이다. 마지막이라 생각했을 때 운명은 새로운 이야기를 준비하고 있었다. 끝을 생각해야만 열리는 무대가 있다. 잠깐 머물다 가는 건데 늦으면 어때서. 사는 게 여행인데 돌아가면 어때서. 아프지 않고 하루를 살아도 이득이고. 아프더라도 하루를 더 살면 손해는 아닐 테니까.

지금을 머금는다.
마냥 머물러 있지 않을 지금을
아낌없이 사랑한다.

이슬 머금은 꽃잎처럼. 나뭇잎에 깃든 햇살처럼. 바다를 향해 밀려드는 강물처럼. 유쾌하게 머물다 양치질 거품을 뱉어내듯 가볍게 떠나고 싶다.

적어도 몸의 스위치는 온 앤 오프

비 온 뒤 산 공기는 아스팔트 습기처럼 몸을 짓누르지 않는다. 생명력을 품은 물기가 기분 좋게 몸에 스며든다. 발밑에도 구름, 머리 위에도 구름. 구름이 사뿐사뿐 마음을 어루만진다. 부정적인 생각만 하게 될 때가 있다. 꼬리에 꼬리를 무는 잡념이 일상을 조여든다. 좋은 생각을 떠올리려 해도 도무지 답이 나오지 않을 때는 몸을 움직인다. 어떤 종류의 움직임이라도 상관없다. 머리를 쓰지 않는 일이면 뭐든 괜찮다. 평소라면 하기 싫었을 일이라도 괜찮다. 단순하고 반복적인 작업이라면 무엇이든 좋다. 몸을 움직이면 마음은 몸 위에 올라앉아 편히 쉰다. 희망은 몸을 움직이는 데서 온다. 그래도 나아지지 않을 때는 발걸음에 마음을 내어준다. 마음을 비우는 가장 간단한 방법은 지금에 마음을 모조리 내어주는 것이다. 걷는다는 행위에는 마음에 덮인 먼지들을 걷어내는 힘이 있다. 그저 걷기만 해도 발걸음이 이어져 길이 되듯 이러한 순간도 생을 이루는 서사가 됨을 납득하게 된다. 살아있는 존재가 움직이는 건 당연한 일이고 마음 역시 살아있기에 오르내릴 때가 있는 법이다. 비바람이 숲을 이루고 해일이 바다를 씻듯이. 그럴 때도 있는 법이다. 나를 나무라지 않기로 하자. 고요에 몸을 띄우고 풍경에 마음을 내어주자. 텅 빈 배처럼 잠시 내버려 두기로 하자. 평화가 마음으로 밀려들어 올 때까지.

적어도 몸의 스위치는 온 앤 오프 할 수 있으니까. 그거면 된다. 마음을 다스리는 일은 힘들어도 몸을 움직이는 건 어렵지 않다. 몸은 거짓말을 하지 않으니까. 마음이 징징거릴 때 이야기를 들어주지 않는다. 잡념과 욕심을 마음으로 착각하지 않는다. 부지런히 몸을 움직인다. 숨이 차오를 때까지 달리고 도저히 움직일 수 없을 때까지 몸을 혹사시킨다. 때로 가장 좋은 생각은 아무 생각도 하지 않는 것이다. 마음은 마음대로 되지 않지만 몸은 뜻대로 움직일 수 있다. 마음에 평화가 찾아든다. 잡념이나 욕심이 사라졌기 때문이다. 머리로 가서 부정적인 생각이 될 에너지를 몸에 썼기 때문이다. 생각은 몸과 마음을 잇는 길이다. 몸과 마음을 가로막은 잡념을 털어내야 마음이 보인다. 산에서 내려와 철봉에 매달린다. 몸은 이렇게나 무겁다. 이토록 무거운 것을 이끌고 여기까지 온 거다. 철봉을 당기고 있는 동안 아이들이 공을 차고 논다. 어떤 아이는 자전거를 타고 운동장을 뱅뱅 돈다. 어떤 아이는 모래밭에서 논다. 이따금 와 빤히 바라보기도 한다. 어떤 아이들은 인사를 하고 어떤 아이는 옆 철봉에 거꾸로 매달려 장난을 친다. 나도 저런 때가 있었을 텐데 아득한 옛날 일 같다. 한바탕 꿈만 같아 실제로 존재했는지 확신할 수 없다. 어떻게 여기까지 오게 된 건지. 버스에서 잠시 졸았는데 낯선 장소에 이른 기분이다. 길을 잃으면 돌아갈 수 있으나 잃어버린 날로 돌아갈 방법은 없다. 다시 당긴다. 중력을 거슬러 몸을 위로 솟구친다. 하나에서 둘, 둘에서 셋으로 기르는 데 열흘이 걸렸다. 다시 셋에서 다섯으로 다섯에서 열 개, 나를 끌어당기는 힘을 길렀다. 오늘도 나를 놓지 않을 힘을 기른다. 팔굽혀펴기로 밀어내는 힘을 기르고 턱걸이로 당기는 힘을 기른다. 당겨야 할 것들과 밀어내야 하는 것들 사이에서 균형을 잡는다. 밀어내고 당기는 동안 아무것도 보지 않는다. 세상일은 뜻대로 되지 않지만 몸은 뜻대로 다룰 수 있다.

제주 바다를 보며 당기고 경포 호수를 보며 당겼다. 전국 곳곳 철봉만 있으면 몸을 당겼다. 무엇이든 매달릴 곳만 보이면 당겼다. 몸에 당기고 밀어내는 힘을 부여하며 마음에도 그러한 힘이 깃든다. 내게 필요한 것을 당기고 나를 해치는 것을 밀어낼 힘이 생긴다. 오랫동안 제자리에서 뛰었다. 몇 년간 구름만 바라보며 뛰었다. 날씨가 오고가고 계절이 몸에 들어왔다 빠져나갔다. 텃밭에 오이와 상추, 가지가 매달리는 것을 지켜보며 몸에 붙어있는 회한과 미련, 슬픔 따위를 털어냈다. 어느 순간부터 용기 내지 않아도 사람들을 바라볼 수 있게 되었다. 끝내는 나를 마주할 수 있게 되었다. 타인을 신경 쓰지 않는 것보다 본질적인 것은 자신에게 집중하는 힘을 기르는 일임을 알게 되었다. 몸을 기르는 것은 마음을 기르는 일이었다. 다정함에도 체력이 필요하다. 체력이 없으면 누구도 돌볼 수 없다. 신체가 굳건해야 자신을 돌볼 수 있고 타인에게 온화함을 유지할 수 있다. 건강한 몸에 건전한 정신이 깃든다는 말은 공허한 구호가 아니었다. 몸이 거짓말을 하지 못하게 만들면 마음 역시 그렇게 되는 거였다. 세상은 재화와 재화를 연결하는 자가 부를 얻는 시대에서 사람과 사람을 연결시키는 사람이 부를 얻는 시대로 변하는 듯하다. 하지만 마음과 몸이 연결된 사람이 온전한 자신으로 산다는 사실만은 변하지 않았다. 어찌 내 몸 하나 뜻대로 못하면서 마음먹은 대로 살기를 바랄까.

그래도 완투 정도는 가능하니까

자전거가 완전히 퍼져버렸다. 가게에 끌고 가니 새로 사는 것보다 수리비가 더 많이 든다고 한다. 전국 곳곳을 함께 달리고 일상에서 다리가 되어주었던 로시난테의 수명이 다하고 말았다. 어릴 적 가난하여 자전거를 가지지 못했다. 잠시 빌린 무쇠로 된 성인용 짐 자전거를 탈 정도로 운동신경이 좋지 않았다. 가지고 싶은 모든 것들은 너무 멀리 있었고 어린 나는 무력했다. 그래서 절망을 먼저 배웠다. 포기를 먼저 배웠다. 몸을 던져도 행복은 손에 닿지 않는 곳에 있었다. 수염이 나기 전부터 일했으나 꿈을 피워볼 수 없었다. 노력할수록 세상은 내게서 멀어져만 갔다. 담배를 먼저 배웠다. 술을 먼저 배웠다. 세상의 냉혹함을 배웠고 처절함과 비참함을 배웠다. 술 한 잔에 잊고 담배 연기에 날려 보내는 것만이 오늘을 지탱하는 힘이었던 때가 있었다. 한 사람 덕분에 비로소 내일을 생각했던 청춘이 있었다. 그를 만나고 달라졌다. 자연스럽게 수영을 할 수 있게 되고 산악자전거를 너끈히 탈 수 있게 되었다. 저축을 시작하고 미래를 꿈꾸게 되었다. 인생이란 오묘한 것이다. 뜨겁게 살아냈던 눈부신 여름이 있었다. 오랫동안 사랑했던 오래된 날들이 있었다. 한 사람이 떠나가며 생에서 멀어진 순간이 있었다. 몇 년간 자신을 놓고 지낸 날들이 있었다. 술로 지새운 날들이 있었다. 일을 그만두고 고모부가 타시던 자전거를 얻었다. 전국 곳곳을 달렸다. 그전까지 여행이라 할 만한 추억은 지갑 속에 넣어둔 기차표 한 묶음이 전부였다. 집안의 빚을 갚느라 군 제대 후 모은 돈이 몽땅 사라졌을 때였다. 한 달 동안 기차 여행을 했다. 여행이라 생각했지만 실은 여행이 아니었다. 단순히 도망치려고 다른 장소를 찾았을 뿐이었다. 현실을 잊기 위해 떠났을 뿐이었다.

자전거를 타고 다니며 오롯이 나로 존재했던 순간이 있었다. 그저 앞으로 나아가는 것만으로도 맞이할 수 있는 근사한 풍경이 있었다. 오직 두 다리의 힘만으로도 나아갈 수 있음을 깨닫게 해주었다. 이제 그와 안녕을 고할 시간이다. 삐거덕거리면서도 여기까지 나를 데려와준 그에게 감사한다. 아직 내게는 살아내야 할 시간이 남아있으니, 다시 두 다리의 힘으로 나아갈 테니. 고단했던 생을 끝내고 이제는 편히 쉬기를 바란다. 걱정 마라. 고난을 자랑삼아 살아가지 않을 테니까. 무언가를 이루어야 자신에게 상을 주는 악순환에서 벗어났으니까. 상을 받을만한 일을 해낼 때까지 자신에게 형벌을 주는 버릇은 버렸으니까. 기쁨을 미루는 습관을 버렸으니까. 기꺼이 떠나보낼 만큼 지금을 사랑하려 한다. 현재를 사랑하는 마음은 한결같을 것이다. 낡은 운동화를 신고 거울 앞에 선다. 몇 년을 함께 한 운동화 밑창은 닳아 원래의 무늬를 잃었다. 여기저기 터져서 난 구멍이 몇 개나 되지만 언제 생긴 건지 모른다. 사람들은 멋진 새 신발을 자랑하지만 나는 낡아빠진 운동화를 사랑한다. 함께 누빈 길과 흘린 땀을 기억하고 있다. 누군가 알아주지 않으면 어떤가. 이해받지 못해도 괜찮다. 스스로 납득할 수 있는 삶을 살아간다면 그런 건 중요하지 않으니까. 사랑하는 사람들에게 낡은 운동화처럼 기억될 수 있기를 바란다. 마음이 닳을 때까지 사랑해 준 사람으로, 온 힘을 다해 살았던 사람으로 기억된다면 기쁨일 거다. 낡은 운동화가 가르쳐 주는 지혜가 있다. 낡아감이 긍지가 된다면 나이 듦은 새로움이 될 거다. 힘들면 쉬어가고 지치면 멈추기로 하자. 가장 멋진 춤은 멈춤임을 잊지 않기로 하자. 쉼표의 힘을 기억하자. 먼 길을 갈 땐 쉬어가야 하는 거다. 그저 살아있음으로 행운이고 여기까지 온 것만으로도 놀라운 일이다. 얼마나 노력 하건, 무엇을 갖건, 불안함을 떨쳐내는 건 불가능하다. 지나치게 치열해지면 마음이 분열되어 버린다. 너무 빨리 가면 몸과 마음이 따로 놀게 된다. 살아있음보다 대단한 목표는 없다. 조급해하면 기쁨을 놓쳐버리고 만다. 지금을 맞이하는 일보다 중요한 일은 없다. 행복은 자전거 타기와 다를 바 없다. 자전거 위에 몸을 싣듯이 자신을 지금에 온전히 맡겨야 한다. 몸을 맡기고 두 발을 움직이면 된다. 불안해할 필요 없다. 결국 나아가게 될 테고 움직이는 한 계속될 테니까. 한 번 느낀 감각은 사라지지 않아 언제든 기쁨에 올라탈 수 있게 될 테니까.

겨울 제주 바람에 맞서 자전거를 달린 일. 더위까지 먹어가며 전국 곳곳을 걸었던 일. 아무도 보아주지 않는 글을 쓰고 또 쓰던 날들. 쓸모없는 것들만이 대체될 수 없는 순간이 된다. 마음 전부를 준 순간만이 생을 이루는 재료가 된다. 아무것도 바라지 않고 한 일이 생을 빛나게 만든다. 무엇도 남기지 못한 시간이 영혼을 지탱한다. 이대로 죽어도 좋을 지금을 살면. 지금은 돌아보면 빛나는 순간이 될 거다. 아름답지 않은 순간은 없더라. 사랑하지 않은 때가 있었을 뿐이다. 한순간을 온전히 사랑한 사람은 안다. 무언가를 사랑할 때마다 인생은 다시 시작된다. 생이 여행임을 깨닫는 순간 도망칠 곳이 없어진다. 동시에 도망칠 이유도 사라진다. 발길 닿는 대로 걸어도 여행이 되듯 마음 가는 대로 살아도 인생이 된다. 여행은 시간을 마련해 떠나는 게 아니다. 자신이 가진 유한한 시간을 세상에 내어주며 나아가는 것이다. 우리가 타인이 될 수 없는 건 그럴 필요가 없기 때문이다. 무엇이든 될 수 있는데 굳이 자신을 한정지을 필요가 없기 때문이다. 꽃이 반듯해서 아름답던가. 구름이 가지런해서 편안하던가. 바람이 자리를 보고 불던가. 파도가 밀려들듯이. 꽃잎이 그저 흩날리듯이. 돌아가야 여행이 되고 추억이 된다. '담아내다' 자신 안에 들이는 것이 아니라 자신을 지금에 내어준다는 말이다. 세상일이 마음대로 되지 않아도 인생은 마음을 다한 걸로 충분하니까. 그래, 아직 완투 정도는 가능하니까. 오점 없이 완벽한 삶, 완봉은 이미 물 건너갔으나 그건 본질적인 일이 아니다. 끝까지 공 하나마다 온 힘을 다해 던지는 일, 그게 내겐 승리다. 되는 일 하나 없을 때에도 미련 한 점 남지 않을 때까지 무언가를 하는 사람이면 된다. 공 한 개에 불과할 지라도, 미친 듯이 절실하게. 발걸음은 물결이 되고, 물결은 파도가 되고, 파도는 울림이 되어 길을 만들어낸다.

경기는 계속되는 중이고
나는 아직 포기하지 않았다.

생이 완벽하기를 바라지 않은지 오래다. 온전한 나로 살아간다면 오점도 짙은 추억이 됨을 안다. 어떤 일도 아무것도 아닌 일이 되지 않는다. 아무것도 남기지 않을 만큼 살아낸 순간이 있을 뿐이다. 자신 있다는 건 내가 있다는 말이다. 마음이 여기에 있다는 말이다. 세상일은 마음대로 되지 않지만 인생은 마음을 다한 걸로 충분하니까. 마음을 주었으면 그걸로 되었다. 마음을 다했다면 그걸로 족하다. 누구에게나 특별한 스토리가 있다. 단지 그것을 이야기하기만 하면 된다. 나에게는 아직 소중한 삶이 있다. 단지 그것을 사랑하기만 하면 된다.

꽃이 지는데 이유가 필요할까

파란 하늘에 하얀 뭉게구름이 몽실몽실 떠 있는 여름이다. 동네 뒷산으로 향한다. 뒷산 입구에 앉아 잠시 쉰다. 산 중턱 바위에 앉아 땀을 식힌다. 텀블러에 담아온 냉커피를 마시며 숨을 고른다. 한달음에 오르던 산길을 쉬지 않으면 갈 수 없게 되는 것도 나이 드는 기쁨이 아닐까. 가만히 앉아 있으면 보이는 풍경이 있다. 가쁜 숨을 몰아쉬면 푸른 기운이 차오른다. 한 걸음씩 꼭꼭 씹어 먹으며 나아가는 즐거움이 여기 있다. 예전에 알지 못했던 삶의 아름다움을 이제야 볼 수 있게 되었다. 더 이상 쫓기듯 걷지 않고 찬찬히 살피며 간다. 높은 봉우리도 한 걸음씩 내딛다 보면 어느새 정상이다. 이렇게 서둘러 올 줄 몰랐다. 열심히 관리하면 노화는 완만한 곡선을 그릴 줄 알았다. 각오는 했지만 예상보다 일찍 와버렸다. 사람이 급격하게 노화하는 때가 세 번 있다더니 정말이었다. 롤러코스터는 질색인데, 똑같이 먹어도 체중이 늘고 식단을 조절해도 몸무게가 줄지 않는다. 높은 산도 가뿐하게 뛰어올랐는데 이제 동네 뒷산도 쉬지 않으면 힘들다. 아무리 꾸준히 대비해도 어디에선가 폭파 스위치를 누르면 아무 소용없는 거였다. 몇 년간 쌓아올린 체력이 몇 주 만에 흐트러지고 근력은 제자리를 맴돈다. 당연히 할 수 있던 것들을 못하게 된다. 이 정도일 줄이야. 자주 아팠고 심하게 앓았다. 마음의 준비를 해두어서 망정이지 안 그랬으면 견디기 힘들었을 거다. 몸을 준비해두지 않았으면 그대로 무너졌을지도 모른다. 이 정도라 다행이라 여기기로 했다. 어쨌든 오게 될 일이었으니 담담하게 맞이하기로 했다. 그것 말고는 방법이 없으니까.

그래도 아직 살아있으니까. 살아가야 하니까. 이보다 더한 일도 겪어야 한다. 우울해한다고 바뀌는 것도 없으니까. 그래도 산다는 건 멋진 일이니까. 거울 속 나에게 웃어주는 수밖에 없다. 받아들이는 수밖에 없다. 새삼 나이 든 사람들이 대단하게 느껴진다. 급격한 노화를 견디고 숱한 상실을 버티며 여기까지 왔구나. 그렇다고 새삼스럽게 젊음이 부럽지는 않다. 이미 가졌던 거고 충분히 향유했으니까. 돌이킬 수 없으니 나아가야 한다. 되도록 천천히. 가능한 조심스럽게. 온 몸으로 매 순간을 느끼며 나아가야지. 매일 이별하는 건 어쩔 수 없지만, 다가온 순간에 안녕이라 말하지 못하면 생은 갈수록 서글퍼질 거다. 몸은 늙어도 영혼은 늙지 않는다. 시력이 나빠져도 아이처럼 세상을 바라볼 수 있으니까, 근력이 떨어져도 몸을 움직일 정신력이 남아있으니까, 순발력은 떨어져도 감각은 살아있으니까, 이제는 온전히 생에 집중할 수밖에 없게 되었다.

늘 그렇듯 잃는 게 있으면 얻는 게 있는 법이다. 세월이 슬금슬금 젊음을 빼내가는 건 빈자리에 지혜를 채우기 위해서였다. 태어난 순간 이야기가 시작되었고 이제 절정에 이르렀을 뿐이다. 이야기는 계속되어야 하고 서사를 끝마칠 의무가 내게 있다. 한 번도 살아본 적 없는 시간을 향해 나아가야 한다. 이보다 나쁠 수도 있었다. 그나마 이 정도인지도 모른다. 어쩔 수 없는 일이 생기지만, 어떻게든 할 수 있는 일 역시 있기 마련이니까. 어쩔 수 없는 게 운명의 일이라면 어떻게든 대응하는 게 살아있는 존재의 일이니까. 가끔 고장 나도 아직 작동하긴 하니까. 같은 듯 다른 사람이 되어버렸지만 다른 듯 같은 마음으로 살아가면 그만이니까. 빗줄기가 거세졌을 뿐 걷지 못할 정도는 아니니까. 환경이 좋으면 나무가 자라고 척박하면 열매를 맺는 법이니까. 걸을 수 있는 한 갈 수 있으니까. 낯선 풍경을 향해 흔들림 없는 발걸음으로.

생의 단위는 자신이 선택하는 거다. 20km 30km 40km 50km. 시간에 쫓기듯 살거나, 20kg 30kg 40kg 50kg 생의 짐만 더하지 않겠다. 단위를 바꾸면 달라지더라. 음식을 칼로리 대신 에너지로 바꿔 생각하면 달라지더라. 나이를 킬로미터 대신 퍼센트로 생각하니 편해지더라. 인생을 이루기 위한 과정에서 이야기를 잇는 여정으로 바꾸니 달라지더라. 입으로 들어오는 것들은 몸을 살리는 에너지가 되고 나이 먹으며 조금씩 본래의 자신으로 돌아오는 거더라. 아무것도 남는 게 없다지만 무엇과도 바꿀 수 없는 이야기가 남더라. 같은 시간을 살아도 다른 단위로 나이 든다. 늙어가는 게 아니라 늘어나는 거다. 남은 날이 줄어드는 게 아니라 나로 살아낸 날들이 많아지는 거다. 20% 30% 40% 50% 조금씩 내가 되어가는 중이다. 지금도 나만의 서사를 이어가는 중이다. 역사를 잊은 민족에게 미래가 없듯이 서사를 잊은 인생에 절정은 없다. 완벽한 이야기를 설정해두고 결말을 향해 치닫는 생에는 충만함이 깃들 겨를이 없다. 짧고 강렬한 성취에 중독되면 기쁨의 절반을 잃는다. 이루었을 때만 자신에게 상을 주면 나머지 기쁨도 느끼지 못한다. 스스로 감옥에 가두고 탈옥을 반복하는 죄수와 다를 바 없었다. 이야기에 맞춰 자신을 구겨 넣는 삶에는 여유가 없다. 가능성을 봉인하고 서사를 한정지으니 놀라운 일은 일어나지 않았다. 풍경을 살필 말미도 없이 자신을 몰아붙이며 끝을 향해 달릴 뿐이었다. 이룬다 해도 뻔한 인생이었다. 이루지 못하면 실패한 인생이었다. 한 줄 결말에 목매다느라 놓치고 마는 장면들이 있었다.

나이 드는 게 뭐 어때서. 부끄러운 건 나인 적이 없었던 생이다. 저 아래 보이는 사람들 모두 저마다의 방식으로 피어난 꽃이라 여기면 평온해진다. 너도 나도 세상에 피어난 꽃이겠지. 세상이 어떻게 되려나. 한탄하며 나이 들고 싶지 않다. 어떻게 하면 나은 세상이 될지 고민하며 나이 들고 싶다. 지금껏 살아온 세월 덕분에 변하는 것과 그렇지 않은 것 정도는 구분할 수 있게 되었다. 그러니 변할 수 있는 것에 힘을 쏟으리라. 잃어버렸다 여기는 것들은 지금의 삶을 위해 지불했을 뿐임을 잊지 않으리라. 아무것도 가진 게 없다 생각될 때면 감사를 찾으리라. 노화는 서글프지만 제대로 나이 드는 일은 기쁨임을 안다. 그대로 늙어가는 것과 제대로 나이 드는 일은 같은 장소에서 일어나는 전혀 다른 현상이다. 지금의 기쁨을 놓치지 않을 테다.

나이 드는 게 아니라

나로 물드는 거다.

나를 위한 태피스트리

모처럼 날 개면 창문 열어 햇볕을 들인다. 우산 위로 떨어지는 빗소리에 마음을 맡긴다. 특별한 삶이 따로 있을까. 무사히 집으로 돌아올 수 있어 다행이다. 무탈한 밤을 보낼 수 있음에 감사한다. 아무 일 없어도 보는 사이가 가깝고 아무것도 아닌 이야기로 관계가 깊어지듯 아무 일도 없는 하루가 소중한 법이다. 사소함보다 귀한 게 없고 별일 없음보다 드문 게 없더라. 자신을 위한 한순간이면 되더라. 기쁨은 작은 한 조각으로 충분하더라. 오늘을 풍경으로 마주했다 세월과 함께 흘려보낸다. 붙잡고 싶은 마음 없으니 거치적거릴 게 없어 그저 기쁘다. 햇볕 쬐듯 바람 쐬듯 지나간다. 바라는 게 없으니 빛을 발하는 풍경. 원하는 게 없으니 원 없이 살아지는 일상. 욕심내지 않으면 기쁨이 알아서 다가온다. 머물기를 바라지 않으니 노력하지 않는다. 잠시 머물다 가기에 귀해진다. 대단한 것 없어도 온전한 하루였다. 대단하지 않기에 특별한 매일이다. 남김없이 사랑하고 아쉬움 없이 보내는 하루면 된다. 램프를 문지르지 않아도 된다. 소원은 이미 이루어졌다. 인생 거기서 거기면 어때서. 도레미파 솔라시도 그 안에 세상 모든 노래가 담겨 있는데. 어떻게 살아도 노래가 되는데. 어디로 가도 길이 될 텐데.

기적이 별 건가. 때가 되면 제자리에서 피어나는 꽃들이, 저마다의 자리에서 살아가는 사람들이 기적이 아닐까. 아스팔트 사이 돋은 초록. 누가 흘린 고구마에 핀 보랏빛 새싹이다. 집으로 돌아가는 발걸음마다 기적이다. 먼 길을 돌아 무사히 온 지금이 기적이다. 바람이 길을 따라가던가. 파도가 때를 기다리던가. 살아있으면 나아가게 되고 나아가면 살게 되는 것을. 돌이키려 애쓰지 않으면 지난날은 반짝이는 별로 남겠지. 길을 만들려 안간힘 쓰지 않으면 세상 모든 곳이 길이 되겠지. 다리를 놓으려 애태우지 않으면 사람은 날마다 몸을 던져 닿을 섬이 되겠지.

생각 없이 버린 일회용품이 세상을 망가뜨리듯, 나를 위해주지 않은 오늘이 하나뿐인 생을 무너뜨리겠지. 생의 주인이 되는 일도 자신을 위한 하루에서 시작되는 것이니까. 우연이면 어떻고 아니면 또 어때서. 이렇게 멋진 이야기인데. 우연을 사랑해주면 지금 이 순간도 인연이 되겠지. 인생은 파도처럼 일렁이는 것이니까. 높은 곳에 있던 힘으로 밀어내고 낮은 곳에서 끌어당기며 나아가는 것이다. 이런 일도 저런 일도 이야기가 될 거다. 사는 건 고통의 바다를 건너는 일이 아니다. 스스로 파도가 되어 춤추는 것이다. 오늘의 나는 지금까지 살아온 어떤 나보다 성숙한 사람이며, 오늘의 나는 지금부터 살아갈 어떤 때보다 싱그러운 순간을 맞이하고 있다. 오늘은 아무도 살아본 적 없는 시간이며 누구도 돌아갈 수 없는 순간이다. 바다로 향하는 강물이 비를 두려워하지 않듯이. 민들레 홀씨가 바람을 무서워하지 않듯이. 별들과 함께하는 잠시의 여행을 이어가기로 하자. 거센 비바람이 푸른 것을 키우듯, 강물이 저마다 흘러가도 푸른 바다 이루듯, 뜻대로 되면 멋지고 뜻밖의 풍경은 근사하겠지.

꽃길이 아니라도 내가 곧 길이 될 테니.

어른 따윈 되고 싶지 않았지만

뭐 대단한 게 있다고 십대의 나는 그렇게 어른이 되고 싶어 했을까. 술이나 담배를 자유롭게 하는 거 말고는 딱히 즐거운 일도 없는데. 그마저도 몰래 숨어서 할 때가 훨씬 신났는데. 쉬지 않고 일하고 타인과 경쟁하고 관계에 짓눌리고 일상에 매몰되어 사는 게 뭐가 좋다고 그랬을까. 주름이 늘고 배는 나오고 흰머리가 생기고 책임져야 하는 것만 많아진다. 어른이 되어 삶을 책임지고 싶었을 뿐인데 나이 들수록 나를 잃어만 간다. 대출금과 은행이자. 연봉과 생활비를 계산하느라 정작 자신을 제외한 채 살아온 까닭이다. 안 보면 그만인 사람 때문에 다시 오지 않을 시간을 흘려보내고, 언제든 대체될 수 있는 직함에 목을 매다느라 깨닫지 못했다. 삶에서 자신을 생략한 건 치명적 계산 오류였다.

어른이 되어 다행인 일도 있다. 소중한 사람들과 기승전결을 함께하는 기쁨이 있다. 함께 나이 들어가며 친구와 서사를 공유한다. 어린 조카들이 자라나는 것을 지켜보는 즐거움이 있다. 나이 들어 짐이 될까 두렵지만 감사하는 마음만 잊지 않으면 누군가의 기쁨이 될 수 있음을 안다. 인생의 맛을 알게 되었다. 이런 저런 일이 있었지만 모든 것이 생을 이루는 부분임을 이해하게 되었다. 이따금 우울해지고 화가 나고 공허한 기분에 휩싸일 때도 있지만 맵고 시고 달콤한 음식이 당기는 게 몸이 원하기 때문이듯 이런 기분도 마음에 필요한 일이라고 생각하게 되었다. 때로 이해할 수 없는 사람이 있어도 저 사람 역시 사연이 있을 거라고 웃어 넘긴다. 납득하기 힘든 일이 있어도 언젠가 의미를 깨닫는 날이 올 거라고 여기게 되었다. 그저 사람으로 살아가는 일에 대해 생각한다. 비록 늙어가지만 몇십 년에 걸쳐 만들어낸 자랑스러운 몸이다.

이제야 알겠다.
나는 나로 돌아가는 중이다.

나는 내가 되어가는 중이다. 내 몸 안에 세월과 이야기가 쌓여 있다. 다시 돌아갈 수 없는 네버랜드는 내 안에 있다. 돌아갈 수 없기에 누구도 파괴할 수 없는 나만의 공간이 되었다. 상상의 힘을 간직하는 한 잃어버릴 리 없는 나만의 낙원. 남자니 여자니 편을 가르는 일이나 아이와 어른 사이에 경계를 찾는 일이나 허망하긴 마찬가지다. 어른스러워지려 자연스럽게 살지 못하는 것도, 남자다워지려 사람답게 살지 못하는 것도 우스운 일이다. 사람으로 태어났으니 사람으로 죽을 수 있으면 그만 아닌가. 훌륭한 사람이 되지 못하면 어떤가. 대단한 사람이 되지 못하면 어떤가. 지금까지 살아온 날들로 이미 특별한 사람인데. 지금까진 성공을 우선순위로 삼고 살았지만 이제 나를 우선하기로 하자. 행복이라도 힘들게 짊어지지 않기로 하자. 온 몸을 기쁨 위에 살포시 올려두기로 하자. 그러면 지금부터 살아갈 날들은 근사해질 거다. 나이 들어도 어떤 일이 자신에게 닥칠지는 알 수 없지만, 제대로 나이 들었다면 자신에게 밀려온 시간에게 미소를 보일 수 있겠지.

걸음은 길과 마음이 합쳐진 단어다. 마음을 따라 걷기만 해도 길이 된다. 그래서 어린아이가 발을 옮길 때 걸음마라고 하는 거다. 어린아이는 마음을 따라 걷는다. 아장아장 엄마에게 가고, 사뿐사뿐 꽃을 향해간다. 몸과 마음이 함께 있기에 아이들은 행복하다. 어른이 되어 마음을 따라 걷는 법을 잊으면서 발걸음이 무거워진다. 쉽게 지치고 길을 잃는다. 마음을 따라 걸으면 된다. 사랑하는 이를 향하고 꿈을 위해 걸으면 된다. 그러면 기쁨이 함께 걸을 것이다. 어디로 걸어도 길이 된다. 길은 마음속에 있다. 마음이 가는 곳이 길이다. 목적 없는 산책이 마음을 편하게 하는 까닭이 거기에 있다. 산책은 마음을 따라 걷는 힘을 새기는 여행이다. 언제든 끝낼 수 있다고 생각하면 대하기 어려울 사람이 없다. 언젠가 끝날 것을 안다면 가보지 못할 길이 없다. 밤을 밝힐 지혜는 없으나 어둠을 걸을 용기가 있다. 꿈을 이루는 방법은 몰라도 꿈을 꾸며 살기 위해 필요한 자세는 안다. 반복을 견뎌낸 이에게는 변화를 이끌어낼 힘 역시 깃들어 있다고 믿는다. 나아질 필요는 없다. 그냥 나아가기만 하면 된다. 누군가에게 설명하느라 시간을 낭비할 필요 없다. 그냥 자신을 납득할 순간이면 된다. 파도가 전해주는 말에 귀를 기울인다.

걸으면 걸어지는 것처럼 살면 살아질 거라고,
마음이 마음대로 되지 않을 땐
몸의 열기로 마음에 온기를 전하라고,
살아보지 않아도 좋을 생은 없는 거라고.

온전히 나로 살아갈 기회를 얻은 거다. 나에게 찾아올 죽음을 어떻게 대하는지에 따라 삶의 방식 역시 달라진다. 헤어질 생각을 하고 시작하는 사랑은 없어도 끝날 각오를 해야 사랑할 수 있는 삶은 있다. 흔들리면 어때서. 이 바람이 있어야 나아갈 수 있겠지. 무슨 일이 일어날지 선택할 수 없지만 어떤 삶을 살지 결정할 수 있는데. 지금에 모든 걸 내어주는 것도 비움이겠지. 내일을 확신하지 못하면 어때서. 지금에 충실하면 그만이다. 백 퍼센트의 나라는 건 나보다 나은 존재가 되려고 애쓰지 않아도 그저 나로 있을 수 있는 자연스러운 상태가 아닐까. 친구는 시대에 뒤처지지 말라고 하지만 어쩌겠어. 그래도 나의 계절을 살고 싶은걸.

인생은 나를 선택해가는 과정이니까

지금 생각하면 어떻게 한 사람을 그렇게까지 사랑할 수 있었나 싶다. 지금 돌이켜보면 어떻게 그렇게까지 열심히 살았나 싶다. 지금 다시 하라고 하면 절대 못할 것 같은 마음이 드는 건 그렇게까지 했기 때문이겠지. 다시 돌아갈 필요가 없을 만큼 마음을 다해 살아온 까닭일 테지. 꿈은 누구도 가질 수 없다. 아무리 찬란한 꿈이라도 이루면 일상이 될 뿐이니까. 꿈은 함께 춤추는 동안에만 실재한다. 잘못된 선택이라 여긴 일도 여기까지 오기 위해 필요했던 일이었다. 돌아보면 모두 길이었다. 결국 모든 것은 지나간다. 붙잡을 수 없는 순간도, 견디기 힘든 나날도 지나간 후에는 대체될 수 없는 이야기가 된다. 마땅히 마주해야 할 풍경이었다. 그렇게까지 하지 않았다면 빛나는 순간은 없었을 테지. 생에 잘못된 선택은 없으니까. 잘못된 선택은 자신을 포기하기로 결정하는 것뿐이니까. 다그치면 마음은 입을 닫는다. 뭐가 그리 급해서, 뭐가 그리 중요해서, 자신보다 중요한 일이 어디 있다고, 때로 이를 악물고 버텨야 할 순간이 있지만 그 순간이 삶을 멋진 곳으로 데려다주진 못한다.

사람은 무엇이든 할 수 있고 삶은 무엇이든 될 수 있다. 감옥이 될 수도 경기장이 될 수도 실험실이 될 수도 있다. 세상을 놀이동산이라 여기면 입장료는 공짜다. 멋진 퍼레이드도 공짜다. 향기로운 꽃밭에 마음껏 머물 수 있고 근사한 노래가 들려온다. 폐장 시간은 다가오는데 회전 목마 자리 하나 사려고 일만 하다 돌아가고 싶지는 않다. 손님으로 들어와 노예로 살다 가는 셈이다. 언제쯤 이룰 수 있을지 생각하기보다 지금을 누리기 위해 움직이기로 하자. 충분히 사랑한 다음 아쉬움 없이 보낼 지금을 살아가기로 하자. 졌지만 싸우긴 했다. 헤어졌으나 마음은 주었다. 언젠가 끝날 테지만 온전히 살아냈다. 그 정도면 괜찮지 않을까. 항상 옳은 길을 선택하진 못했지만 선택에 따른 책임만은 한 번도 피하지 않았다. 살아갈 이유를 알지 못해도 괜찮으니까. 이유를 알면 결말을 알고 보는 김빠진 영화가 되어버릴 테니까. 삶의 이유는 살아가면서 차곡차곡 쌓아가는 거니까. 사랑을 위해서 자신을 포기하지 않기로 하자. 성공을 위해 지금을 포기하지 않기로 하자, 내일을 위해 오늘을 포기하지 않기로 하자. 태어난 날짜는 알아도 떠날 때는 알 수 없으니까. 세상에 오는 건 내 뜻이 아니었지만 끝나기 전에 나로 살아볼 기회가 있으니까. 인생은 나를 선택해가는 과정이니까. 몸에 맞는 옷을 찾듯이 자신에게 적절한 삶의 형태를 서서히 완성해 가는 과정이 인생 아닐까. 누군가는 실패로 누더기가 되고 누군가는 태피스트리를 자아낸다. 누군가는 상실에서 고통만 남기고 누군가는 노래를 만들어낸다. 누군가에게 아픔은 얼룩이 되고 누군가에겐 알록달록 그림이 된다. 좌절은 누군가에게 벽이 되고 누군가에겐 계단이 된다. 진실은 단순하며 깨달음은 간단한 것이다. 삶은 찬란함을 잃지 않는 것이다.

남들처럼 살기보다 나들이 온 듯 살고 싶다. 사는 게 한바탕 꿈인데 꿈이 없으면 어때서. 이루지 않아도 나아가면 꿈길일 텐데. 그때의 나에게 전하고 싶은 말은 없다. 어딘가의 너에게 전해야 할 말도 없다. 지금이 들려주는 이야기에 귀를 기울이려 한다. 살아있는 한 지지 않을 것이다. 여행에 실패란 없으니까. 여정이 끝나고 난 후에는 이곳에 없을 테니까. 어떻게 죽을지 결정한 사람만이 자신의 삶을 선택할 수 있다. 대단한 걸 이루고 특별한 걸 해내야 삶은 아니겠지. 이토록 복잡한 세상을 미치지 않고 버텨내는 걸로 충분하다. 기나긴 생에서 종종 흔들리는 것도 당연한 일이다. 잘못된 길을 선택한 건 아닐까. 두려워질 때마다 길은 언제나 내 안에 있다는 사실을 떠올린다. 한 번도 길을 잃은 적은 없다. 길은 사람의 마음 안에 있으니까. 나는 한순간도 생의 한가운데에서 벗어난 적이 없다. 불가능을 모두 제외하고 남은 것은 아무리 믿을 수 없어도 진실이라는 셜록 홈즈의 말처럼, 진심을 다했다면 결과가 어떻든 진실이니까. 여름은 그럼에도 불구하고 뜨겁게 살아내는 우리를 위해 멋진 노을을 보여주는 거겠지. 힘겹지만 잘 버텨내고 있는 우리를 위해 근사한 무지개를 선물해주는 거겠지. 알록달록 근사한 나의 계절을 만들어내는 중이다.

저마다의 계절을 사는 모두가 꽃이다.
세상에 머무는 동안 지지 않는 꽃이다.
여행이 끝나면 별이 될 이야기다.

어둠 속에서만 보이는 것들

버스나 기차 안에서 책을 읽는다. 고상한 취미 같지만 단지 무료함을 못 견디는 성미 탓이다. 지하철이나 시내버스에서 책을 꺼내 읽지 못하는 것은 부끄러움이 많은 탓이다. 사람들의 시선 때문에 얼마나 많은 순간을 멍하니 흘려보내고 말았던가. 앞만 보며 달리느라 얼마나 많은 풍경을 놓쳤던가. 지나간 순간은 되돌아오지 않고 놓쳐버린 기쁨은 되찾을 수 없다. 내게 여행은 어둠이었지만 그러면 또 어때서. 책을 읽다 터널 속으로 들어가면 고개를 들어 저 뒤편으로 스쳐가는 노란 불빛을 바라본다. 어둠 속에서 멀어진 것들이 반짝인다. 내게서 멀어진 것들도 그렇게 반짝이고 있음을 안다. 때로 차창 밖에 펼쳐진 먼 불빛들을 바라보면서 저 편에서 삶을 영위하고 있을 사람들을 상상한다. 한 번도 가 본적 없는 풍경, 결코 닿을 수 없는 장소에도 삶은 있을 거다. 왠지 안심이 된다. 어쩌면 저 편에서 바라볼 때 내가 탄 버스도 별똥별처럼 보일 것이다. 저 편에서 바라보면, 보잘 것 없다고 여기는 내 삶의 풍경 역시 반짝이고 있을 거다. 어둠 속에서 알게 된 것들이 있다. 반짝이는 것들이 뒤에 남겨지는 방식을 안다. 어디에나 삶은 존재하고 살아있는 존재는 빛난다. 밤길을 달려야만 볼 수 있는 것들이 있다. 어둠이 이제는 면도할 때가 아니면 볼 일 없는 얼굴을 비춘다. 익숙한 얼굴이 가만히 속삭인다. 괜찮아, 어둠 속에서도 분명 어딘가로 가고 있으니까. 이야기는 계속되고 있으니까. 길을 잃어도 자신을 잃지 않으면 괜찮은 거니까.

여태까지 없던 나만의 색깔을 가지려 애쓸 필요 없다. 세상에 이미 있는 색을 자신만의 방식으로 조합하면 된다. 자신만의 색깔이라고 하면 언뜻 대단해 보이지만 사실은 저도 모르게 자신을 '쓰이는' 도구로 만드는 것에 불과하다. 사람들과 관계를 맺으면서 다양한 색을 받아들여 새로운 무늬를 만들어 내면 된다. 물감이 되는 게 아니라 그림을 그리는 사람이 되는 거다. 몸은 붓이 되고 생은 종이가 되는 거다. 도레미파 솔라시도 이미 존재하는 몇 개의 음으로 무한한 음악을 만들어 낼 수 있고 세상에 이미 존재하는 단어들을 조합해서 이야기를 만들어내듯이. '쓰이는' 존재가 될 필요는 없다. 남들에게 쓰이는 도구가 될 필요가 없듯이 남들과 달라질 필요도 없는 거다. 나는 쓰는 존재여야 한다. 그럴 수 있는 힘이 있고 나만이 생의 주인이 될 수 있으니까. 무엇을 쓰건 무엇을 그리건 그게 세상에 없던 노래라는 걸 잊어서는 안 된다. 생각대로 되면 멋진 일이고 뜻대로 되지 않는다 해도 상상도 못한 근사한 일이겠지. 더 나은 사람이 되지 않아도 괜찮다. 어차피 내가 되어가는 중이니까.

누구도 함부로 나를 쓰도록 허락하지 않는다. 나를 쓰여야만 쓸모가 있는 물건처럼 다루지 않는다. 특별한 무언가가 되려 할 필요가 없는 건 이미 찬란한 존재이기 때문이다. 대단한 무언가를 이루려 애쓰지 않아도 자연스럽게 근사한 무늬가 새겨지는 까닭이다. 자신으로 살아가는 것보다 멋진 일은 없다. 자신으로 사는 일은 어렵고 힘들기만 한 일이 아니다. 어떤 일이 일어나도 그렇게 되도록 정해져 있는 거다. 그러니 걱정하지 않아도 된다. 두려워할 필요 없다. 아직 남아 있는 순간을 마음껏 써야 한다. 운명의 주인이 돼라. 영혼의 선장이 돼라. 생각대로 사는 사람이 되어라. 그런 말들은 명령이 아니었다. 내가 원래 그러한 존재임을 잊지 않도록 되새기는 주문이었다. 그러니 남들에게 인정받지 않아도 괜찮다. 남들에게 팔리는 존재가 될 필요도 없다. 남들에게 쓰이는 존재가 되지 못했다고 기죽을 필요는 없으니까. 누구나 세상을 이루는 조각이고 저마다 생의 주인이니까. 신은 붓으로 쓰기 위해 세상에 내보낸 게 아니다. 나라는 존재가 그려내는 근사한 생의 모습을 지켜보고 싶었던 거다. 무엇을 그리건 멋진 그림이 될 테니까. 쓰이는 데 집착하지 않아야 자유로워진다. 쓸모를 따지지 않아야 재미를 느끼게 된다. 지금에 집중하면 된다. 즐겁게 사는 것보다 중요한 건 없다. 즐겁게 살자. 쓸모 따윈 상관하지 말고. 서두르지 말고 천천히. 그래 그렇게. 그저 즐겁게.

소원이 이루어지지 않아도 괜찮다. 어릴 때 바랐던 소원은 별 게 아니었다. 고급스러운 부루마블 게임 판으로 놀아보는 거였다. 우유를 마음껏 마시고 달걀을 실컷 먹는 거였다. 내 힘으로 돈을 버는 거였다. 깨끗한 물로 씻고 수세식 화장실을 사용하는 거였다. 어린 시절 간절히 바랐던 소원은 이루어졌다. 그럼에도 기뻐하지 못한다면 어린 내가 갖고 있던 순수한 마음을 잃어버린 까닭이겠지. 상상력은 줄었지만 욕심은 늘고, 아는 것은 많아졌지만 감사의 마음을 잊은 때문이겠지. 오 년 전에는 눈 뜨면 절망, 눈 감으면 악몽만 아니기를 소망했었다. 십오 년 전에는 그냥 살아남을 이유만을 원했다. 병을 앓을 때는 그저 아프지 않고 잠들기를 바랐다. 몸을 다쳤을 때는 어떻게든 고통에서 벗어나기를 소원했었다. 이루어지지 않은 소원도 많지만 그건 그만큼 소중한 것들을 가졌던 까닭이다. 그만큼 찬란한 것을 꿈꿨던 덕분이다. 떠난 사람들은 잊을 수 없는 이름이 되었다. 이루지 못한 소망도 반짝이는 순간이 되었다. 생각대로 되지 않고 말하는 대로 이루어지지 않더라도, 생각하고 말하고, 말한 대로 행동할 수 있으면 된 거다. 사는 일은 뜻대로 되지 않겠지만 생각한 대로 살아볼 수는 있겠지. 세상은 거대한 방 탈출 게임 같은 거다. 빨리 나가려고 서두를 필요 없다.

저 뒤편으로 사라질 것들이 빛나도록
여기에 마음을 두고 가야지.

쓰긴 했지만 내가 쓴 인생

써달라고 한 사람은 아무도 없는데 어째서 글 같은 걸 쓰고 있는 걸까. 함께 일할 때 소형이가 제멋대로 인스타그램을 깔아주었기 때문일까. 어떻게 사용하는지도 몰라서 내버려 두었다가 몇 년이 지나 뭐라도 해보자 싶어서 짧은 문장을 올리기 시작한 덕분일까. 내가 올리는 글을 지켜보던 분이 공저 에세이 참여를 권해주었기 때문일까. 아니 좀 더 뒤로 돌려야 할까. 오래 만난 연인과 이별한 까닭일까. 그녀의 어머님이 위중한 병에 걸린 때문일까. 어쩌면 그보다 뒤로 가야 할지도 모른다. 몇 달 치 월급이 밀려 전기와 가스가 끊긴 차가운 방에서 삶을 끝내려 했던 날을 이야기해야 할까. 아니면 집의 빚을 갚느라 날려 버린 꿈부터 시작해야 하는 걸까. 어디서부터 시작하든 이야기는 될 것이다.

언제라도 시작할 수 있었다. 잘 쓸 수 있게 되면, 언젠가 괜찮아지고 나면, 좀 살 만해지면, 핑계를 대며 미루기만 했다. 만약 계속 미뤘다면 어땠을까. 번듯한 가게를 운영하며 사장님 소리를 들을 수도 있고, 홀랑 말아먹고 어딘가에서 박스를 깔고 찬바람을 피할 곳을 찾고 있을 수도 있겠지. 만약이라는 말이 모든 걸 망쳤다. 언젠가라는 말이 모든 걸 밀어냈다. 어떻게 될지 알아내는 방법은 그냥 해보는 수밖에 없다. 누군가 계기를 제공할 수는 있지만 스스로 선택하지 않았다면 다른 길을 걷게 되었을 거다. 머릿속에서 울리는 상실감, 패배감, 자기혐오의 삼중주를 멈추기 위해 글을 썼다. 두려웠지만 에라 모르겠다는 심정으로 공저에 참여했다. 그때까지만 해도 나 같은 게 무슨 글을 쓰냐고 생각했지만 두 달 뒤에 시집을 내고 몇 달 뒤에 에세이를 냈다. 그렇게 글을 쓰게 되었다.

적지 않은 나이에 새로운 길을 선택하는 게 불안하지 않았다고 하면 거짓말이겠지. 이렇게 늙어버리면 어떻게 하지. 모아 놓은 돈을 다 써버리면 뭘 먹고 살지. 갑자기 아프거나 다치면 치료비는 어쩌지. 기술도 없이 나이만 드는데 누가 써주기나 할까. 재능도 없는 주제에 계속하는 게 맞는 걸까. 두렵고 불안하지만 살면서 불안하지 않은 적이 있기는 했던가. 부모님한테 혼나면 어쩌지. 내일 애들한테 맞으면 어쩌지. 대학교에 못 가면 어쩌지. 복학할 수 없으면 어쩌지. 빚을 다 갚지 못하면 어쩌지. 월급을 받지 못하면 어쩌지. 해고되면 어쩌지. 이러다 결혼을 못하면 어쩌지. 사는 내내 불안했다.

어차피 사람은 불안 속을 걷는 존재가 아닌가. 바꿀 수 없는 어제를 두고 알 수 없는 내일을 향해 하염없이 걷는 가엾은 존재가 아니던가. 영원한 것은 어디에도 없다. 항상 그 자리에 있을 것 같던 부모님이 세상을 떠나고 아이들은 자라 자신의 삶을 시작한다. 청춘을 떠나보내고 사랑을 떠나보낸다. 평생을 약속했던 사람과 헤어지고 젊음을 바친 직장에서 떠밀려 나온다. 살아있는 한 불안에서 벗어날 수 없는 거라면, 자신이 선택한 길에서 불안해하는 편이 낫지 않을까. 끝내 성공하지 못할지도 모른다. 나라에서 주는 돈 몇 푼을 받아 생활하며 혼자 늙어갈지도 모른다. 그렇지만 미련은 남지 않을 거다. 한순간이라도 자신을 위해 살았다는 체감은 남을 거다. 글을 써서 먹고 살 수 없을지도 모르지만 적어도 글을 쓰다 죽을 수는 있겠지. 그런 마음이었다. 죽음 앞에서 살아있는 존재는 공평하다. 살아있는 모두에게 자신으로 살아낼 기회가 있다. 그 길을 선택하느냐 그렇지 않느냐의 차이일 뿐이다. 지금보다 나은 삶을 살 수 있었을지도 모른다. 지금보다 나은 내가 될 수 있었을지도 모른다. 하지만 이보다 나인 삶을 살지는 못했을 거다. 가보지 못한 길은 가지 않았던 길이다. 지금까지의 무수한 인연과 우연, 선택의 합인 오늘을 소중히 여기지 않는다면 남은 날도 별 볼 일 없을 거다.

때로 인생이 쓸 때도 있었지만
그 또한 내가 쓴 인생이었다.

죽이 될지 밥이 될지 아무도 모른다. 뭐가 되든지 생쌀을 씹어 먹을 필요는 없다. 설익은 밥이든 차가운 죽이든 거친 쌀보다는 낫지 않을까. 할 수 있을지 가능성을 따지다 보면 하지 않을 핑계를 찾게 된다. 그냥 한 번 해보는 거다. 언젠가 살만해지면 과연 시도할 수 있을까. 안정을 버리고 모험을 시작할 마음이 들기는 할까. 살고 싶어서 시작하는 거다. 한 번은 자신으로 살아보고 싶어서, 그러지 않으면 미쳐버릴 것 같을 때, 그때가 시작해야 할 순간이다. 계기가 되는 사건도 있고 동기를 주는 사람도 있지만 과정만은 오롯한 자신의 몫이다. 결과가 어떻든 간에 몸으로 실감한 기억은 훼손되지 않는다. 인간의 가치는 어떤 상황에 있는지가 아니라 어떻게 행동하는 지로 결정된다. 상황은 달라지지만 삶을 대하는 태도는 한결같아야 한다. 스스로 생의 방식을 결정하는 사람에게 상황은 잠시 스쳐가는 장소에 불과하다. 인생에는 무수한 변수가 존재하고 어떤 사람도 모든 것을 통제할 수는 없다. 하지만 스스로 변화의 중심에 선 사람은 상황에 매몰되지 않는다.

숙련된 장인이 도구를 탓하지 않듯이 생의 주인은 상황을 탓하지 않는다. 움직이고 있는 사람에게 브랜드는 중요하지 않다. 움직임 자체가 그의 브랜드다. 아끼지 않아야 남는 것이 있다. 마음을 다한 순간을 쌓는 것보다 중요한 일이 어디 있단 말인가. 상황을 핑계로 삼을 것인가. 상상을 이유로 삼을 것인가. 주변이 달라지길 바랄 것인가 아니면 변화의 중심에 설 것인가, 탓할 것인가 아니면 태워볼 것인가. 결국 각자의 선택이다. 지금 가는 길이 맞는지, 다른 길로 가야 하는지, 미리 알 방법은 없다. 누구도 대신 걸어줄 수 없고 가르쳐 줄 수도 없다. 다들 이번 생은 처음 아니던가. 아무리 오래 살고 많은 것을 알아도 내일은 누구도 가본 적 없는 미지의 땅 아니던가. 어떤 길이 더 나은 길인지 알 방법은 없어도 지금 걷는 길에서 자신으로 존재하는지 물어볼 수는 있다. 자신이 선택한 답을 따르면 된다. 어떤 길을 선택하던 그곳은 내가 마땅히 가야만 할 길이다.

이름도 모르는 수십억의 사람과 별들 사이를 항해하는데 어떻게 두렵지 않을까. 그나마 익숙한 사람들은 하나둘씩 저 편으로 사라진다. 여행을 멈출 수도 없고 돌이킬 방법도 없다. 누구도 본 적 없는 미지의 세계를 향해 나아갈 뿐이다. 사랑하는 이들이 준 추억을 들고 나아갈 뿐이다. 내가 이곳에 온 이유는 몰라도 남은 여행에 해야 할 일은 알고 있다. 이곳에 무언가를 남기기 위해 애쓰지 않을 것이다. 마땅히 누려야 할 기쁨을 마주할 것이다.

잠깐 들렀다 갈 뿐이다

엄마를 만나러 가는 길에 비가 억수같이 쏟아진다. 오가는 차들은 저마다 섬이 된다. 밤이 되어 깜빡이는 초록빛을 따라 각자의 삶을 유영한다. "아들 버스타면 열락해" 엄마는 메시지를 보낼 때 연락 대신 열락이라고 하신다. 그러나 바로잡으려 하지 않는다. 서로 무슨 뜻인지 아니까. 고쳐 쓴다고 기뻐할 사람은 없으니까. 그 사람과 헤어진 이유에 대해 오해하고 계시지만 굳이 말하지 않는다. 이미 지나간 일이고 누구의 잘못인지 따질 필요는 없으니까. 말을 아끼려고 한다. 그게 삶을 아끼는 방법이니까. 말해도 될까 싶을 때는 누군가를 아프게 하진 않는지 생각해본다. 이걸 해도 될까 싶을 때는 나를 기쁘게 만드는지를 기준으로 삼는다. 이번 일만 마치면 시작한다고 했지만 할 일은 끝이 없었다. 불안함에 미루기만 했다. 사랑하고 꿈꾸는 것이 세상에 온 이유였는데. 영원을 꿈꾸기보다 찰나를 끌어안으며 나아가기로 했다. 다 먹지도 못할 고기를 얻기 위해 사냥을 나가지 않을 것이다. 내게 필요한 만큼이면 된다. 감당할 수도 없는 관계를 짊어진 채 비틀거리지 않을 것이다. 언젠가의 행복을 기다리며 삶을 낭비하지 않을 것이다. 무언가를 해내는 가장 좋은 방법은 그냥 하는 거다. 오직 한 가지만 생각하거나 아무것도 생각하지 않고 끊임없이 전진한 사람들만이 무언가를 성취한다. 인생이라고 다를까.

지금보다 좋은 때는 없다.
지금보다 그리울 순간은 없다.

방법을 몰라서 못하는 게 아니었다. 하지 않으면 알 수 없게 되는 거였다. 일단 저질러야 깨닫는 지혜가 있다. 삶을 아우르는 힘은 '하다'에서 비롯한다. 오로지 자신을 위해 무언가를 하는 순간 사람은 고스란하다. 자신을 위해 '하는' 동안 그는 자신으로 완결된 존재가 된다. 그냥 자신을 위해 무언가를 하면 된다. 가능성의 상태를 벗어나는 건 우물에서 빠져나오는 일과 같다. 무언가가 되지 못한다 해도 괜찮다. 그저 무언가를 하는 것이 우리에게 주어진 의무의 전부이다. 인생에서 의미를 찾는 유일한 방법이다. 그러니 실패나 좌절을 부끄러워할 필요는 없다. 실패는 과감하게 세상과 승부를 걸었기 때문이고 좌절은 성장을 포기하지 않는 영혼을 지닌 까닭이다. 실패를 통해 길을 만들고 좌절을 딛고 벽을 넘어 바다로 나아가야 한다.

시간을 따르면 휩쓸리게 되고 결과를 쫓으면 조급하게 된다. 기쁨은 마음을 따라 움직이는 사람의 그림자를 좇기 마련이다. 대단해야 특별한 건 아니다. 직업이나 사회적 위치, 소유물의 개수 따위의 조건에 달려있다면 특별한 게 아니겠지. 지금 여기에 살아있는 나보다 소중한 것은 없다. 명쾌한 진실은 드물지만 유쾌한 사람은 어디에나 있다. 좋은 일에 이유를 찾지 않고 싫은 일에 핑계를 대지 않으면 일상은 유쾌해진다. 잠깐 들렀다 가는데 잔뜩 짊어지고 힘들어하는 대신 이왕이면 유쾌하게 살다가 가자. 세상에 잠깐 머물다 간다고 생각하면 오히려 마음이 넉넉해진다. 지금에 집중하면 내일이 두렵지 않다. 반드시 이루어야 할 것은 없다고 여기면 해낼 수 있는 일들이 보이기 시작한다. 그냥 한 번 살다가 가는 거라 생각하면 살아보지 못할 삶이 없다. 지나간 날은 인생이 되었듯이 다가올 날은 내가 될 테지. 무엇이 옳고 그른지는 모른다. 하지만 어떻게 살고 싶은지는 안다. 일상의 소중함을 알고 존재의 특별함을 안다. 제대로 산다는 건 있는 그대로의 자신을 인정해주는 일임을 안다. 옳고 그름이 아니라 자신을 기쁘게 하는 것이 선택의 기준이어야 한다. 마음 둘 곳은 지금뿐이고 마음 준 것만이 인생이 된다. 주어진 시간 동안 마음은 다 쓰고 가야 한다. 누구와 다르지 않아도 빛난다. 사람은 무언가를 덧대지 않아도 근사하다. 채우지 않아도 생명으로 가득하며 보태지 않아도 존재로 충만하다.

자신에게 너그러운 사람이 되기를 바란다. 지금껏 맞서 싸운 건 운명이나 세상이 아니더라. 나 자신에 맞서 왔을 뿐이었다. 그저 있는 그대로, 억지로 끌어안지도 굳이 밀어내지도 않고 함께 걸어가면 되는 거였다. 절망이 그러했듯이 평화도 자신에게서 비롯하더라. 시간이 다하기 전에 가진 마음을 다 쓰는 것이 남은 의무의 전부이다. 소모해야 소유할 수 있고 낭비해야 향유할 수 있는 게 인생이니까. 잘 나가는 것만큼 잘 지내는 게 중요하다. 동네 입구에 현수막을 거는 것만큼 오늘 빨래를 너는 것도 중요한 일이다. 서사의 힘은 운명보다 강하다. '있는 그대로의 나'는 지금까지의 나를 인정하는 거다. 지금까지 무슨 짓을 했건, 어떤 일로 먹고 살았건 그대로 인정해주기로 결정하는 거다. 지금의 나를 받아들이는 거다. 지금까지의 나를 납득하면 지금부터의 나를 결정할 수 있게 된다. 지금까지의 내가 어쨌든, 지금의 내가 어디에 있건, 거기가 출발점이 된다. 모조리 인정하면 끝이 아닌 시작이다. 왜 누군가에게 필요한 사람이 되어야 하나. 자신만으로 오롯할 수 있는데.

헐값에 자신을 팔아넘기지 않아도 된다. 마음을 준 사람에게는 아낌없이 시간을 내어주고 시간을 들인 일에는 미련을 남기지 않는다. 나와 세상은 동등한 관계가 된다. 운명은 나를 불행으로 이끌지 못한다. 있는 그대로의 자신을 인정하면 자신이 나아가는 곳이 길이 된다. 어떤 모습이라도 나임을 납득하면 어떤 사건이라도 이야기가 된다. 자신으로 살아가기 위해 필요한 진실은 이것뿐이다. 세상에서 보잘것없는 일부일지 모르지만 인생은 오직 나에게서 비롯한다. 남들이 인정해 주지 않는 행복이면 어때서. 자신을 납득하며 사는 기쁨이면 충분한데. 유쾌한 사람이라면 어느 집에서 초대하기를 마다할까. 행복도 기꺼이 그를 찾아올 것이다. 기쁨도 즐거움도 설렘은 물론 날씨나 계절도, 실패나 절망도, 심지어 고독까지도 삶을 위한 재료에 불과하다. 인생은 봄이거나 봄이 오는 중이거나 둘 중 하나일 테지. 그냥 한 번 살아본다는 마음가짐이면 두려울 게 없다. 오늘을 살아본 사람은 아무도 없으니까. 매 순간을 기꺼이 맛보며 나아가자. 기껏해야 죽기밖에 더하겠어. 기꺼이 나를 위해 살아보겠어. 그런 마음이면 된다. 사는 내내 행운 따윈 없다고 여겼다. 만남에 의미가 있었듯 헤어짐에도 의미가 있었다. 필요한 건 그걸 깨달을 시간뿐이었다. 살아있는 매 순간이 행운이었다. 내가 태어나기 전보다 나은 세상을 만들고 죽는 건 어렵겠지만, 나를 만난 이들의 삶에 자그마한 기쁨을 더하고 죽는 건 가능하겠지. 언젠가 끝이 왔을 때 신은 내게 부유한지 가난한지 묻지 않을 것이다.

오직 사랑했는지 물을 것이다.

얼마나 자신에게

충만한 삶을 살았는지를 물을 것이다.

에필로그

유서를 쓰세요. 죽음 앞에서 솔직하지 못한 사람은 생 앞에서도 진실되지 못하니까요. 죽음을 대비하기 위해 쓰는 게 아니라 제대로 살기 위해 쓰는 거예요. 다시 살기 위해 쓰는 거예요. 내일 당장 세상을 떠난다면 어떻게 해야 할지. 무엇을 남기고 무엇을 정리해야 할지 생각해 보세요. 남겨질 사람들에게 하고 싶은 말이 무엇인지. 아직 해보지 못해서 안타까운 일이 무엇인지 쓰세요. 유서를 간직하세요. 지갑 속이나 자신만의 장소에 보관하세요. 유서는 삶을 간절히 사랑하게 만들어요. 지금에 충실하게 만들어 줘요. 변화를 두려워하지 않게 만들어요. 유서를 쓰면 죽음이 가까워지는 게 아니라 생을 안아주게 돼요.

유서 내용을 들여다보면 지금 다니는 직장에 대한 이야기나 명품 옷. 자동차. 어제 먹은 음식에 대해 구구절절 이야기하진 않았을 거예요. 사랑하는 가족들에게 하고 싶은 말. 소중한 친구에게 남겨야 하는 말. 미처 이루지 못한 꿈. 가보고 싶었던 장소. 그런 것들에 대해 이야기하죠. 사랑을 이야기하고 고마움을 이야기하죠. 유서 속에 쓰인 이름이 당신에게 가장 중요한 일이에요. 유서 속에 남긴 아쉬움이 당신이 해야 할 유일한 일이에요. 죽음을 각오한 사람만이 온전한 자신의 삶을 살게 되니까요. 유서라는 말에는 한 글자가 생략되어 있어요. 다스릴 치(治)라는 글자지요. 유서를 씀으로써 영혼을 치유하고 삶을 바로잡을 기회를 얻는 거예요. 죽음을 준비하려 쓰는 게 아니에요. 삶을 시작하기 위해 쓰는 거예요.

왜 내게 이런 일이 생기는지 원망했던 시련이 왜 나인지 설명하는 문장이 될 거예요. 내가 어떻게 된 건지 이해할 수 없던 순간이 나를 납득하게 만드는 때였음을 알게 될 거예요. 이런 걸 산다고 말할 수 있을까 의심한 순간보다 삶을 갈망한 때는 없었죠. 그릇된 선택도 없었어요. 지금에 이르기 위해 반드시 필요했던 길이었지요. 지금껏 무엇을 하고 어떤 일을 겪었건, 사랑을 위해 춤추고 삶을 위해 노래했을 뿐 부끄러울 일은 없었어요. 연꽃은 진흙탕에서 피고 시궁창에도 별은 반짝이고 있었지요. 완벽한 사람은 없지만 온전하지 않은 삶도 없는 거니까요. 이제 타인의 진실이 무엇인지보다 나의 진심이 어디에 있는지에 집중해야 할 시간이에요. 세상이 내게 웃어주지 않으면 내가 삶을 위해 울어주면 되죠. 그리고는 다시 노래를 불러야지요.

물거품은 파도가 멈추지 않은 까닭이니까요. 생의 끝을 향해 여행을 계속하세요. 마주한 풍경들을 사랑해 주세요. 삶이 뜻대로 되지 않아도 괜찮아요. 생각대로 되면 기쁜 일이겠지만 뜻대로 되지 않으면 상상도 못한 곳에 이르게 되겠죠. 어느 쪽이든 근사한 여행이 될 거예요. 흔들리지 않으려 안간힘 쓸 필요 없어요. 흔들리면서도 나아가는 것이 인생이니까요. 파도가 되어 일렁이는 중이니까요. 울어주는 사람 하나 없어도 삶은 헛되지 않아요. 웃어주는 사람 하나 없어도 생은 계속되어야 하죠. 삶을 이해할 수 없을 때, 그것을 사랑해 주어야 할 순간이죠. 이 세상에 원해서 오지 않았고 바라는 만큼 머물 수도 없겠지만 여행을 하는 동안 사랑할 수는 있겠지요.

오늘이라는 선물

뜻대로 되지 않은 하루라도

뜻밖의 풍경을 마주할 수 있지

좋은 일 하나 없던 날이라도

감사할 일은 얼마든지 있었지

바라던 일이 이루어지지 않아도

나를 위한 기쁨을 찾아낼 수 있지

사는 게 영화처럼 멋지지 않아도

삶이 여행인 걸 잊지 않았으니까

아무도 날 들어주지 않는 날에도

나를 위한 소리를 만들어낼 수 있지

즐거운 일 하나 없었다면

내게 기쁨을 선물해 주면 되지

오늘은 선물이거나

내게 선물을 주는 날이거나

Make a will, Make a life

20 . . . 요일

유서를 쓰고 밥을 짓는다

1판 1쇄 발행 2022. 04. 05

지 은 이 김 민
발 행 인 박윤희
발 행 처 도서출판 이곳
디 자 인 디자인스튜디오 이곳
등 록 2018. 10. 8 신고번호 제 2018-000118호
주 소 서울 송파구 송파대로44길 9(송파동) 4층
팩 스 0504.062.2548

잘못 만들어진 책은 구입하신 곳에서 교환해드립니다.
값은 뒤표지에 있습니다.
ISBN 979-11-977173-3-8(03190)

도서출판 이곳
우리는 단순히 책을 만들지 않습니다.
작가와 책이 마주치는 이곳에서 끊임없이 나음을 너머 다름을 생각합니다.

홈페이지 www.bookndesign.com
이 메 일 bookndesign@daum.net
블 로 그 blog.naver.com/designit
유 튜 브 **도서출판이곳**
인스타그램 @book_n_design @here_book_books

이 도서의 국립중앙도서관 출판예정도서목록(CIP)은 서지정보유통지원시스템 홈페이지(http://seoji.nl.go.kr)와 국가자료종합목록시스템(http://www.nl.go.kr/kolisnet)에서 이용하실 수 있습니다.